Equiano Intensio

EMOTIONAL KLAR

Vom wandelnden Problem
zur Lösung auf zwei Beinen

Equiano Intensio

EMOTIONAL KLAR

Vom wandelnden Problem
zur Lösung auf zwei Beinen

Rediroma-Verlag

Bibliografische Information der Deutschen Nationalbibliothek:
Die Deutsche Nationalbibliothek verzeichnet diese Publikation in der Deutschen Nationalbibliografie; detaillierte bibliografische Daten sind im Internet über http://dnb.ddb.de abrufbar.

ISBN 978-3-96103-262-4

Umschlagillustration:

www.rediroma-verlag.de
19,95 Euro (D)

Das gesamte Leben ist dazu da, zu provozieren, um wahrhaftig zu werden – jenseits von richtig oder falsch.
In der Verletzung liegt das Loslassen,
und in der Depression wird die Wahrheit des Lebens
wie eine wunderschöne Blume geboren.

Es macht keinen Sinn, gegen sein Leid anzukämpfen,
sich als Opfer zu fühlen und Probleme auf irgendetwas
oder irgendjemanden zu projizieren.
Im Zustand der Wahrheit zu leben
ist damit gleichzusetzen, verrückt zu sein –
als ob man in paradoxes Eins-Sein eintauchte.

Alle Unannehmlichkeiten dienen dazu, anzustacheln,
und helfen, sich aus einer unechten Identität
zu befreien.
Der einzige Unterschied zwischen dem stückweisen
Verzweifeln und dem stückweisen Erkennen
liegt im Ablehnen oder Annehmen dessen, was ist.

Nimm ganz am Leben teil
und habe keine Erwartungen.

(Equiano Intensio)

INHALT

2. Kapitel – Deine Emotionen 50

3. Kapitel – Dein Verhalten 87

9. Kapitel – Dein Lebensfokus............228

10. Kapitel – Deine Begabungen 247

11. Kapitel – Deine konstruktiven Teilzeitdepressionen...........................270

EINFÜHRUNG

HANDHABUNG UND ABSICHT

„Equiano, möchtest du ein wandelndes Problem bleiben oder die Lösung auf zwei Beinen sein?" sagte einer meiner Lebenslehrer einst zu mir. Dieser Satz geht mir seither nicht mehr aus dem Sinn und hat meinen weiteren Weg entscheidend geprägt. Im Laufe meines Lebens habe ich mehr als einmal erfahren, wie schön es ist, eine sogenannte Problemsituation zu wandeln, indem ich sie annahm und mein Bestmögliches gab, Balance zu schaffen. Ob mir das nun immer gelingt? Das ist für mich eher zweitrangig geworden, da ich erkannt habe, dass es in Wirklichkeit keine Problemsituationen gibt, sondern lediglich illusionäre Probleme in mir. Jedes Mal wenn ich aus meiner emotionalen Starre und Hilflosigkeit hinaustrete, ändert sich meine Wahrnehmung auf die äußeren Herausforderungen, und ich werde fähig, konstruktiv zu agieren. Hört sich das nicht erstrebenswert an? Ja, natürlich, doch warum fällt es uns oftmals so schwer, in der entsprechenden Situation den Unterschied zu machen? Diese Frage stelle ich mir immer wieder, seit ich mein Leben mit Inspiration in die Hand genommen habe, und ich versuche herauszufinden, welche Komponenten dabei eine Rolle spielen, ob wir Menschen kraftvoll agieren oder in unseren Problemen versinken.

Etliche Begegnungen mit Menschen aus aller Welt (und meine eigenen Schatten) haben mich entscheidende Dinge gelehrt. Meine Beobachtungen haben mir gezeigt, dass es ganz bestimmte innere Zustände sind, die einen Menschen durch die Brille des Problems blicken lassen. Mit diesem Buch ist es mir ein Anliegen, hier Klarheit zu schaffen, sodass mehr Menschen zum einen ihre freudvollen Gefühle wieder genießen und zum anderen ihre unangenehmen Gefühle auf konstruktive Weise nutzen können.

Dieses Leben ist eine einzigartige Chance. Gestern war bereits und Morgen existiert noch gar nicht, also warum sich länger mit unsinnigen Blockaden herumquälen, wenn jeder Tag eine Möglichkeit zum Erblühen bietet!
Ich lade dich ein, dieses Buch nicht wie einen Roman durchzulesen und danach bloß einen weiteren Haken in deiner gedanklichen Bibliothek zu machen. Wenn du möchtest, nimm dir gerne die Zeit für die Fragestellungen auf den kommenden Seiten. Habe stets Papier und einen Stift parat, mache es dir gemütlich und nutze die Chance, dein Leben aus einem neuen Blickwinkel zu betrachten.
Es mag sein, dass dir die eine oder andere Frage bekannt vorkommt oder aber nicht unbedingt angenehm ist. Doch entsteht so vielleicht eine Möglichkeit, dich genau heute neu zu entdecken und einen tieferen Einblick in dein Innerstes zu gewinnen. Es ist möglich, dass du nicht mit allem, was du hier liest, übereinstimmst, doch das ist vollkommen in Ordnung so.
Da dieses Buch jedoch auf irgendeine Weise dein Interesse geweckt hat, kannst du dich gerne entspannen und während des Lesens einfach „zuhören". Vielleicht schaffst du es sogar, deine Meinungen, die du ja ohnehin bereits kennst, solange außen vor zu lassen und durch die kommenden Zeilen neue Anregungen zu gewinnen. Danach, wenn du zu Ende gelesen hast, kannst du deine alten Glaubenssätze und die hier präsentierten Einstellungen und Sichten nebeneinanderstellen und ganz frei entscheiden, was deinem Leben dienlich

ist und wo du dir eventuell bloß etwas vormachst. Traust du dich das? Kommst du ein Stück weit mit, auf eine unvoreingenommene Reise? Schön, denn jenseits von richtig und falsch freue ich mich für dich, wenn sich im Laufe des Leseprozesses etwas in dir bewegt!

Darüber hinaus lade ich dich ein, beim Beantworten der Fragen nicht lediglich nachzudenken und dann deine ersten Gedanken niederzuschreiben. Mit dieser Methode würdest du einfach deine alten Denkweisen wiedergeben. Entspanne dich lieber, lies die entsprechende Frage, setze den Stift auf das Papier und „lasse schreiben". Denke weniger, sondern lasse dein Inneres spontan Sätze formulieren. Nimm dir für jede Frage mindestens zehn Minuten Zeit und schreibe durchgehend, stetig weiter. Selbst wenn dir nichts mehr einfällt, lasse deine Hand weiterschreiben. Du kannst deine Formulierungen sogar wiederholen, doch unterbreche nicht deinen Schreibfluss.

Zudem wird es nach jedem Kapitel Übungen geben. Diese Übungen sind eine Art Training von Dingen, die wie ein roter Faden sind, wenn es darum geht, emotionale Klarheit zu erfahren. Ein Training, das dir dazu verhelfen wird, deine Innenwelt angenehm zu ordnen und innerhalb deiner neugewonnenen Klarheit spontan und freudig die ganze Bandbreite deiner Gefühle genießen zu können. Das tägliche Leben ist dein Trainingsplatz, und je mehr du verstehst, was wirklich in dir vorgeht, desto interessanter und spannender wird das Spiel. Denn wer die Regeln kennt, kann auf einmal aktiv zum eigenen Glück beitragen – und wird dadurch zur Lösung auf zwei Beinen!

Du wirst erstaunt sein, was in dir verborgen ist und wie durch deine Aufmerksamkeit bei den Übungen der Grundstein für eine neue Sichtweise gelegt wird. Denn vorab kann ich dir bereits verraten, dass es nicht deine Emotionen sind, die dich bestimmen, sondern deine Sicht auf das Leben, welche deine Emotionen bestimmt. Sei ganz bei der Sache und erfahre etwas Neues! Hab Spaß und sei ehrlich zu dir selbst – genieße es!

Im Voraus schon einmal einen Dank für deinen Mut und die Bereitschaft, in deinen inneren Spiegel zu blicken.

Alles Liebe für deinen Weg, Equiano Intensio

1. KAPITEL

DEIN KÖRPER

Der menschliche Körper ist wohl eines der komplexesten Wunderwerke dieser Schöpfung. Er ist ein Teil der Natur, und mit dem zivilisierten Lebensstil geht es ihm nicht immer gut. Glücklicherweise gibt es einige Dinge, die ein Mensch tun kann, um jederzeit gut und gesund existieren zu können!

1a. – Frage

Welche Grundbedürfnisse hat dein Körper im Allgemeinen, damit es ihm gut und wohlig geht?
Mit „gut" ist gemeint, dass der Körper sich in keinem Überlebenskampfmodus befindet, jedoch auch nicht in dem Zustand überkomfortabler Schlaffheit. Ein Körper zwischen Entspannung und gesunder Anspannung.

1b. – Frage

Wie zufriedenstellend und auf welche Art und Weise befriedigst du diese Bedürfnisse momentan in deinem täglichen Leben?
Schreibe dir konkrete Beispiele auf, wie du deine körperlichen Grundbedürfnisse deckst. Ganz gleich, ob du die genannten Dinge als gut oder unsinnig empfindest.

1c. – Frage

Wie kannst du die Bedürfnisse deines Köpers auf eine nachhaltige und sinnvolle Weise befriedigen?

Grundlegende Körperbedürfnisse

Nachfolgend sprechen wir über sieben grundlegende Bedürfnisse des menschlichen Körpers. Doch zuerst klären wir die Frage, warum wir diesen Körper überhaupt haben. Wäre es nicht viel einfacher, lediglich Geist zu sein, ohne sich um lästige Körperangelegenheiten kümmern zu müssen?

Ein Mensch erhält bei der Geburt einen einzigartigen Körper, der es ihm ermöglicht, das Leben auf der Erde zu erfahren. Wie erfährt er sein Leben? Über seine Sinne. Daraus könnte man schließen, dass ein besonders sinnlich lebender Mensch auch eine besonders angenehme Erfahrung mit seinem Körper macht, oder? Doch brauche ich dir wahrscheinlich nicht lange auszuführen, dass eine stetige Überstimulation des Körpers zu einer Art Abstumpfung der Sinne führt. Eben war unser Leben noch bunt und freudig – meist in Kinderjahren – und nun wurde es irgendwie grau und stumpfer. Entweder findet sich ein Mensch damit nun ab und vergisst im Zuge des „Es ist halt so", dass das Leben einmal anders und schöner war, oder er sucht nach immer intensiveren Sinneserfahrungen. Denn irgendwie spürt jeder Mensch zumindest unbewusst, dass Leben eigentlich sinnlich und erfahrungsfreudig ist! Doch mit dem Verfall des Körpers und der Abstumpfung seiner Sinne geht den meisten Menschen auch die Lust am Leben verloren.

Nicht nur ein Überkonsum an Sinnesfreuden oder ein wenig erfüllender Lebensstil, sondern auch einschneidende körperliche und psychische Traumatisierungen führen zu Blockaden in unserem Körper. Das Leben bereitet nun erst einmal nicht mehr so viel Freude. Chronische Körperblockaden durch vergangene Erlebnisse sind den meisten Menschen gar nicht bewusst. Ein Mensch mag dann zwar denken „Ich bin halt so, was

soll mir schon fehlen?", doch sehnt er sich in Wirklichkeit im Innersten danach, wieder wie einst mit offenen Sinnen leben und die Dinge erfahren zu können.
Ein Mensch, der feinfühlige und offene Sinne hat, besitzt die Fähigkeit, das Paradies wahrzunehmen. Also all die Schönheit dieser Erde zu erblicken und sich an den Genüssen, die sie bietet, zu erfreuen. In der Natur fällt einem Menschen das besonders leicht.
Sagen wir nun einmal, ein Mensch hat heftige Unannehmlichkeiten erlebt. Dadurch legt sein Körper verschiedene Überlebensstrategien an, damit er so wenig wie möglich Schaden aus dieser Situation erfährt. Der Körper tut stets sein Bestes, um Leben zu erhalten. Das Blockieren von unerfreulichen Lebenserfahrungen dient ihm in diesem Moment also gut. Doch im weiteren Verlauf seines Lebens kann es sein, dass Verkrampfungen, Unregelmäßigkeiten von Körperfunktionen und Blockaden seines inneren Energieflusses sein Leben als weniger angenehm empfinden lassen.

Ganz vereinfacht kann man also sagen, dass unser Körper nur ein einziges Grundbedürfnis hat: das freie Fließen von Lebensenergie durch ihn hindurch. Was ist Lebensenergie? Eine nahezu unsichtbare Kraft, die alles Leben nährt und erhält. Sie ist besonders in der wilden Natur erfahrbar. Man kann förmlich beobachten, wie das fließende Wasser, die strahlende Sonne und die vor Leben vibrierende Pflanzen- und Tierwelt geradezu vor Energie strotzen. Diese subtile, lebenserhaltende Energie ist praktisch überall – mehr oder weniger. Denn genauso, wie die Natur traumatisiert werden kann – durch den Bau einer naturfremden Zivilisation – und ihre Energie blockiert wird, so staut sich auch die Lebensenergie im Körper, wenn er nicht seiner Natur entsprechend leben darf.

Heißt das, wir müssen nun wieder alle wie die Affen im Dschungel leben? Nein, das ist hier nicht das Thema, denn langfristig bringt auch unsere Zivilisation ihre Geschenke mit sich, so, wie jedes Trauma bereits ein Geschenk in sich verborgen hält! Nur wie können wir dieses Geschenk in uns finden? Ganz einfach, indem wir unserem Körper mindestens folgende sieben Bedürfnisse wieder geben, sodass er, unabhängig von äußeren Umständen, in sich erneut einen paradiesischen Zustand erfahren kann. Damit schaffen wir die Grundlage für unser menschliches Wohlbefinden.

Die Berührung

Eines der grundlegendsten Körperbedürfnisse ist Berührung. Also Kontakt mit der Außenwelt. Dazu dient uns besonders unsere Haut und ihre empfindsamen Rezeptoren. Doch warum braucht der menschliche Körper eigentlich Berührung? Damit wir spüren, dass wir überhaupt real sind! Hier eine Kurzübung: Konzentriere dich nun auf deine Nase, ohne sie mit den Händen zu berühren... kannst du sie so richtig fühlen? Ist sie wirklich da? Nein oder eventuell nur ein zögerliches Ja. Jetzt berühre sie mit deinen Händen... da merkst du, wie sie plötzlich real und ganz spürbar wird!
Durch Berührung fühlt sich der Körper lebendig an. Keine spezielle Berührung, einfach jegliche Art von Berührung mit etwas Lebendigem. Also mit dir selbst, mit anderen Menschen oder mit der Natur. Normalerweise erlauben wir höchstens unserem Partner und unserem Körpertherapeuten, uns zu berühren. Vor allem von unserem Partner erwarten wir in der Regel, dass er dieses Bedürfnis befriedigt. Es ist aber fraglich, ob ein anderer Mensch tatsächlich all das abdecken kann, was unser Körper sich an physischem Kontakt wünscht. Der menschliche

Körper sehnt sich nämlich nach Berührung mit verschiedensten Dingen: mit sich selbst, mit anderen Menschen, mit Bäumen und Pflanzen, mit Tieren, mit Steinen, mit der Sonne, dem Mond, dem Wind, dem Wasser, der Erde und mit vielen anderen natürlichen Dingen. Doch da die meisten Menschen isoliert leben – festes Haus, dicke Kleidung und starke Schuhe – erfahren sie all diese Dinge nicht mehr oder nur noch selten. Selbstverständlich haben sie dann stets das Gefühl, dass etwas fehlt. Und dann versuchen viele Menschen unterbewusst, dieses Etwas von ihrem Partner zu bekommen. Stell dir einmal vor, du müsstest deinem Partner die Berührung mit den Pflanzen, den Tieren, dem Wind und mit dem Mond geben – wie könnte das möglich sein? Solch einen Anspruch erfüllen zu wollen, könnte auch bei einem Menschen, den man liebt, sehr anstrengend werden.

Eines der menschlich-biologischen Grundbedürfnisse ist also Berührung. Da wir isoliert leben, haben wir demnach wenig Berührung mit der Natur – doch warum haben viele Menschen auch kaum Berührung mit anderen Menschen? Warum sind viele Leute alleine, obwohl sie gerne mit anderen Menschen wären? Oftmals aufgrund der „Konditionen", die sie ihren Mitmenschen stellen! Wer ständig die anderen analysiert, sich mit ihnen vergleicht und über richtig und falsch urteilt, ist bald alleine.
Ein Mensch, der nur sehr wenig körperliche Berührung erfährt, braucht ein körperliches Symptom, um einen Grund zu haben, einen Körpertherapeuten aufzusuchen. Man könnte einen Körpertherapeuten auch „Berührer" nennen, und er könnte sich eigentlich auch als jemand vorstellen, der für Geld Menschen berührt. Stell dir vor, ein Körpertherapeut wäre so ehrlich und würde sagen „Hallo, wenn Sie mir 100 Euro geben, berühre ich sie zwei Stunden lang!". Doch das wäre gesellschaft-

lich nicht anerkannt, deshalb wird solche Körperarbeit als therapeutische Anwendung betitelt. Und deswegen „braucht" ein Mensch auch erst die entsprechenden Schmerzen, um seine Berührungstherapie zu rechtfertigen.

Zudem haben wenige Menschen ein intimes Berührungsverhältnis zu sich selbst. Dabei spreche ich hier nicht von sexueller Selbstbefriedigung, die meistens auf wenige Körperstellen konzentriert ist. Es ist erstaunlich, wie zufriedenstellend es sein kann, sich die Zeit zu nehmen, sich selbst liebevoll zu berühren und dem Körper zu zeigen: „Ja, ich lebe, ich bin real!"

Die Bewegung

Damit der menschliche Körper nicht steif wird und der innere Energiefluss nicht blockiert wird, braucht er Bewegung. Ein jeder Körper sehnt sich danach, flexibel und beweglich zu sein! Dabei geht es nicht darum, einen besonders trainierten Körper zu haben. Allen voran Menschen, die ihren Körper als Arbeitstier benutzen oder ihn für die „Balz" verwenden, haben den Drang, ihren Körper übermäßig zu trainieren. Dadurch wird der Körper zwar bewegt, doch gleichzeitig auch in eine Form gepresst. Ein förmlich strukturierter Körper ist nicht unbedingt flexibel und Energie kann in ihm nicht wirklich frei fließen. Erst ein offener, spontaner und flexibler Körper bringt eine offenere Lebenserfahrung mit sich.
Den Körper lediglich zu bewegen, ist deshalb nicht voll energetisierend, da der Atem dabei nicht bewusst mitbewegt wird und der Mensch dadurch weiterhin in seinem Verstand bleibt. Wer tiefer und ausgedehnter atmet, ist mehr in seinem Körper und dementsprechend weniger in seinen Gedanken. Somit wird auch der Ver-

stand flexibler. Wer im Bewegen frei atmen kann, nimmt auch mehr wahr, und wer mehr wahrnimmt, hat eine sinnlich angenehme Lebenserfahrung.

Durch den heutigen domestizierten Lebensstil erfahren wir meistens nur noch fünf verschiedene Bewegungen: Sitzen, Liegen, Stehen, Laufen und Rennen.
Diese Bewegungen sind durch unser zivilisiertes Leben vorgegeben. Das Sitzen auf einem Stuhl gibt zum Beispiel eine bestimmte Position vor. Gesunde Bück- und Streckbewegungen kommen in unserem Lebensalltag kaum noch vor. Die heutige Zivilisation ist gewiss in vielerlei Hinsicht eine Bereicherung für uns. Doch fragen wir alleine unseren Körper, würde dieser mit Sicherheit abwinken und sich einen natürlicheren Lebensstil wünschen. Ein körperlich erfüllender Lebensstil würde so viele unterschiedliche Bewegungen mit sich bringen, dass kein Körperteil chronisch überlastet wäre – oder gar nicht benutzt würde. Durch die Einschränkung unserer Bewegungen haben wir auch einen Teil unserer Lebensenergie verloren, was den Körper unter Umständen weniger lebendig sein lässt. Wer seinem Körper also einen Gefallen tun möchte, darf ihm gerne wieder viele verschiedene unkonditionierte Bewegungen geben, die seiner Natur entsprechen.

Ein freier und unstrukturierter Tanz, bei dem der Körper sich fast von alleine zum Rhythmus der Musik bewegt, ist eine der größten Wohltaten für ihn! Dabei bestimmt nämlich nicht mehr der Verstand die Bewegungsabfolge, sondern die eigene Körperintelligenz. Jeder Körper besitzt eine ihm innewohnende Intelligenz. Diese beinhaltet unzählige Funktionen, die von selbst arbeiten, ohne dass ein Mensch etwas dafür tun oder denken muss. Solch eine Körperintelligenz ist besonders gut bei Tieren zu beobachten. Wenn beispielsweise ein Affe klettert und sich von Baum zu Baum schwingt, werden sein Körper, sein Atem und seine Kletterumgebung eins miteinander. Anstatt zu denken, wird er selbst zur Bewegung. Genau solch ein intuitives Programm besitzt auch der menschliche Körper, und sobald die Kontrolle des Verstandes schwächer wird, macht der Körper automatisch ganz entspannt die Bewegungen, die ihm guttun. Dadurch kann Lebensenergie wieder freudig durch ihn fließen. Wenn du nun überlegst, wie du beginnen könntest, deine Körperbewegungen wieder von deiner unterbewussten Verstandeskontrolle zu befreien, habe ich eine Empfehlung für dich: Spiele mit Kindern in der Natur. Ihre Bewegungen sind noch frech und frei!

Weitere sehr beliebte und effektive Methoden, um wieder frische Bewegung in die Glieder zu bringen, sind Yoga, Tai-Chi, QiGong oder andere traditionelle Bewegungsweisheiten. Doch hört sich diese Behauptung erst einmal widersprüchlich zu dem an, über was wir gerade noch gesprochen haben. Schließlich werden bei solchen Praktiken oftmals ganz genaue Körperbewegungen vorgegeben. Hierbei ist allerdings zu beachten, dass diese Bewegungsabläufe durch genaues Beobachten natürlicher Energieflüsse entstanden sind. Energie fließt nach ganz bestimmten Prinzipien, die man bei genauem Hinsehen in der Natur erkennen kann. Ein mäandernder Fluss ist ein sehr schönes Beispiel dafür, wie der Energiefluss des Lebens ohne Widerstand frei und verspielt fließt. Die Schönheit des Elements Wasser liegt unter anderem darin, dass man den Fluss von Lebensenergie sogar physisch mit dem Auge sehen kann. Und auf der Basis solch natürlicher Prinzipien sind traditionelle Bewegungsformen wie Yoga, Tai-Chi, QiGong usw. aufgebaut. Bei diesen Praktiken agiert der Verstand für den Körper. Mit einem sinnvollen Verständnis von dem, was er tut.

Ich stelle immer wieder fest, dass der menschliche Verstand genau das, was er unbewusst zunichtegemacht hat, auch bewusst wieder richten kann!

Im Durchschnitt der Menschen haben Kinder und Frauen ein besseres Gespür dafür, wie Energie in ihrem Körper fließt. Folglich tanzen viele Frauen auch lieber. Das kann man natürlich nicht verallgemeinern, doch sieht wahrscheinlich jeder die Tendenz. Lass uns gerne einmal darauf blicken, woran das liegt. Der weibliche Körperbau hat dem männlichen in dieser Hinsicht eines voraus: die Kraft der Hüfte. Einige Leserinnen werden nun vielleicht lachen und so mancher Leser eventuell verdutzt dreinschauen. Doch ich kann alle Männer jetzt schon beruhigen, da diese Kraft in allen Körpern steckt. Der männliche Körper hat lediglich einen weniger natürlichen Zugang zu dieser Kraft, weil seine Struktur auf andere Dinge ausgerichtet ist. Tendenziell könnte man sagen, dass der männliche Körper zum Überleben gemacht ist und der weibliche, um das Leben sinnlich zu feiern! In diesem Zusammenhang ist noch wichtig zu wissen, dass jeder Mensch energetisch auch die Körperqualitäten des anderen Geschlechts hat und sich bewusst damit verbinden kann.
Zurück zur Hüfte: In der Hüfte liegt ein Großteil unserer Lebensenergie. Die Hüftregion verbindet uns sehr stark mit der Materie und dadurch mit der Erde. Der Grund, warum manche Menschen etwas steif und leblos sind, ist der, dass ihre Hüfte stark blockiert ist und Energie dort nicht frei fließen kann. Versuche einmal, einen hüftsteifen Menschen in Bewegung zu setzen. Aller Wahrscheinlichkeit nach wird er deine Anregung als unangenehm oder sogar störend empfinden. Schließlich löst das Anstoßen der Körperblockade erst einmal unangenehme Gefühle aus. Wer bereit ist, diese zu fühlen, und mit seinem Atem eine langsame Blockadenlösung und

Öffnung des Körpers erlaubt, kann sich bald wieder frei bewegen wie ein Baby.

Die Natur hat für Neuankömmlinge gut vorgesorgt und den weiblichen Körper daher mit einer energetischen Hüfte ausgestattet. Besonders bei der Geburt ist es wichtig, dass eine Frau im Hüftbereich sehr entspannt ist und wenige Körperblockaden hat. Überall dort, wo Energie frei fließen kann, empfindet ein Mensch weniger Schmerz, wenn ein größeres Maß an Energie und Intensität durch ihn hindurchfließt. Eine weiblich energetische Hüfte ist von daher wie dafür gemacht, um im Tanz des Lebens einen neuen Menschen zu empfangen.
Diese kraftvolle Hüftenergie ist auch der Grund, warum viele Männer hinter einem weiblichen Hintern her sind. Es ist in Wirklichkeit die Sehnsucht nach dieser lebendigen Energie. Doch wie gesagt kann auch ein Mann in seiner Hüfte Leichtigkeit und schwungvolle Lebensfreude entdecken. Mit etwas Mut zum freien Fluss und der Überwindung strukturierter Bewegungsblockaden kann jeder Mensch diese wundervoll verspielte Energie wieder in sich freischalten. Solch eine angenehme Erdverbundenheit führt unter anderem auch dazu, dass ein zwanghafter Sexualdrang reduziert wird. Ein entspannter Körper bedeutet auch eine entspannte und freie Sexualität.

Natürlich ist es wichtig, den ganzen Körper zu bewegen. Doch beobachte einmal ganz genau: Alle Teile unseres Körpers können wir separat bewegen, doch wer seine Hüfte bewegt, energetisiert und regt damit den gesamten Körper an. Wenn du möchtest, stehe genau in diesem Moment auf, bewege deine Hüfte und mache dich dabei ganz frei von voreingenommenen Gedanken. Lasse deine Hüfte intensiv kreisen und durch deine

Körperintelligenz unkonditionierte Bewegungen ausführen. Hüftblockaden hängen hauptsächlich mit Scham zusammen. Sei gerne wieder bereit, deine Scham hinter dir zu lassen, und erlaube deinem Körper eine freudige Freiheit. Bewegen heißt leben – genieße es!

Die physische Nahrung

Das Thema der physischen Nahrung ist wohl einer der größten Streitpunkte in unserer westlichen Welt. Für viele Menschen wurde das Essen zur schönsten Hauptsache des Lebens. Zur gleichen Zeit gibt es fast so viele Ernährungstheorien wie es Menschen gibt. Und für die meisten ist nur noch schwer abzuwägen, was denn nun eigentlich „gesund" ist und was nicht. Viele Krankheiten werden auf eine „falsche Ernährung" zurückgeführt, und ein Überangebot an Nahrungsmitteln macht den Ernährungskrieg nicht gerade leichter.

In diesem Buch soll dieses heikle Thema einmal von einer anderen Seite beleuchtet werden. Dazu beginnen wir mit der Frage: Braucht ein Mensch überhaupt physische Nahrung, um zu leben?
Davon ausgehend, dass der menschliche Körper ein Energiegenerator ist, kann man nämlich genauso gut behaupten, dass er erst dann physische Nahrung braucht, wenn das Körpersystem weniger Energie erzeugt, als in ihm verbraucht wird. Den meisten Menschen ist bestimmt schon aufgefallen, dass nicht nur das Essen von Lebensmitteln Energie spendet, sondern auch noch ganz andere Dinge. Welche Dinge sind das? Wer sich öfter in der Natur aufhält, wird eventuell schon bemerkt haben, dass eine gute Luft, harmonische Geräusche und die bezaubernde Schönheit der Umgebung allesamt für den Menschen „nährend" sind.

Jedoch auf wesentlich subtilere Weise als die feststoffliche Nahrung. Die grobstoffliche Nahrung ist nur eine Möglichkeit von verschiedensten Nahrungsquellen. Generell nährt sich der Körper nämlich über alle Sinne und ist fähig in sich selbst, Lebensenergie zu erzeugen. Wer das versteht und seine Körperzellen wieder daran erinnert, wird sehr bald feststellen, dass er eigentlich wesentlich weniger feste Nahrung benötigt. In unserer Zivilisation ist es nämlich ein gängiges Glaubensmuster, dass ein Mensch sich relativ viel feste Nahrung zuführen muss, um zu leben. Solche Feststellungen basieren jedoch auf einem wenig energiereichen und körperfremden Lebensstil. Man geht einfach davon aus, dass ein Mensch pauschal so und so viele Kalorien und Nährstoffe zu sich nehmen muss. Doch liegt die Ursache des Mangels zum Großteil in ganz anderen Faktoren: mangelnder Naturkontakt, zu viele künstliche Zusatzstoffe in Lebensmitteln, übermäßige Verstandesarbeit, sowie Köperblockaden, die das Fühlen mindern und die Sinne abstumpfen.
Zudem stellt nahezu niemand mehr das gängige Glaubensmuster „Ich muss dreimal am Tag essen, sonst bin ich schwach" in Frage. In diesem Fall ist es die Überzeugung und die Gewohnheit, die schwach machen! Für die meisten zivilisierten Menschen ist der Wegfall einer Mahlzeit gleichbedeutend mit einer Katastrophe. Denn damit steht und fällt bei vielen Menschen auch die Emotionallage. Mit nichts wird so intensiv kompensiert wie mit festen Nahrungsmitteln. Doch was haben wir überhaupt zu kompensieren? Damit kommen wir wieder zum bereits erwähnten Thema: Körperblockaden und dem daraus resultierenden Energiestau. Die Lebensenergie, die natürlich durch den Menschen fließt und auch in ihm generiert wird, reicht nicht aus, wenn sein Körper blockiert ist. Folglich fühlt man sich nicht wohl und nicht ausreichend genährt. Hauptgründe für einen

ungenährten Zustand sind emotionale Leiden, Überforderung, Unterdrückung von Emotionen und Stress im Allgemeinen. Und damit beginnt ein ungesunder Teufelskreis. Denn wer chronisch weit mehr isst als der Körper eigentlich haben möchte, muss auch viel mehr und fast ständig verdauen. Dadurch muss ein Mensch wiederum mehr Energie zuführen, um nicht müde zu werden. Zudem schläft er dann schwerer und erholt sich nicht so gut. Wieder muss er Energiemangel kompensieren. All der Energiemangel macht zudem emotional anfälliger oder gefühlstaub. Das versetzt in einen ständigen Überlebensmodus. Oftmals sind die Folgen daraus unangenehme Emotionen. Wieder geht Energie verloren, und wir müssen extra welche zuführen. So geht das dann immer weiter.
Also was kann ein Mensch tun, um sich wieder „genährter" zu fühlen? Man kann an allen möglichen Ecken ansetzen: Den Körper daran zu gewöhnen, generell weniger zu essen, ist wahrscheinlich eines der größten Geschenke, das die meisten Menschen sich selbst machen können. Bestimmt ist es auch gut, auf hochwertigere Lebensmittel zu setzen. Doch Vorsicht, denn auch das verzweifelte Herumrätseln über das, was gesund ist und was nicht, kann ganz schön kräftezehrend sein. Entwickle am besten ein Gefühl dafür, was deinem Körper generell, aber auch in jedem einzelnen Moment ein wohliges Gefühl gibt. Nähre zudem alle deine Sinne und kreiere Schönheit in deinem räumlichen Leben. Schaffe dir ein wohliges Zuhause und gehe öfter in die farbenfrohe Natur. Genieße frische Luft, so oft du kannst, und gönne deinen Sinnen auch sanfte Töne wie das Singen der Vögel oder harmonische Musik. Ständige Reizüberflutungen durch zu intensive Eindrücke auf unsere Sinne können sehr hungrig machen. Keine Sorge, das hier ist kein Aufruf, liebgewonnene Dinge wie Fernseher, Laptop, intensive Musik sowie Salz oder Zu-

cker ganz aus deinem Leben zu verbannen. Doch warum nicht einmal ernsthaft forschen, wieviel davon dein Körper gut vertragen kann und wieviel ihn verwirrt und Energie kostet. Bei diesen Betrachtungen wird nicht davon ausgegangen, dass es tatsächlich Stoffe gibt, die per se süchtig machen. Vielmehr bestimmt der tägliche Lebensstil, ob jemand dem Körper mehr zuführen möchte als ihm guttut. Mit etwas Geduld und Feingefühl entdeckst du dann auch wieder deinen natürlichen, größtenteils selbstnährenden Zustand, und wirst erstaunt sein, dass du gar nicht jede der drei üblichen Mahlzeiten am Tag brauchst. Oftmals reichen nämlich ein wohlschmeckendes Getränk für die Sinne und eine kurze Pause, um wieder gut bei Kräften zu sein.
Mit diesen Zeilen lade ich dich ein, deine bisherigen Nährwertberechnungen, Tabellen sowie Ernährungsglaubenssätze beiseitezulegen und wieder ein Gefühl für deinen Körper und seine Umwelt zu bekommen. Ganz spielerisch und frei von jeglichen Ernährungsdogmen. Lieber ab und zu etwas sogenanntes „Ungesundes" und dieses dann mit Freuden genossen als ständig zu viel von Jeglichem. Ich gebe dir nun den Gedankenanstoß, dass der reine Genuss am Essen nährender sein kann als die größte Mahlzeit.

Beobachte auch gerne einmal, nach welchen Situationen du normalerweise feste Nahrung zu dir nimmst und mit welchem Hunger das zusammenhängt. Ist es ein körperliches Bedürfnis oder ein Emotionales? Erkenne deine persönlichen Essensmuster und überlege dir dann, welche davon deinem Wohlbefinden überhaupt dienlich sind. Folgendes Universalgesetz trifft ganz besonders beim Essen zu: Mehr will mehr und weniger will weniger. Dort, wo bereits viel Müll am Boden liegt, wird schneller mehr hinzukommen. Wer bereits viel Geld hat, wird leichter noch mehr bekommen. Und da, wo der Hunger nach Leben groß ist, wird er auch immer noch größer werden. So verhält es sich eben auch mit der physischen Nahrungsaufnahme: Viel essen bewirkt bald dauerhaft mehr Hunger und wenig essen bewirkt langfristig weniger Sucht und Hunger.

Lass uns noch einen Blick auf Süchte werfen. Hast du schon einmal festgestellt, dass du in einem bestimmten Umfeld stets wesentlich hungriger bist als in einem anderen? Neben unseren Prägungen durch vergangene Erlebnisse spielt ein nährendes Umfeld eine große Rolle bezüglich einem zwanghaften Verhalten. Dort, wo ein Mensch das Gefühl von Zugehörigkeit und Zuhause hat, geht es ihm in der Regel gut. Dort, wo er sich geborgen und angenommen fühlt und wo er von lebendiger Natur umgeben ist, schafft ein Mensch sich ein Umfeld, das sein Verhalten weniger suchthaft sein lässt. Umgekehrt fällt den meisten Menschen auch auf, dass sie in einem hungrigen Umfeld auch immer wieder viel Willen aufbringen müssen, um nicht konstant ungewollten Süchten zu verfallen.

Noch ein paar Worte zum Thema der Kompensation: Es gibt die eine Seite, bei der wir nicht darauf achten, ob wir gerade einen unangenehmen inneren Zustand durch etwas Äußeres kompensieren. Dadurch bleiben wir in der entsprechenden Situation vielleicht erst einmal entspannter, doch geht das Ganze oftmals auf unsere körperliche oder psychische Gesundheit. Und es gibt die andere Seite, bei der wir streng darauf achten, einen unangenehmen inneren Zustand nicht zu kompensieren, und jedes Mal, wenn wir es doch tun, haben wir ein schlechtes Gewissen, was genauso Energiemangel mit sich bringt.
Kompensation ist an sich nichts Schlechtes. In erster Linie geht es einmal darum, zu erkennen, wann man

kompensiert und wie intensiv man es tut. Danach kann man nämlich stets frei entscheiden, ob es einem in der jeweiligen Situation wert ist, zu kompensieren oder nicht. Wenn ich beispielsweise in Ruhe zu Hause sitze und den Impuls bekomme, eine innere Unannehmlichkeit oder körperliche Überforderung durch z. B. Essen, Rauchen, Sexualität, usw. zu kompensieren, dann könnte ich diesen Impuls beobachten und mich bewusst dafür entscheiden, einfach zu ruhen, tiefer zu atmen und mit meinem Zustand präsent zu bleiben. Doch angenommen, ich habe gleich einen Vortrag zu halten und fühle mich gerade nicht so gut, dann kann es sein, dass ich mich eventuell dafür entscheide, zu kompensieren, um bei meinem Vortrag präsenter sein zu können. Damit nehme ich bewusst in Kauf, dass ich ein Stück meiner Lebensenergie für eine äußere Sache hergebe. Aus meiner Sicht sollte diese äußere Sache wirklich etwas Sinnvolles sein, für das es sich lohnt, von der eigenen Substanz zu geben, denn wer täglich Arbeiten verrichtet, die energieraubend und zugleich sinnlos sind, dem wird das chronische Kompensieren zum schleichenden Grab werden.

Das Schwitzen

Wenn der menschliche Körper eines liebt, dann das Schwitzen! Über die Haut scheidet er sehr viele Giftstoffe und unbrauchbare Informationen aus. Ob durch intensive Bewegung oder durch äußere Ereignisse wie einen Saunagang – wenn der Körper schwitzt, geht es ihm gleich besser. Schwitzen regt zudem das lebendige Feuer im Menschen an, sodass sich Energieblockaden lösen und der Verstand dadurch interessanterweise abkühlt. Danach fühlt ein Mensch wieder stärker, und eine eingeschlafene Wahrnehmung wacht wieder auf.

Nach dem Schwitzen fällt das Denken plötzlich wieder leichter, und neue Ideen können kommen.

Auch energetisch wird beim Schwitzen einiges verarbeitet und aus dem menschlichen System ausgeschieden. Es ist wichtig zu verstehen, dass der Körper all das austrägt, was im Menschen auf energetischer Ebene länger unbereinigt oder verdeckt bleibt. Krankheiten sind mit Sicherheit keine Zufälle, sondern nützliche Anzeiger eines inneren Ungleichgewichts. Ein Mensch, der sich immer wieder bewusst seiner Innenwelt widmet, bleibt mit Sicherheit länger gesund und kraftvoll. Zur gleichen Zeit können innere Heilungs- und Erkenntnisprozesse allerdings auch Krankheitssymptome hervorrufen. Das passiert dann, wenn der Körper sehr schnell viele Blockaden löst. Materie benötigt immer mehr Zeit, um zu transformieren, als das menschliche Bewusstsein.

Das körperliche Schwitzen regt also dazu an, sich sowohl äußerlich als auch innerlich zu reinigen. Dabei bringt ein Mensch seine inneren Elemente wieder ins Gleichgewicht.

Gesundheit bedeutet in erster Linie den Willen, gesund sein zu wollen.

Wer das Leben als etwas Bedrohliches ansieht, wird mit großer Wahrscheinlichkeit öfter krank sein als jemand, der dem Leben frohen Mutes begegnet. Und die Kombination aus Körperreinigung und innerer Klärung ist nahezu ein Garant für langfristige Gesundheit.

Das Tönemachen

Wer schon einmal ein wenige Wochen junges Baby auf dem Arm hielt, wurde eventuell wieder daran erinnert, wie schön es ist, ungezwungene Töne von sich zu geben. Freie Laute und Töne zu machen ist eines der ursprünglichsten Bedürfnisse des Menschen und verbindet ihn mit subtiler Energie. Töne haben eine Schwingung, die wir mit den Augen nicht sehen können. Diese Schwingungen wirken zum einen von außen auf uns ein und zum anderen erzeugen wir selbst, durch unser Sprechen, Singen und Tönen, bestimmte Energien in unserem Körper.

Die gängigste Art, wie ein Mensch in sich Schwingung erzeugt, ist das Reden. Körperliche Energieblockaden können dazu führen, dass ein Mensch zwanghaft wenig reden möchte oder aber besonders viel redet. Durch die Schwingung in seinen Worten überträgt ein Mensch unsichtbar seine innere Energie in den Raum und auf andere Menschen. Die Schwingung von Worten, die aufgrund innerer Energieblockaden entsteht, ist niedriger und damit auch anstrengender für andere Menschen. Die Folge daraus ist, dass der Sprecher sich nach dem Reden etwas besser fühlt und der Zuhörer eventuell etwas müder ist. Andersherum ist die Schwingung von Worten, die aus freifließender Energie entsteht, für den Sprecher wie auch für seine Zuhörer energetisierend. Worte des Dankes oder der Inspiration sind gute Beispiele dafür.

Die Art und Weise wie ein Baby Töne macht ist noch einmal eine ganz andere als das Reden. Das liegt daran, dass das einfache Tönemachen keine Absicht hat. Durch unkonditionierte Töne erlaubt ein Mensch seinem Körper, genau die Laute von sich zu geben, die er

gerade machen möchte, um Energie wieder frei fließen zu lassen.
Zudem bringen manche Körperbewegungen auch ganz bestimmte Töne mit sich, die den Energiefluss im Körper wieder anregen. Wer sich zum Beispiel weit streckt, um etwas, das gerade so in Reichweite ist, zu greifen, macht danach normalerweise einen Ton wie „Ahhh". In unserer Gesellschaft wurde dem Menschen weitestgehend abtrainiert, Töne zu machen. Aufgrund von Scham oder sittlichen Normen halten die meisten Menschen Töne zurück. Lieber nicht laut husten, lachen, stöhnen, gähnen, brüllen usw. Dadurch bleibt Energie im Körper stecken, und ein unangenehmes inneres Gefühl entsteht. Die Folge daraus ist entweder unruhige Stille oder übermäßiges, sinnloses Gerede.
Manchen Menschen fällt gar nicht auf, dass sich aufgrund der eben geschilderten Zusammenhänge andere Menschen von ihnen abwenden oder sich unwohl fühlen. Es ist sehr empfehlenswert, einmal genau darauf zu achten wann du tatsächlich etwas zu sagen hast und wann du lediglich die Luft verunreinigst, wie eine Freundin von mir zu sagen pflegt. Manche Menschen zeigen sehr klar an, wenn ihnen die Worte eines anderen zu viel werden. Und andere nutzen die Gelegenheit, um auch ihrem inneren Energiestau Luft zu machen.
Wenn Menschen zusammenkommen, die sich gerne unterhalten, dann deshalb, um die Energie in sich wieder frei fließen zu lassen. In vielen Gesprächen geht es nicht um das inhaltliche Thema, als vielmehr darum, Töne zu machen. Nachdem jeder „seine Töne machen durfte", fühlt er sich zumeist viel besser. Aus diesem Blickwinkel trägt das gemeinsame Tönemachen maßgeblich zur Qualität von vielen Freundschaften bei.

Der Schrei ist wahrscheinlich einer der extremsten Töne und ein Zeichen für stark angestaute Energie. Nicht umsonst fühlen sich Menschen nach einem heftigen Streit kurzzeitig besser... was nicht unbedingt heißt, dass die Wurzel des Energiestaus behoben wäre! Zudem kommuniziert die Schwingung von Tönen auch jenseits verständlicher Worte. Die meisten Eltern hören bereits an der Art und Weise, wie ihr Kind weint, ob es etwas Ernstes ist oder nicht.

Beim Thema des Tönemachens wird auch schnell klar, warum Singen für uns Menschen von so großer Bedeutung ist. Sämtliche angestauten Emotionen werden dabei in Melodie und Worte verpackt. Dadurch bekommen die Emotionen freien Flug und der Körper fühlt sich gleich besser. Singen ist immer dann wie eine Körpertherapie, wenn ein Mensch frei und unkonditioniert singt. Ohne zu sehr darauf zu achten, wie es sich anhört. Der Körper kennt diese Scham nicht, er freut sich einfach, wenn Energie wieder fließt!

Einer der wohltuendsten und heilsamsten Töne ist ein rein vibrierender Ton. Nicht umsonst gibt es Mönche, die tagtäglich das Wort OM tönen lassen. Ein Ton aus reiner Vibration, und ganz ohne Absicht, lässt sehr subtile Schwingungen durch den Körper gehen und ist eine wundervoll angenehme Form, um Blockaden sanft zu lösen. Nach einer ganzen Reihe von angenehmen Vibrationstönen wirst du eventuell auch bemerken, dass ein warmes Gefühl in deiner Herzregion wahrzunehmen ist. Probiere es gerne gleich aus und lasse für zwei Minuten irgendeinen Ton klingen.

Wenn mehrere Menschen zusammenkommen und gemeinsam tönen, entsteht ein kollektiv erschaffener Klangraum. Ist solch ein Klangraum harmonisch, werden bei allen Beteiligten Energieblockaden gelöst. Zwangsläufig fühlen sie sich danach gut, und besser miteinander verbunden. In diesem Sinne: „Der Ton macht die Musik“, und die Musik ist das Leben selbst!

Die Ruhe

Der menschliche Körper sehnt sich immer wieder nach Ruhe. Also Phasen, in denen er einfach bloß da sein kann, ohne körperliche Anstrengung oder Verstandesbeanspruchung. Dass ein Körper ruhen möchte, wenn er stark oder über einen längeren Zeitraum belastet wurde, ist offensichtlich. Doch warum möchte er das auch, wenn viel Denkleistung erbracht wurde? Während des intensiven Denkens ist der Körper in den meisten Fällen nicht entspannt. Je anstrengender ein Denkprozess oder eine emotionale Situation, desto verkrampfter ist der Körper. Es können sehr subtile Anspannungen sein, die ein Mensch, der chronisch gestresst ist, gar nicht mehr wahrnimmt. In der Regel ist es für so einen Menschen auch schwierig, sich wirklich zu entspannen, weil Nervosität und Rastlosigkeitssymptome auftreten werden, sobald er zur Ruhe kommt. Um die Ruhe auszuhalten, muss dann wieder ein gewisses Maß an Anspannung geschaffen oder durch Konsum Abhilfe geleistet werden.

Am deutlichsten wird das, wenn ein Mensch sich sehr müde zum Schlafen legt, doch vor lauter Unruhe nicht einschlafen kann. Nahezu die gesamte westliche Gesellschaft glaubt, das läge daran, dass man zuvor eventuell nicht genügend gegessen hat. Tatsächlich ist es jedoch so, dass wir die über den Tag angesammelte überschüssige Energie zu spüren bekommen. Somit sind wir zwar todmüde, aber der Körper braucht noch lange, um wirklich herunterzufahren und Ruhe zu finden. Zumeist würde es in dieser Situation reichen, durch bewusstes Atmen, Bewegung, vibrierende Töne und eine stillsitzende Meditation zur Ruhe zu kommen, um dann sanft und subtil Schlaf zu finden. Die Lösung, etwas zu essen, ist bestimmt die schnellere – und eine Art Gongschlag, sodass der Körper wie betäubt endlich Ruhe gibt. Die Folge davon kann sein, dass der Schlaf wesentlich schwerer ist und insgesamt mehr Schlaf benötigt wird. Am Ende bezahlt ein Mensch stets für Schnelllösungen.

Zu lange Phasen gedanklicher Aktivität bewirken einen chronischen Energieüberschuss im Körper. Genauso wie ein Energiemangel, bewirkt angestaute Energie ein Unwohlsein. Blockaden durch Energieansammlungen führen zu unkontrollierten Verhaltensweisen. Das können beispielsweise zwanghafte Tics, Macken oder nervöses Zappelverhalten sein. Wenn ein Körper eines nicht mag, dann ist es angestaute Energie, und er wird alles in seiner Macht Stehende tun, um diese wieder irgendwie ins freie Fließen zu bringen!

Die üblichste Form von Ruhe ist der Schlaf. Es wird allgemein angenommen, der Mensch brauche zwingend eine bestimmte Menge an Schlaf. Ähnlich wie beim Essen stimmt das nur bei einer körperfremden Lebensweise. Bei einem Lebensstil, der eine gewisse Ruhe und Ausgeglichenheit des Gesamtgemüts einschließt, wird der Körper lediglich nach Ruhephasen fragen. Der eigentliche Schlaf, bei dem ein Mensch sein Bewusstsein ganz ausschaltet, ist eine Schutzfunktion des Verstandes. Würde der Verstand vieler Menschen nicht wenigstens nachts völlig ruhen und Zeit haben, um Informationen zu verarbeiten, würden bei einigen bestimmt immer wieder die Haare brennen! Intensive Müdigkeit zeigt an, dass ein Mensch im Laufe der Zeit viele Informationen aufgenommen hat und dadurch Energie nicht ganz frei in ihm fließt. Je mehr Informationen ein Mensch durch

Entspannung aus seinem System leitet, desto weniger Schlaf braucht er bald. Dann meldet sich lediglich ab und zu der Körper und wünscht sich Ruhe.

Das ist mitunter ein Grund, warum Meditation wahrscheinlich weltranglistenführend ist, wenn es um Entspannung geht. Körper und Verstand ruhen, doch bei vollem Bewusstsein.

Ein Mensch, der sich andererseits zu viele Ruhephasen nimmt und sein Bewusstsein oft und lange ausschaltet, wird noch müder und träger werden. Das liegt daran, dass dadurch zu wenig anregende Energie durch den Körper strömt und er an Lebendigkeit verliert. Und ein Mensch mit einem wenig energetisierten Körper fühlt sich unwohler. Die Folgen davon sind Lustlosigkeit und depressionsartige Zustände.

Es ist eine der größten Künste des Lebens, eine angenehme Balance zwischen Aktivität und angemessenen Ruhephasen zu finden. Der Alltag der meisten Menschen bringt sie nämlich dazu, dass sie sich entweder durch Konsum aufputschen oder sich damit den nötigen Ruhegong verpassen müssen.
Der menschliche Körper ist ein Wunderwerk und kann gewiss jede Menge verarbeiten, doch über kurz oder lang wird er ausnahmslos ehrlich unseren vorherrschenden Lebensstil widerspiegeln!

Das Atmen

Einer der direktesten Wege, um Lebensenergie aufzunehmen, ist das Atmen. Am Atem kann man wunderbar den Rhythmus des Lebens erkennen.
Ein schneller Atem belebt und wirkt wie Feuer auf den

Körper. Ein langsamer, ausgleichender Atem kühlt und entlässt überschüssige Energie. Im Durchschnitt atmen Menschen der beschäftigten Gesellschaft zu schnell und unregelmäßig. Das führt zwangsläufig zu Krankheit und Rastlosigkeit. Das schnelle und unausgeglichene Atmen wirkt so, als würde man fortwährend in die Glut seines inneren Feuers pusten, ohne darauf achtzugeben, ob das Feuer nicht längst eine Höhe erreicht hat, bei der es die Decke anbrennt!
Aber auch, wie schnell wir uns emotional angegriffen fühlen, hängt oftmals mit unserem Atem zusammen. Ein kurzes, genervtes Ausatmen oder ein stockender Atem zeigt an, dass ein Mensch die erlebte Situation nicht annehmen möchte. Ein tiefes Einatmen bedeutet hingegen das Akzeptieren einer Situation, also Annehmen. Jede Zurückweisung einer Situation wird am Atem sichtbar und führt zu Körperblockaden.
Konfrontation und Überlebensängste sowie Zweifel, Schuld und andere unangenehme Gefühle unterbrechen den Energiefluss und lassen unbewusst kurzatmiger werden. Dadurch staut sich im Körper Energie an, und es beginnt die Suche nach Ventilen. Die wichtigsten für den Körper nachhaltigen Möglichkeiten, um Energie wieder frei fließen zu lassen, haben wir nun allesamt besprochen. Handelsübliche Blockadenlöser sind beispielsweise Streit, hoher Konsum von jeglichen Substanzen, und eines der beliebtesten Mittel ist zwanghafter Sex.

Der Atem ist unser erstes und letztes Gut auf Erden. Sogar dann, wenn alles um uns herum zusammenbricht oder schmerzhaft wegfällt. Mit dem Atem erhält man Leben. Der menschliche Wille kann über bewusstes Atmen Energien in sich lenken. Die wenigsten Menschen sind sich heute noch bewusst, welch ein machtvolles Werkzeug der Atem sein kann. Nahezu in allen spiritu-

ellen Kulturen gibt es Atempraktiken, und das hat seinen Grund! Doch muss man nicht sonderlich spirituell sein, um dieses Werkzeug nützlich einzusetzen. Auf ganz einfache Art und Weise kann man mit ein paar tiefen Atemzügen die Lebensenergie in sich wieder freier fließen lassen. Nimm gerne in diesem Moment zehn tiefe Atemzüge und fühle dein dadurch neugewonnenes Wohlbefinden.
Ganz egal, wie intensiv emotionale Leiden oder körperliche Schmerzen sein mögen, der Atem ist die schnellste Ersthilfe. Wenn du wieder einmal bemerkst, dass deine Gedanken verrücktspielen und Emotionen unkontrollierter werden, atme einfach bewusst. Du wirst erstaunt sein wie kraftvoll das auf Anhieb wirkt!
Manche Menschen können durch bewusstes Atmen wundersame Dinge tun und dadurch die Beschränkung, die in ihren körperlichen Grenzen liegt, ausweiten. Der Atem lenkt Energie und ist der Schlüssel, mit dem der menschliche Verstand den physischen Körper und den Energiekörper bewusst beeinflussen und steuern kann. Atem ist Leben.

Die Schaltzentrale zwischen dem Körper und der inneren Wahrheit eines Menschen ist der Verstand. Er entscheidet über Blockierung oder Annehmen einer erlebten Situation. Ein Mensch kann erlernen, die Energie in sich frei fließen zu lassen, selbst dann, wenn er Überlebensstress erfährt. Der Verstand kann über den Atem Angst, Zweifel, Schuld und andere energieraubende Zustände in eine innere Erfahrung von Harmonie transformieren. Das ist ein Grund, warum dem Verstand – neben den illusionären Einbildungen des Egos, die er uns haben lässt – so viel Macht zugeschrieben wird!

Was ist Sex?

Viele Menschen gehen davon aus, dass Sex ein Grundbedürfnis des Körpers ist. Ich möchte dir nun eine neue Sichtweise auf ein sehr präsentes Thema des Menschseins geben: Neben der Arterhaltung hält Sexualität für den menschlichen Körper ganz praktische Funktionen bereit. Diese sind der eigentliche Grund dafür, warum Sexualität für sehr viele Menschen so zwanghaft begehrenswert ist.
In erster Linie wirkt Sex vitalisierend, da wir dabei endlich wieder gut atmen – und dadurch angestaute Energie frei fließen kann. Dazu kommt, dass wir bei einer sexuellen Begegnung zumeist nackt sind, was direkt an unser Grundbedürfnis der Berührung anknüpft. Außerdem machen wir dabei oftmals endlich die Geräusche und Töne, die im Alltag unterdrückt bleiben, und im besten Fall beginnen wir dabei auch noch zu schwitzen. Hinzu kommt, dass wir normalerweise beim Sex nicht oder nur wenig nachdenken. Wir sind im Augenblick präsent, und es ist ungewiss, was der nächste Moment mit sich bringt. So eine abenteuerliche Ungewissheit bedeutet das Loslassen von gedanklichen Konzepten, was ein Grundbedürfnis unseres gesamten Seins ist! Die Illusion der Vergangenheit ist dadurch für ein paar Momente nicht mehr existent und die Zukunft absolut unbekannt. Der orgasmische Höhepunkt bildet dann die Spitze dieses sogenannten himmlischen Zustandes. Nicht umsonst fühlen wir uns dabei sehr selig, denn genau diese Momente des Einsseins, die wir nicht mehr logisch ergründen können, lassen uns für kurze Zeit unseren vollkommensten Urzustand erfahren.

All die eben aufgezählten Dinge gehören auch zu den Absichten einer jeden spirituellen Praxis. Doch wieso sollte man sich mit Übungen abquälen, wenn man diese Ziele doch auch so einfach und genüsslich erreichen kann? Da das Wohlgefühl einer sexuellen Begegnung relativ schnell vergänglich ist. Von wenigen Minuten bis zu mehreren Tagen schwingt dieses innige Wohlgefühl eventuell in uns. Doch wenn es nicht mehr da ist, verlangt das Leben danach, diesen Zustand auf beständige Weise zu kultivieren.

Die Suche nach dem dauerhaften Glück durch vermehrten Sex bringt wahrscheinlich hormonelle Verwirrungen und zwischenmenschliche Verstrickungen mit sich – anstatt anhaltender Freude und einer klaren Emotionslage.

Viele Menschen sind sich darüber hinaus nicht bewusst, dass das Teilen von Sexualität und von intensiven körperlichen Berührungen große Auswirkungen auf ihren Energiekörper hat. Doch bevor wir näher darauf eingehen, wie sich solch eine Erfahrung auf feinstofflicher Ebene auswirkt, besprechen wir zuvor noch in einem späteren Kapitel, wie unser Energiekörper überhaupt „gestrickt" ist.

Wer sich nicht auf den Weg macht, nachhaltige innerliche Glückseligkeit zu erforschen, wird nach dem sexuellen Hoch stets wieder in eine emotionale Tieflage geraten. Jeder Mensch sehnt sich ausnahmslos nach dem Zustand des Tantra. Was bedeutet Tantra, neben der verbreiteten oberflächlichen Annahme, es handle sich dabei um eine esoterische Sexualpraktik? Der Zustand des Tantra heißt: nicht zu vermissen, nicht zu erwarten und sich nicht nach einer Sache zu sehnen. Diese drei Dinge, jedoch bezogen auf das gesamte Leben, zeigen einen tantrischen Zustand an. Tantra ist im ursprünglichen Sinn ein Weg, der frei davon macht, weltliche Freuden unbedingt nötig zu haben, der jedoch die Wahlfreiheit gibt, etwas genießen zu können, wenn man es in dem jeweiligen Moment bewusst tun möchte.

Körperbalance

Wenn sich ein menschlicher Körper in einem chronischen inneren Überlebensmodus befindet, geht langsam aber sicher seine subtile Energie verloren. Diese Energien sind es jedoch, die ihm den Blick für das Schöne im Leben ermöglichen. Reines Überleben stimuliert jedoch auf natürliche Weise unseren Willen weiterzuleben. Spätestens die Suche nach Unterschlupf, Wärme und Nahrung setzt nahezu jeden Menschen in Bewegung.

Wenn ein Körper wiederum in andauernde Bequemlichkeit gebettet ist, werden wir übersensibel und zu einer Art „unwürdiger Prinzessin" – alles, was irgendwie unbequem, herausfordernd oder bedrohlich erscheint, lehnen wir dann ab. Kennst du so einen Zustand von dir oder von anderen: wenn ständig etwas nicht passt, egal was geändert wird? Die Prinzessin auf der Erbse ist ein geeignetes Sinnbild, um einen Zustand zu beschreiben, bei dem die Erwartungen an das Leben größer sind als der Wille zu leben. Angenehmer Komfort ist jedoch auch ein wundervoller Zustand, um sich bewusst anderen Dingen widmen zu können als dem physischen Überleben.

Wer gelernt hat, Bequemlichkeit zu genießen und sinnvoll zu nutzen, aber auch frei davon existieren kann, dessen Körper wird mit Freuden den Wechsel der unterschiedlichen Lebensumstände genießen. Denn am Ende sind sowohl der Überlebensmodus als auch der Komfort Trainingsfelder oder eine Art Vorwand, um die Qualitäten des „Willens zu leben" und „die Liebe zu den Dingen" in uns zu kultivieren. Der menschliche Körper ermöglicht uns letztlich, in beide Bereiche physisch einzutauchen und die Schätze zu heben, die darin verborgen sind!

Schöne Räume schaffen

Die Räumlichkeiten, in denen ein Mensch lebt, sind gewissermaßen eine Erweiterung seines physischen Körpers. Es ist mindestens genauso wichtig, seinen täglichen Lebensraum angenehm zu gestalten wie sich um seinen Körper zu kümmern. Eine liebevolle Ordnung und ästhetische Elemente können die Lebensqualität eines Menschen erheblich beeinflussen. Ein sinnlich ansprechender und ausgleichender Raum hat die Kraft, einen Menschen dabei zu unterstützen, besser bei sich zu sein. Oftmals spiegelt das äußere Chaos eines Menschen auch sein emotionales Chaos wider. Es ist sinnvoll, nach einer Phase der Kreativität und nach dem Feiern immer wieder aufzuräumen und äußerlich eine Grundlage für innere Ausgeglichenheit zu schaffen.

Schönheit spielt für die menschlichen Sinne eine große Rolle. Nicht jeder ist sich dessen bewusst. Ein angenehm schöner Raum lädt dazu ein, sinnlich zu sein, und dient auch als ein Spiegel der eigenen inneren Schönheit. Aus meiner Erfahrung lohnt es sich, die Räumlichkeiten, in denen man wohnt, nicht nur praktisch einzuräumen. Dekoration und Details schaffen die Atmosphäre, die man sich wünscht, und unterstützen bestimmte Lebensausrichtungen.
Beobachte einmal, wie ein hoher Raum mit relativ wenigen Dingen und ein paar Kerzen eine Atmosphäre schafft, die in die Stille und Innenschau führt. Ein niedriger Raum mit vielen Möglichkeiten, es sich bequem zu machen, und ein paar natürlichen Elementen schafft sofort eine geborgene und familiäre Atmosphäre.
Räume zu gestalten und damit Energie bewusst zu lenken ist eine Kunst. Es lohnt sich, für einen schönen Wohnraum Geld und Zeit zu investieren.

Geschichte „Der Wandermönch und der Geschäftsmann“

Es war einmal ein Mensch, der ein gewöhnliches Gesellschaftsleben lebte. Er hatte eine Arbeit, den gängigen Komfort unserer westlichen Welt, eine Partnerin und ein paar Freunde. Doch kam der Tag, an dem er all diese Dinge nicht mehr so richtig genießen konnte, da sein Herz sich nach einem anderen Leben sehnte. Also gab er alles auf, wurde zum Wandermönch und begann, sowohl durch Städte als auch durch Wälder zu laufen. Und an jedem Ort, an dem er ankam, setzte er sich und meditierte eine Weile. Ganz gleich, ob es an einem schönen großen Baum war, mitten in der Stadt oder sogar in einer U-Bahn. Er aß nicht mehr viel und hatte kaum Besitz. Dieser Mönch fand in seinem neuen Leben seine größte Erfüllung und war mit sich und der Welt im Frieden.

Eines Tages, als er in einem Stadtpark saß und bereits den dritten Tag dort meditierte, wurde er beobachtet. Ein Mann mit Anzug und Krawatte hatte bemerkt, dass der Wandermönch nun schon den dritten Tag die meiste Zeit des Tages in aller Seelenruhe dort saß und in sichtbaren Frieden gehüllt war. Diesen inneren Frieden kannte der Geschäftsmann schon lange nicht mehr, also hielt er den Zustand des Mönchs für gespielt und nicht real. „Dem werd ich's zeigen!“ dachte sich der Geschäftsmann hämisch grinsend. „Der hat doch keine Ahnung, wie man das Leben richtig genießt!“ Also stieg der reiche Geschäftsmann in seinen neuen Porsche und fuhr provokant mit lautem Motor direkt neben den meditierenden Mönch. Der Mönch war jedoch nicht zu erschrecken und blickte mit Ruhe in die Augen des Porschefahrers. Ohne zu zögern lud der Geschäfts-

mann den Mönch in seine Penthousewohnung zu einem Fest ein.

Überzeugt, dass der Mönch ohnehin absagen würde, lächelte der Geschäftsmann bereits und wartete nur auf die Bestätigung seiner Theorie, dass so ein Mönchsleben doch weltfremd sei. Doch der Mönch sagte zu und machte sich am Abend desselben Tages auf, um in den noblen Stadtteil zu gelangen, in dem der Geschäftsmann lebte. Als der Mönch im Aufzug bis in den vierundvierzigsten Stock fuhr und ihm die Türe geöffnet wurde, fand er sich in einem großen Speisesaal wieder. Der Geschäftsmann hatte vorgesorgt und all seine Freunde zu einem großen Fest eingeladen. Eine lange Tafel war mit unzähligen und nahezu unbezahlbaren Köstlichkeiten aus aller Welt gedeckt. Barfuß lief der Mönch zum einzigen freien Platz und setzte sich. Stille herrschte am Tisch, bis kurz darauf der Geschäftsmann das Mahl eröffnete. Er war sich sicher, dass der Mönch nicht wusste, wie man genießt, und zwinkerte seinen Kollegen siegessicher zu. Doch kaum war das Mahl eröffnet, begann der Mönch wie außer sich alles Mögliche mit den Händen zu greifen und manches, noch bevor er es auf den Teller legte, in seinen Mund zu schieben! Zwischen Kaviar und Hirschtrüffelbällchen wanderten seine Hände ein ums andere Mal über den Tisch, und der Mönch aß, als ob es kein Morgen geben würde. Die Freunde des Geschäftsmannes waren wie paralysiert und bekamen aufgrund der bizarren Szene keinen Bissen herunter. Und während der Mönch Fisch, Wild, Kartoffeln und sämtliche andere Delikatessen herunterschlang, stand dem Geschäftsmann vor Staunen der Mund offen. Bald kroch der Mönch auf allen Vieren über den Tisch und zerkaute alles, was ihm in die Quere kam. Er aß und aß und aß und stand am Ende mit einer ganzen Schale voller Sternfruchteis auf dem Tisch und verschlang auch dieses, bis er die letzten Tropfen des süßen Gemischs aus der Schale leckte. Empört, jedoch aus seiner Erstarrung erwacht, rief der Geschäftsmann schnell die Musiker, die er für diesen Abend hatte einfliegen lassen, und ließ sie lebendige Tanzmusik spielen. Der Mönch würde bestimmt keine Ahnung haben, wie man feiert, dachte sich der Geschäftsmann. Und als gerade all die Leute der Tafelrunde zum Tanzen aufstehen wollten, sprang der Mönch vom Tisch und fetzte mit schwungvollen Hüftbewegungen über die Tanzfläche. Er tanzte den intensivsten Tanz seines Lebens, und die Musiker kamen seinem Tanzrausch fast nicht hinterher! Erneut standen alle anderen im Saal wie ohnmächtig da und sahen dem Mönch ungläubig beim Feiern zu. Auch vom teuren Edelwhisky trank der Mönch und ließ seiner Ekstase freien Lauf.

Als sich der Abend dann dem Ende zuneigte und der wütende Geschäftsmann in sein exquisites Schlafgemach gehen wollte, fand er den Mönch bereits auf seinem Federbett liegend vor. Mit freundlicher Stimme fragte der den Geschäftsmann, ob er zu diesem feinen Bett denn nicht auch eine Frau habe? Er sagte, dass er auch gerne mit ihr die Nacht feiern würde! Weinend und am Boden zerstört kauerte der Geschäftsmann den Rest der Nacht unter dem Tisch der Tafelrunde, bis er irgendwann erschöpft einschlief. Am nächsten Morgen weckte der Mönch den Geschäftsmann, und noch bevor dieser reagieren konnte, sagte der Mönch: „Komm, ich möchte dir etwas zeigen." Also gingen beide auf die Straße hinaus und stiegen in den überteuren Porsche. Der Mönch fuhr damit durch die Stadt und bald in Richtung Stadtrand. Dort erreichten sie einen Wald und stiegen beide aus dem Auto. Mit einer Geste wies der Mönch den Geschäftsmann an, die Schuhe auszuziehen und mit ihm zu kommen. Doch dieser blieb wie angewurzelt stehen und sagte, dass er diesen unweg-

samen und schlammigen Wald nicht betreten würde. „Siehst du...", sagte der Mönch von Herzen, „...genau das ist der Unterschied zwischen uns beiden!"

1. – Übung

Nun hast du einen Überblick über die grundlegenden Bedürfnisse deines Körpers bekommen. Füge gerne noch Dinge hinzu, die du als sinnvoll empfindest. Reflektiere und beobachte in der kommenden Zeit, welche deiner grundlegenden Körperbedürfnisse chronisch unerfüllt bleiben.

Danach finde heraus, wie du deinen täglichen Lebensstil so gestalten kannst, dass diese Bedürfnisse wieder mehr Raum bekommen und nachhaltig gedeckt werden. Es muss nicht gleich alles perfekt sein. Forsche einfach, wie du stückweise wieder mehr Lebensqualität in deinem Alltag integrieren kannst. Sei es dir wert!

2. KAPITEL

DEINE EMOTIONEN

Dieses Kapitel bildet das Herzstück des Buches. Auf den folgenden Seiten bekommst du einen Überblick über den Unterschied zwischen Gefühlen, Emotionen und emotionalen Reaktionsmustern. Ich lade dich ein, dir ganz in Ruhe Zeit zu nehmen, um diese Begrifflichkeiten in einem neuen Licht zu betrachten und darüber zu reflektieren, welch wundervolle Geschenke in all diesen Dingen stecken. Doch zuvor möchte ich von dir wissen, wie klar du selbst in deiner Innenwelt zu unterscheiden weißt...

2a. – Frage

Wie definierst du Gefühle? Wie definierst du Emotionen? Und was sind aus deiner Sicht emotionale Reaktionsmuster?

2b. – Frage

Auf welche Art bestimmen die eben von dir beschriebenen Dinge dein Leben?
Bitte nimm dir etwas Zeit zur Beantwortung dieser Frage, vielleicht dauert es eine Weile, bis dir etwas dazu einfällt. Doch wenn du tiefer in dich gehst, wirst du eventuell Situationen vor deinem geistigen Auge sehen, in denen du erneut spüren kannst, wie Gefühle, Emotionen und Emotionsmuster dein Leben bedeutend prägen.

Was sind Gefühle?

Da bereits viel über Gefühle gesprochen und geschrieben wird, möchte ich zuerst erläutern, wie diese Begrifflichkeit hier verstanden und wie sie in den folgenden Ausführungen verwendet wird.

Von Natur aus hat jedes lebende Wesen Gefühle. Dabei sind nicht mehr als zwei grundlegende Arten von Gefühlen zu unterscheiden:

Angenehme Gefühle
und
Unangenehme Gefühle

Beide Gefühlstendenzen bilden für unser Leben eine Art Skala. Auf der einen Seite stehen Gefühle, die einen Zustand anzeigen, der lebensverneinend ist, und auf der anderen Seite stehen Gefühle, die einen Zustand anzeigen, der lebensbejahend ist.

Wo fühlen wir überhaupt? Zum einen fühlen wir in unserem physischen Körper. Dieser empfindet angenehme Gefühle, wenn einerseits keine körperliche Bedrohung für ihn herrscht, und andererseits, wenn seine grundlegenden physischen Bedürfnisse gedeckt sind. Diesen Zustand kann man als körperlichen Komfort bezeichnen.
Zum anderen fühlen wir mit unserem Energiekörper. Ein für das Auge fast unsichtbarer Körper, der sich in und über unseren physischen Körper hinaus erstreckt. Dieser Körper empfindet angenehme Gefühle, wenn er in seinem ursprünglichen Zustand weilt. Doch was ist dieser besondere Urzustand? Ich beabsichtige nicht, in den folgenden Ausführungen zu viele Gefühlskategorien aufzustellen, davon gibt es bereits genügend, und

das kann unter Umständen verwirrend werden. Doch um den menschlichen Ursprungszustand zu beschreiben, werde ich vier Begriffe verwenden, um dir ein Bild davon zu geben, was ich meine. Es handelt sich dabei um einen inneren Zustand von absoluter Harmonie und unendlichem Frieden. Bildhafter könnte man auch von bedingungsloser, kosmischer Liebe und tiefem Urvertrauen sprechen. Ein gefühlter Zustand, der die Gewissheit mitbringt, dass ich absolut und ohne Zweifel wundervoll und immer geliebt bin. Ein Zustand innerer Ruhe und Ausgewogenheit, ein Vertrauen, das keinen Grund oder Beweis braucht, um existent zu sein. Manche Menschen beschreiben dieses Gefühl als „In Gott weilen". Wie auch immer du diesen Ursprungszustand definieren möchtest, glaube ich, dass du nun entweder ganz genau weißt oder zumindest entfernt ahnst, wovon ich spreche.
Während unser physischer Körper sehr in der Materie verankert ist und sich dort klar abgrenzt, kann man sich unseren Energiekörper wie eine Art Aura um uns herum vorstellen, die aus unserem physischen Körper heraus entsteht und sich dann ohne Begrenzung in die Unendlichkeit des Kosmos erstreckt. Dadurch stehen wir energetisch mit allen Dingen der Schöpfung in Verbindung. Schließlich kommt es nicht von ungefähr, dass nicht nur die Dinge, die unmittelbar um uns herum passieren, sondern sogar kosmische Planetenkonstellationen Einfluss auf uns haben.

Wenn sich unser physischer Körper und unser Energiekörper einwandfrei fühlen und in ihrem besten und komfortabelsten Zustand sind, fließt Lebensenergie absolut frei und ungehindert durch uns hindurch. Pures Leben strömt in uns und wieder aus uns heraus, wie ein pulsierender Zyklus.

Diese Lebensenergie entscheidet über unser Gesundsein, Genährtsein, über Kraft und Klarheit, die Fähigkeit, dieses Leben in seiner Ganzheit zu erfahren, und vieles mehr.
Doch warum gibt es überhaupt unangenehme Gefühle, und woher kommen sie? Beginnen wir wieder bei unserem physischen Körper. Sobald der Körper durch eine Überlebenssituation bedroht wird, empfindet er ein unangenehmes Gefühl, das gemeinhin als Überlebensangst bezeichnet wird. Dieses Gefühl der Lebensgefahr dient uns als deutlicher Anzeiger und schärft unsere Achtsamkeit, sodass wir Energie mobilisieren, um unversehrt aus der entsprechenden Bedrohung zu gelangen. Wären wir nicht fähig, solch ein unangenehmes Gefühl zu empfinden, würden wir vielleicht einfach aus Neugierde an den Dingen wie ein Legomännchen mit einem Lächeln über den Rand einer Klippe laufen. Dieses unangenehme Angstgefühl ist also ein lebenserhaltender Mechanismus für unseren Körper, weil alles Leben als Grundinformation in sich trägt, leben zu wollen.
Ähnlich, nur komplexer, verhält es sich mit unserem Energiekörper. Alles ist gut, solange dieser in seinem paradiesischen Ursprungszustand der absoluten Harmonie ist. Dann fühlen wir uns ganz und voller Sinnhaftigkeit. Doch fallen wir sehr schnell aus dem inneren Paradies, sobald unser Energiekörper bedroht wird. Die drei großen Bedrohungen für unseren Energiekörper sind Angst, Schuld und Zweifel.
Nun, wie wird eigentlich der menschliche Energiekörper bedroht? Zum einen wirkt die zuvor beschriebene körperliche Überlebensangst auch auf ihn ein. Physische Bedrohungen haben also augenblickliche Auswirkungen auf unseren Energiekörper und können ihn aus dem Gleichgewicht bringen, sodass unser bedingungsloses Gefühl von „Alles ist in bester Ordnung" uns verlässt.

Je früher in unserem Leben, besonders im Säuglingsalter, physische Bedrohungen auftreten oder Grundbedürfnisse wie Wärme, Nahrung und Geborgenheit nicht befriedigt werden, desto gravierender sind meist die langfristigen Auswirkungen auf unseren Energiekörper. Denn da, wo wir herkommen, also dort, wo wir vor unserer Geburt waren, weilen wir ganz natürlich und dauerhaft in unserem vollends geborgenen Zustand und kennen gar nichts anderes als ein angenehm harmonisches Gefühl. Und auf einmal gelangen wir auf die Erde, in diesen tapsigen Körper, und werden auch noch fähig, die Abwesenheit dieses unendlich schönen Gefühls zu empfinden. Was können zu intensive Unannehmlichkeiten oder eine langfristige Abwesenheit des Paradieszustandes für Folgen haben? Ganz praktisch betrachtet hinterlassen sie einschneidende Spuren in unserem Energiekörper, sodass Lebensenergie nicht mehr frei durch uns hindurchfließt.

Wie gesagt: Je früher solch ein Mangel in unserem Leben passiert, desto heftiger die Auswirkungen für das spätere Leben. Doch auch im Kindes-, Jugend- oder Erwachsenenalter können wir Bedrohungen ausgesetzt worden sein, die heute unsere Lebensenergie eventuell sogar chronisch blockieren. Es müssen nicht zwingend körperliche Bedrohungen gewesen sein, da auch psychischer Druck und Stress tiefe Kerben in unserem Energiekörper hinterlassen kann. Die Narben solch energetischer Einschnitte werden gemeinhin als Traumata bezeichnet.

Vereinfacht gesagt kann man die chronische Abwesenheit unseres Urzustandes auch so beschreiben, dass wir nicht mehr ganz selbstverständlich das Gefühl haben, bedingungslos geliebt zu sein – ohne etwas dafür tun zu müssen – und uns unser tiefes Urvertrauen „Alles ist gut, so wie es ist" abhandengekommen ist. Das hat natürlich enorme Auswirkungen auf unser Denken und Verhalten auf der Erde! Denn nun können wir die Schönheit und Fülle des Lebens nicht mehr in vollen Zügen genießen, und sind konstant von dem Bedürfnis getrieben, unseren Urzustand wiederherzustellen. Wahrscheinlich brauche ich dir nicht zu erzählen, dass wir mit unserer Suche unbewusst und nahezu ausschließlich erst außerhalb von uns selbst beginnen. In diesem Zuge ist es natürlich nur eine Frage der Zeit, bis wir Erdendramen und emotionale Verwicklungen erleben...

Was sind Emotionen?

Wenn wir ein Gefühl empfinden, ob ein angenehmes wie Liebe, Freude, Inspiration oder ein unangenehmes wie Angst, Zweifel oder Schuld, dann fühlen wir es in unserem Energiekörper. Sobald dieses Gefühl über unseren physischen Körper einen Ausdruck bekommt, wird ein Gefühl zur Emotion.

Emotionen sind Gefühle, die über unseren Körper nach außen physisch spürbar und sichtbar gemacht werden.

Ist irgendetwas verkehrt an Emotionalität? Nein. Doch woher kommen dann emotionale Dramen und Verwicklungen mit anderen Menschen?
Dafür blicken wir noch einmal auf die Natur der Gefühle, um dann besser erkennen zu können, wie sichtbar gemachte Gefühle, also Emotionen, bei uns unter anderem auch zu Leid führen können.

Allgemein erkennt man ein Gefühl daran, dass es weder der Vergangenheit entspringt noch an die Zukunft gebunden ist. Gefühle sind Erscheinungen des Jetzt und kennen nur diesen Moment. Gefühle sind nicht logisch greifbar, nur begrenzt analysierbar und treten auch gerne auf paradoxe Weise auf. Das heißt, dass es möglich ist, gerade über etwas zu trauern und zur gleichen Zeit Freude darüber zu empfinden, wie schön die unmittelbare Umgebung ist, in der man sich gerade befindet. Und im nächsten Moment könnte man bereits einen äußerst inspirierenden, belebenden Einfall haben! Gefühle kommen und gehen manchmal ohne dass wir direkt Einfluss darauf haben. Es ist zwar möglich, den Boden für angenehme oder unangenehme Gefühle zu bereiten, doch können wir Gefühle niemals ganz genau berechnen oder ganz gezielt hervorrufen. Gefühle zeigen an, wie frei oder blockiert Energie durch unser Körper- und Energiekörpersystem fließt.

Wahre Gefühle kennen nur das „Jetzt" – diesen Moment!

Wenn also Gefühle in unserem Inneren auftauchen und Emotionen zum Ausdruck gebrachte Gefühle sind, wie kommen dann emotionale Reaktionsmuster zustande? Durch weltliche Freuden und Leiden. Wenn unser physischer Körper seinen angenehmen Komfort verliert und dadurch auch unser Energiekörper aus seinem ursprünglichen Zustand gerät, empfinden wir unangenehme Gefühle. Dies passiert beispielsweise durch Bedrohung, Mangelzustände oder sinnlichen Übergenuss. Auf einmal fühlen wir Dinge wie Angst und Unfrieden oder andere Aspekte unangenehmer Gefühle. Solange wir diese Empfindungen lediglich fühlen und gegebenenfalls als Emotion ausdrücken, um Energie wieder frei fließen zu lassen, ist noch alles im grünen Bereich. Doch an dieser Stelle kommt unser Verstand ins Spiel. Es ist nämlich eine seiner Hauptaufgaben, für unser Überleben zu sorgen. Und da der Verstand nicht blöd ist und weiß, dass unangenehme Gefühle Anzeiger dafür sind, dass der freie Fluss von Lebensenergie in uns

blockiert und somit unser Überleben gefährdet ist, lässt er sich Tricks einfallen, um unser Überleben langfristig zu sichern.
Dies passiert folgendermaßen: Sagen wir, durch äußere Umstände empfinden wir ein unangenehmes Gefühl, und daraufhin analysiert der Verstand ganz genau, welche Umstände diesen unharmonischen Zustand hervorrufen. Da er weiß, dass der Körper über die Sinne mit der Außenwelt verbunden ist, lässt er den Körper exakt abspeichern, welche Sinneswahrnehmungen in einer bedrohlichen Situation wahrgenommen wurden. Welche Formen und Farben sahen wir in der erlebten Situation? Wie roch es? Hatte es einen Geschmack? Wie hörte es sich an? Und vor allem, wie fühlte es sich am Körper an? All diese Informationen speichert der Verstand nun in der Datenbank unseres Körpers. Jedes Mal wenn zukünftig eine Situation auftritt, die der damalig abgespeicherten Überlebenssituation ähnelt, lässt er die unangenehmen Notgefühle aufkommen. Dies hat wiederum zur Folge, dass wir Energie mobilisieren, um frühzeitig und schnell aus der Notsituation zu gelangen (Flucht) oder sie zu ändern versuchen (Kampf). An und für sich ein genialer Mechanismus, vor allem, wenn es sich um körperliche Bedrohungen – wie die Begegnung mit einem wilden Tiger – handelt. „Überleben wird für die Zukunft gesichert!" feiert unser Verstand nach jedem Abspeichern. Er kann gar nicht genug davon bekommen und speichert alle möglichen Situationen, die als unangenehm empfunden wurden, und nimmt seine Aufgabe damit todernst!
Dasselbe macht der Verstand natürlich auch mit angenehmen Gefühlen, die durch freudige Sinnlichkeit wie beispielsweise Sex oder süße Nahrungsmittel entstanden sind. Auch damit sichert er, so gut er kann, langfristig das Überleben des Einzelnen und den Fortbestand der Menschheit.

Entweder ist ein emotionales Reaktionsmuster ein abgespeichertes angenehmes Gefühl, das an ganz bestimmte Sinneseindrücke geknüpft ist und stets dann wieder zum Vorschein kommt, wenn wir uns auf ähnliche Weise wie damals stimuliert fühlen. (Sinnlich angenehmes Überlebensreaktionsmuster)

Oder ein emotionales Reaktionsmuster ist ein abgespeichertes unangenehmes Gefühl, das an ganz bestimmte Sinneseindrücke geknüpft ist und stets dann wieder zum Vorschein kommt, wenn wir uns auf ähnliche Weise wie damals bedroht fühlen. (Sinnlich unangenehmes Überlebensreaktionsmuster)

Auf der einen Seite sind Überlebensreaktionsmuster sehr praktisch und nützlich für unser körperliches Dasein auf dieser Erde, und zur gleichen Zeit zahlen wir auch einen hohen Preis dafür, weil jede Art von körperlichem Überlebensreaktionsmuster auf Angst basiert und somit zu energetischen Blockaden führt. Dadurch kann die freie Lebensenergie des Raumes nicht mehr so frei durch uns hindurchfließen und wir büßen an Lebensqualität ein. Demnach sind vom Verstand erzeugte Reaktionsmuster vorgefertigte roboterartige Verhaltensweisen. Sie basieren auf der Vergangenheit und sind für die Zukunft gemacht. Die Folge daraus ist zwangsläufig, dass ein Mensch weniger frei und spontan in diesem Moment lebt und seine Entscheidungen durch die erlebte Vergangenheit beeinflusst sind. Dieser Preis ist sehr hoch, da wahres Glück und die Fülle des Lebens immer nur jetzt passieren. Je offener das energetische System eines Menschen ist, also je weniger vorgefertigte Reaktionen er hat, desto leichter erfährt er das bedingungslose Glücklichsein im gegenwärtigen Moment.

Alle bedrohlichen oder stimulierenden Überlebensreaktionsmuster, die ein Mensch durch bestimmte Erfahrungen angehäuft hat, bilden sein „Ich“, also sein Ego.

Das Ego eines Menschen ist also nichts weiter als eine Ansammlung von überlebenssichernden, vorgefertigten Reaktionen.

Die eben beschriebenen Zusammenhänge haben wir mit den anderen Lebewesen dieses Planeten vom Prinzip her gemeinsam. Doch unterscheiden sich verschiedene Lebensformen bezüglich ihrer Verstandeskapazität. Pflanzen können bis zu einem bestimmten Punkt Emotionsmuster speichern und erinnern. Tiere, beispielsweise der klassische „getretene Hund“, können dies bereits in einem höheren Grad, doch der Mensch ist darin auf Erden wohl die Königsklasse!

Nicht nur die menschliche Verstandeskapazität unterscheidet uns gravierend von anderen irdischen Lebensformen. Ein Mensch ist nämlich fähig, neben körperlichen Bedrohungen und Stimulationen auch Verstandesbedrohungen und Verstandesstimulationen zu erfahren. Diese Dinge sind sowohl den Pflanzen als auch den Tieren fremd. Beispielsweise kann sich ein Tier nicht durch das Wort „Arschloch“ beleidigt fühlen. Es ist zwar fähig, die unangenehme Schwingung wahrzunehmen, mit der die Beleidigung eventuell transportiert wurde, doch vom Inhalt bleibt es unberührt, weil es sich nicht damit identifizieren kann. Ein Tier könnte auch kein Überlebensreaktionsmuster aufbauen, wenn ich ihm erkläre, dass die Zukunft sehr unsicher sei und es sich dringend überlegen sollte, mehr in die Rentenkasse einzuzahlen. Stell dir einmal vor, wie deine Katze dich bei diesen Worten ansehen würde! Auch kannst du einem Vogel nicht erzählen, wie sehr du dich über den Kauf eines neuen Porsche freust, da dieser solch ein Ereignis nicht als angenehm stimulierend empfinden kann. Wahrscheinlich ist dir schon aufgefallen, dass wir Menschen innerhalb unserer Kulturen, Traditionen und Gesellschaftssysteme gedankliche Konstrukte von richtig und falsch geschaffen haben. Diese sind eine Art Massen-Überlebensreaktionsmuster, die genauso in der Vergangenheit entstanden sind und das Überleben in Zukunft sichern sollen. Stimulierende Massenmuster sind beispielsweise traditionelle Feste, und bedrohliche Massenmuster sind Dinge wie Versicherungen (Angst) oder Erfolgsdruck (Schuld und Zweifel).

Viele der heute lebenden Menschen erfahren bereits in frühem Alter körperliche Bedrohungen oder Überstimulationen, was ihr energetisches System nachhaltig aus dem Gleichgewicht bringt. Doch machen bei den meisten Menschen psychische Überlebensreaktionsmuster einen Großteil ihrer Energieblockaden aus. Hier eine kurze Auflistung von Spitzenreitern in der Mangelerzeugung: propagierte Zukunftsangst, Stress durch Erfolgsdruck, Mobbing, Ausgrenzung und Menschenklassifizierung, das Versagenserlebnis, keinen Partner zu finden, und der Druck, Kinder bekommen zu müssen, genormte Körperidealbilder sowie dogmatische Gesundheitsphilosophien, Wissenschaftstheorien oder Gottesvorstellungen. Jegliche Form von Androhung oder psychischem Druck kann im Menschen neue Überlebensreaktionsmuster schaffen. Diese vorgefertigten „Wenn-Dann-Glaubenssätze" bewirken die Illusion, dass ein Mensch annimmt, er sei nicht gut genug so wie er ist. Dadurch entstehen Minderwertigkeitsgefühle, und das Leben erscheint nicht mehr so lebenswert.
Hierbei wird sehr gut deutlich, wie machtvoll die Kapazität des menschlichen Verstandes ist, und warum es ihm möglich ist, so viele Überlebensreaktionen anzu-

häufen. Gerade die Kombination aus körperlichen und psychischen Erfahrungen, die entweder bedrohlich oder überstimulierend waren, erschaffen eine Vielzahl roboterartiger Reaktionsmuster, die verhindern, dass ein Mensch die Fülle und Schönheit, von der er die ganze Zeit umgeben ist, sehen und erfahren kann.

Die Anhäufung von etlichen Reaktionsmustern schafft somit das Ego eines Menschen, das wiederum sein Ich-Empfinden bestimmt. Daran sind auch alle Identifikationen, Vorlieben, Abneigungen usw. gebunden. Ganz allgemein spricht man auch vom Charakter eines Menschen. Die meisten Leute glauben zwar, dass sie es sind, die Entscheidungen in ihrem Leben treffen, doch am Ende sind es in den allermeisten Fällen unsere Reaktionsmuster, die die Welt in richtig und falsch einteilen und unser Verhalten steuern. Ohne es zu wissen, werden wir zu einer Art Bühnenmarionette. Es geht uns dann ähnlich wie dem Kasperle, das, solange es auf der Bühne steht und nichts von seiner unbewussten Rolle weiß, immer wieder Angst vor dem bösen Krokodil haben muss!

Es gibt kein anderes Wesen auf diesem Planeten, das physisch und psychisch so sehr an der Vergangenheit festhalten und sich so sehr vor der Zukunft fürchten kann wie der Mensch. Ich verbleibe hier ohne Urteil und weise lediglich auf eine enorme menschliche Kapazität hin. In den eben beschriebenen Zusammenhängen kommt uns solch eine Kapazität offensichtlich erst einmal nicht zugute. Doch erst diese Kapazität ermöglicht es uns, völlig aus dem paradiesischen Zustand zu fallen, und das hat seine Sinnhaftigkeit! Ein Tier kann zwar körperlich aus dem Paradies fallen, doch psychisch bleibt es vom roten Apfel der Erkenntnis unberührt. Erst der Mensch kann innerlich in einen so unangenehmen Zu-

stand kommen, dass es ihm körperlich an nichts fehlt und er dennoch unerfüllt ist. Das ist der entscheidende Punkt dieser Schöpfung, an dem ein Lebewesen sich zum ersten Mal fragt: „Was fehlt mir wirklich?"
Somit beginnt auch die Suche und Sehnsucht nach etwas, das ein Mensch nicht durch weltliche Dinge bekommen kann.
Wer nun nach den vergangenen Worten eins und eins zusammenzählt, wird sehr schnell feststellen, dass der Erkenntnisprozess eines Menschen nichts anderes ist als das allmähliche Verstehen seiner vorgefertigten Reaktionsmuster. Somit bekommt er seine natürliche Wahlfreiheit wieder, und aus Reaktion wird Aktion. Ein Mensch, der agiert anstatt zu reagieren, kann nun spontan und wahrhaft frei leben. Er ist es, der wieder im Paradies lebt, unabhängig davon, was um ihn herum passiert.

Was ist Stress?

Gefühle sind Anzeiger in unserem Inneren; sie sagen uns klar an, ob unser Gemüt sich in Harmonie oder im Ungleichgewicht befindet. Eine Emotion kann man auch als eine Gemütsbewegung bezeichnen. Angenehme Gefühle bewegen uns so, dass wir möglichst Harmonie erleben und weitere angenehme Erfahrungen aufsuchen oder schaffen. In so einem Zustand ist das sinnliche Erleben von Dingen wie Essen, Sexualität, Musik und Tanz, das Entdecken von Neuem oder der Austausch mit anderen Menschen ein Genuss.
Unangenehme Gefühle bewegen uns so, dass wir möglichst wieder in Harmonie kommen und dementsprechend die äußeren Umstände beeinflussen wollen. In so einem Zustand kennen wir hauptsächlich zwei Dinge, um unser Gleichgewicht wiederherzustellen: Flucht oder Kampf.

Je nach Intensität einer unangenehmen Erfahrung schüttet unser Körper auch dementsprechende Chemikalien aus, um effektiv flüchten oder kämpfen zu können. Sofern wir die Situation erfolgreich überlebt haben, können wir uns eigentlich entspannen, doch ist das zumeist nicht auf Anhieb so einfach, weil immer noch bestimmte Chemikalien in uns das Ungleichgewicht fühlbar machen. Diesen Zustand bezeichnen wir allgemein als Stress.
Dazu ein Beispiel aus der Tierwelt: Wenn ein Reh erfolgreich vor einem Wolf geflohen ist und kurz nach der Jagd stehenbleibt, empfindet es ein gewisses Maß an Stress. Um diesen nicht anzustauen und seine Lebensenergie blockieren zu lassen, schüttelt es sich kräftig, ruht oder frisst, und bringt dadurch wieder Entspannung in seinen physischen und energetischen Körper.
Genau so funktioniert das auch beim Menschen – und die Folge von Stress ist die Suche nach Kompensation. Nicht nur physische Überlebenssituationen, sondern auch psychischer Druck oder das Missachten der körperlichen Bedürfnisse führt zwangsläufig in einen gestressten Zustand. Dadurch ändert sich unsere innere Chemie, und wir beginnen uns anders zu verhalten.
Jedes Lebewesen strebt stets danach, ein Ungleichgewicht zu kompensieren, also wieder ins Gleichgewicht zu bringen. Der menschliche Körper hilft dabei so gut er kann. Reaktionen wie Gänsehaut, Frösteln, Schwitzen, Zuckungen, Nervosität, spastische Bewegungen, starke Müdigkeit, rastloser Bewegungsdrang, intensives Atmen, sexuelle Übererregung, Schreien, Weinen, Lachen und allen voran Heißhungerimpulse und das Suchen nach Betäubung sind allesamt Mechanismen, um Stress abzubauen. Ob körperlicher oder psychischer Stress – ein Mensch strebt natürlich stets danach, schnellstmöglich wieder in einen angenehmen Zustand zu kommen. Erst wenn unser körperliches System wieder entspannt

ist, empfinden wir auch wieder ein angenehmes Gefühl. Doch bis dahin ist der Drang nach Kompensation stark.
All die eben beschriebenen Dinge passieren zwanghaft. Sowohl bei einem Tier als auch bei einem Menschen, der unbewusst mit Stress umgeht. Je nachdem, welche Kompensationsmöglichkeiten einem Menschen nach einer Stresssituation zur Verfügung stehen, speichern sich entsprechende Überlebensreaktionsmuster für die Zukunft ab. Dabei speichert der Verstand nicht nur, wie bereits früher beschrieben, die einzelnen Sinneseindrücke einer unangenehmen Situation, sondern auch, wie er daraufhin kompensiert.

Wie gesagt spielt Geschwindigkeit beim Abbau von Stress eine große Rolle, da niemand gerne länger ein unangenehmes Gefühl hat. Von daher ist in unserer westlichen Welt das Essen die absolute Nummer eins, wenn es darum geht, chronischen Stress zu kompensieren. Intensiverer Stress benötigt stärkere Substanzen. Hier stehen Alkohol, Zigaretten, Medikamente und ähnlich intensive Betäubungsmittel weit oben.

Eine Studie zeigt, dass es in ärmeren Ländern wesentlich mehr Kinder gibt. Mitunter hängt das damit zusammen, dass täglicher Überlebensstress und mangelnde Kompensationsmöglichkeiten zu einem größeren Energiestau führen und Sexualität eher dazu gebraucht wird, um eine entsprechende Kompensation zu ermöglichen.
Doch wie man es dreht oder wendet: Stehen nicht genug Kompensationsmöglichkeiten zur Verfügung, neigen wir dazu, anderen zu schaden, und haben wir ausreichend Möglichkeit dazu, machen wir uns selbst kaputt. Wenn jemand sich nicht wohlfühlt und das Wohlgefühl auch nicht, ohne zu kompensieren, wie-

derherstellen kann – oder vergessen hat, dass es so etwas wie ein Wohlgefühl überhaupt gibt, wird sich ein Mensch nahezu zwangsläufig betäuben wollen.
An diesem Punkt stellt sich natürlich auch die Frage, ob es denn nachhaltig gesunde Möglichkeiten zu kompensieren gibt? Zum einen ist es natürlich das Beste, einen Lebensstil zu führen, bei dem man relativ wenig kompensieren muss. Zum anderen gilt als klare Richtlinie: Je subtiler Kompensation passiert, desto gesünder. Beispielsweise ist ein ausgedehnter Spaziergang im Wald eine feinere Art des Ausgleichs als zwei Tafeln Schokolade oder zehn Zigaretten zu konsumieren. Für die meisten ist hier der herausfordernde Faktor die Zeit! Wer sich immer wieder die Zeit nimmt, den inneren Stress stückweise abklingen zu lassen, und bereit ist, so lange mit einem unangenehmen Gefühl zu leben, der tut sich gewiss etwas Gutes. In unserer Gesellschaft bezeichnet man solch einen Vorgang als Urlaub oder Wellness. Bei längeren oder intensiveren Stressabbauzeiten sagt man allgemein Therapie oder Retreat.

Emotionen kommunizieren

Lass uns auch noch einmal auf die gängigen Reaktionen Flucht und Kampf zurückkommen. Sobald sich ein Mensch unwohl fühlt und sich Stress in ihm breitmacht, verfällt er zumeist in eine der beiden eben genannten Reaktionen. Fast jeder Mensch hat entweder eine tendenzielle Neigung, eher zu flüchten oder eher zu kämpfen. Solche körperlichen Bewegungen bringen immer auch Gemütsbewegungen, also Emotionen mit sich. Emotionen, die auf unangenehmen Gefühlen basieren, drücken sich entweder in Trauer oder Wut aus. Angenehm begründete Emotionen drücken sich in irgendeiner Art von Freude aus. Dadurch erkennt unsere

Umwelt stets, wie es uns gerade geht und ob wir ausgeglichen oder im Ungleichgewicht sind. Da es in vielen zivilisatorischen Gesellschaften meist nicht erwünscht ist, dass man unsere ehrliche Gemütslage sehen und fühlen kann, haben viele Menschen das Unterdrücken von Emotionen kultiviert. Solch ein Hinwegtäuschen über den eigentlichen inneren Zustand geht meist eine Weile gut, bis die unangenehmen Gefühle sehr intensiv werden und burnoutartige emotionale Explosionen oder Depressionen die logische Folge sind.

Menschen mit vielen Überlebensreaktionsmustern reagieren in der Regel auf viele Geschehnisse in ihrem Leben und haben einen konstanten Stresspegel. Sobald dieser Zustand chronisch wird, vergisst ein Mensch irgendwann, dass das Leben sich auch anders anfühlen kann. Dauerkompensation wird somit zur ständigen Begleiterscheinung. In unserer Gesellschaft sagt man dazu Sucht. Da ein Zustand von Dauerstress innerlich unangenehm polarisiert, sehen gestresste Menschen das Leben auch viel eher schwarz-weiß. Überlebenszustände suggerieren nämlich unterbewusst, es sei nur möglich, sich entweder schnell zu entscheiden oder Schaden davon zu tragen. Ein Mensch mit einem chronischen Stresspegel hat zumeist zu fast allen Dingen eine vorgefertigte Meinung, ist weniger offen für Neues und urteilt liebloser über sein Umfeld, aber auch über sich selbst. Man könnte das auch als den Entweder-oder-Zustand bezeichnen, der kaum Spielraum für Lebendigkeit und Kreativität lässt.
Menschen mit einer Neigung zum Kampf richten ihre Destruktivität eher auf andere. Menschen mit einer Neigung zur Flucht behandeln sich selbst nicht sonderlich liebevoll. Es ist wichtig zu verstehen, dass beide Zustände alles andere als selbstbestimmt sind. Ein chronischer Stresspegel macht aus einem Menschen einen gefühls-

kühlen Roboter, der glaubt, zu wissen, wer er ist und dass er selbst Entscheidungen trifft. Doch am Ende ist dem nicht so, weil es lediglich all die angesammelten Überlebensreaktionen sind, die ihn fernsteuern. Die Folge eines solchen Lebens ist zwangsläufig Krankheit.

Ein Mensch, der wirklich wieder einen gesunden Unterschied für sein Leben machen möchte, wird nicht darum herumkommen, sich endlich Zeit zu nehmen, sich ausgiebig zu entspannen und angstvolle Überkontrolle des eigenen Lebens loszulassen. Beobachte einmal einen chronisch gestressten Menschen im Urlaub, und wie schwer es ihm auch dort fällt, sich einmal wirklich zu entspannen. Manche Menschen neigen dann dazu, weiterzuarbeiten und vor ihrer Entspannung davonzulaufen, weil sie sonst nicht mehr wüssten, als wen oder was sie sich definieren können. Andere beginnen dann an der Umgebung und den anderen Menschen herumzunörgeln. Denn eines ist wichtig zu verstehen:

Wir Menschen erschaffen immer das außerhalb von uns, was wir in uns tragen.

Somit kommunizieren wir konstant über unseren emotionalen Ausdruck, wie es uns geht. Gleichzeitig ziehen wir mit unserer Art zu sein, auch entsprechende Menschen und Situationen an. Wer Kampf in sich trägt, wird diesen auch außerhalb von sich sehen und immer den Eindruck haben, die Welt sei etwas Bedrohliches, wovor es sich zu schützen gilt. Wer Flucht in sich trägt, dem wird auch selten etwas Angenehmes außerhalb von sich zuteilwerden, und es wird immer so aussehen, als ob die anderen Menschen mehr Glück hätten.

Um noch einmal auf die anfängliche Frage dieses Kapitels zurückzukommen: Woher kommen eigentlich die

Dramen und emotionalen Verwicklungen in unserem Leben? Ich glaube, nach den eben beschriebenen Zusammenhängen wird klar ersichtlich, dass es immer der Mensch selbst ist, der sich seine Umstände kreiert. Natürlich hat jeder Mensch etwas andere Voraussetzungen und Lernaufgaben in diesem Leben. Doch hat ein jeder dieselbe Chance, sich selbst und sein ferngesteuertes Verhalten zu erkennen und mit Liebe und Achtsamkeit Stück für Stück aus destruktiven Mustern auszusteigen. Voraussetzung dafür ist natürlich der Wille zur Veränderung. Wer an seinem Leid aus Überzeugung festhält, dem kann der beste Therapeut nicht helfen, da jeder Mensch die Ermächtigung des Lebens in Händen hält, sich frei entscheiden zu können. Aus meiner Sicht liegt sehr viel Schönheit darin, sich mit Geduld und Liebe gegenüber sich selbst immer mehr ein Leben zu erschaffen, das wieder einem Zustand entspricht, in dem ein Mensch vor spontaner Freude übersprudelt! Solch ein Weg ist nämlich das eigentliche Geschenk des Falls aus dem paradiesischen Urzustand. Er ermöglicht uns, bei vollem Bewusstsein all die Wunder und die Schönheit des Lebens zu erfahren. Und wer sich in diesem Zustand noch einmal neben seine nicht rentenversicherte Katze setzt und ihr in die Augen blickt, wird sich nun mit ihr einig sein: Es gibt keine andere Absicherung als die, das Leben jeden Tag aufs Neue zu feiern.

Emotionslosigkeit

Zuvor haben wir uns darüber unterhalten, wie unangenehme Gefühle, erzeugt durch intensive Erfahrungen, zu Stress führen und dieser wiederum die Reaktionen Kampf oder Flucht auslöst. Nun gibt es aber auch den Fall, dass ein Mensch sehr massive Traumata erlebt wie beispielsweise rohe Gewalt, sexuelle Grenzüberschrei-

tung, Vernachlässigung im Babyalter oder massiven psychischen Druck. Auch hierfür hat die Natur in uns vorgesorgt und Strategien entwickelt, um unser Überleben zu sichern. In dem Moment, wo eine Erfahrung zu intensiv für einen Menschen wird und seinem Körper die Menge an erfahrener Gewalt (und in der Folge ausgeschütteter Körperschutzchemikalien) zu viel wird, kann es passieren, dass sich ein innerer Notschalter umlegt. Dieser ist vergleichbar mit einer Sicherung im häuslichen Sicherungskasten. Danach wird alles lahmgelegt und nicht einmal mehr Flucht oder Kampf sind möglich. Eine Art betäubende Starre macht sich dann im Körper breit, und all das unangenehme Fühlen wird abgeschnitten. Das ist dann die letzte Notmaßnahme, um das Erlebte zumindest zu überleben. Meistens bringt die dadurch entstandene Gefühlskälte auch das Vergessen des Geschehenen mit sich. Dieser Mensch wird im weiteren Verlauf des Lebens sehr wahrscheinlich überwiegend rational funktionieren und kaum oder überhaupt nicht mehr Zugang zu seinen Gefühlen haben. Emotionslosigkeit ist die Folge davon.
Das ist so ziemlich der ungünstigste Zustand, in dem ein Mensch sich befinden kann. Denn das Nichtfühlen von unangenehmen Gefühlen bringt auch gleichzeitig das Nichtfühlen von allen angenehmen Gefühlen mit sich – also die absolute Trennung von unserem Ursprungszustand. Und alles, was dann übrigbleibt, bezeichnet man gemeinhin als schwere Depression oder tiefe Sinnlosigkeit. Manchen Menschen gelingt es, diesen Zustand einigermaßen durch rationale Funktionalität zu verschleiern. In unserer heutigen Gesellschaft ist es an einigen Orten auch möglich, so existieren zu können, ohne dass es wirklich einem anderen auffällt.
In diesem Zustand fließt Lebensenergie nur noch schwach durch einen Menschen, und entweder misshandelt er sich durch stimulierende Substanzen, nega-

tive Selbstkritik und andere weltfliehende Methoden selbst, oder er versucht sich auf irgendeine Art bei einem selbstgeschaffenen, äußerlich projizierten Feindbild aufzureiben. Aber auch absolute Teilnahmslosigkeit und Vernachlässigung der eigenen Person sind gängige Folgeerscheinungen. Selbstmord ist lediglich die Spitze des absoluten Nichtfühlens und der extremste Ausdruck für die Sehnsucht nach unserem Ursprungszustand.

Warum ist es so schwierig, aus diesem tauben Zustand wieder herauszukommen? Weil jede Art von Entspannung und Blockadenlösung heftige unangenehme Gefühle mit sich bringt. Und zwar all jene, die entweder sukzessive angestaut oder in einer heftigen Extremüberlebenssituation aus Sicherheitsgründen nicht gefühlt wurden. Jede Art von Entspannung bedeutet sozusagen den Notschalter wieder zurückzulegen, so wie bei einem Sicherungskasten. Der Schalter war damals in der Not zwar schnell auf AUS umgeklappt, doch braucht es nun wesentlich mehr Energie, um ihn wieder anzuschalten! Denn was uns nach dem „Reset" des Schalters erst einmal an Gefühlen erwartet, kann zu heftig sein, um es auf einmal zu fühlen. Die meisten kehren lieber wieder um und bleiben getrost in ihrem Taubsein, ihrem zombieartigen Zustand, der zwar nicht wehtut, dafür aber echte Freude verwehrt! Auf Dauer gewiss ein schlechter Deal, da das Leben uns immer wieder kitzeln und anstacheln wird – denn alles Lebendige will leben und frei fließen. Ein immer weiteres Zudecken und Verschütten durch betäubende Mittel ist am Ende nichts weiter als schleichender Selbstmord.
Der Mensch, der bereit ist, immer wieder Entspannung, also freifließende Energie zuzulassen und diese extrem unangenehmen Gefühle wenigstens stückweise zu fühlen, wird durch seine Beharrlichkeit bemerken, dass mit dem Abnehmen der intensiv unangenehmen Ge-

fühle wieder angenehme Gefühle in sein Leben kommen. Dabei ist es wichtig, zu beachten, dass destruktive Selbstkritik nicht wirklich real ist, sondern nur ein innerer Dialog zwischen einem verletzten Kind und seinen tauben Gefühlen. Ein sukzessiver Heilungsprozess steht und fällt mit der bewussten Entscheidung und dem puren Willen eines Menschen, leben zu wollen. In Wirklichkeit ist das Machtvollste, was ein Mensch in diesem Leben hat, sein Wille zu leben! Dieser Wille führt ihn auf einen besonderen Weg, der ihn das Leben wiederentdecken lässt und der die Folge dessen ist, was gerne als bedingungslose Liebe bezeichnet wird – der menschliche Urzustand.

Gesunder Umgang mit Reaktionsmustern

Um zu lernen, mit den eigenen Überlebensreaktionsmustern konstruktiv umzugehen, bedarf es erst einmal der Beobachtung, wann sie ausspielen, beziehungsweise durch welchen genauen Auslöser sie gezündet werden. In dem Moment, wo wieder einmal der große Showauftritt eines unserer Muster beginnt, haben wir zwei Möglichkeiten – und je nachdem, wie wir uns entscheiden, kann Heilung passieren oder wir verstärken ein energieblockierendes Muster!

Wenn also ein unangenehmes Gefühl als Überlebensreaktionsmuster unkontrolliert zum Ausdruck kommt, projizieren wir meist unbewusst unseren Frust und innere Unannehmlichkeit auf die gerade erlebte Situation. Fast ausnahmslos bekommen das dann unsere Mitmenschen oder andere Lebewesen zu spüren. Wir unterdrücken die Emotion zwar nicht und lassen sie frei da sein, doch bestärken wir das Überlebensmuster, indem wir es

dadurch rechtfertigen, dass irgendetwas oder jemand im Außen an unserem Zustand schuld ist.
Die andere Möglichkeit ist, das aufkommende unangenehme Gefühl zu fühlen und es einfach da sein zu lassen. Vielleicht bringen wir es aufgrund seiner Intensität sogar emotional zum Ausdruck, doch passiert dabei keine Bewertung des Gefühls, noch wird irgendetwas oder irgendjemand dabei beschuldigt. Das Gefühl darf einfach da sein und sich sogar emotional ausdrücken! Wer es in solch einer Situation schafft, seine Trauer oder Wut bedingungslos da sein zu lassen, ohne diese als etwas Falsches abzutun, der ist auf dem besten Weg in Richtung Gleichgewicht und freier Lebendigkeit.
Solch ein Prozess ist die erste Feierlichkeit, die in Richtung Heilung im Sinne von Deaktivierung undienlicher Überlebensreaktionsmuster führt. Und nun kommt der große Auftritt unseres Verstandes. Denn das, was der Verstand einst als bedrohlich analysiert und abgespeichert hat, kann genau in dem Moment umprogrammiert werden. Wie das? Indem wir genau der Situation oder dem Menschen, den wir als bedrohlich empfinden, durch eine bewusste Entscheidung mit einer liebevollen Reaktion begegnen. Umgangssprachlich sagt man dazu auch „Einlieben". Damit ist gemeint, dass wir trotz einer empfundenen Überlebenssituation, in uns selbst an dieses harmonische und entspannte Empfinden von Liebe und Urvertrauen anknüpfen. Es mag vielleicht unglaublich klingen, doch in Wirklichkeit ist unser Urzustand niemals wirklich weg! Ganz praktisch gesehen kann man sagen, dass freifließende Lebensenergie stets in Fülle und Überfülle um uns ist. Es liegt lediglich am Menschen selbst, die Illusionen der in der Vergangenheit abgespeicherten Überlebensmuster zu durchblicken und erneut die Gewissheit in sich zu entwickeln, dass alles in Ordnung ist, so wie es ist!
Das große Geheimnis des Lebens liegt in deiner wa-

chen Präsenz, in der dein Herz und deine Augen offenbleiben. Es kann natürlich sein, dass das erst einmal unangenehm ist und innerlich wehtut. Doch wer aus dem Schmerz nichts Falsches macht und ihn ganz Teil der Situation sein lässt, wird ein Wunder wahrer Lebenstransformation erfahren! Ganz gleich also, in welche emotionalen Verwicklungen unser Verstand uns einhüllt – du besitzt die Kraft, dich durch bewusste Entscheidungen dort wieder herauszuholen und die alten Reaktionsmuster, wie man so schön sagt „zu überschreiben", durch neue, dir dienliche und lebensbejahende Reaktionen. Das setzt allerdings voraus, dass du nichts, von niemandem, erwartest und absolut bereit bist, deine Liebe zu geben, unabhängig davon, wie dein Umfeld reagiert.

Aus meiner Sicht ist das die Spitze emotionaler Klarheit und höchste gelebte Spiritualität. Sehr viele Menschen glauben, es sei sehr spirituell, wenn man „Kunststückchen" kann wie Telepathie, Auralesen, Lichtnahrung oder Schweben.

Ich sage, es gibt keine höhere Kunst als zu lieben, selbst dann, wenn in mir und um mich herum die emotionale Hölle ausbricht.

Ein banales alltägliches Beispiel: Angenommen, ein Arbeitskollege erinnert dich durch sein unachtsames Verhalten ständig an deinen Vater, der in Kinderjahren vielleicht stets rau mit dir umging. Dann hast du in dem Moment, in dem dein Arbeitskollege dein Überlebensreaktionsmuster „Verbale Wut gegen verletzende Unachtsamkeit" auslöst, die Möglichkeit, tief zu atmen, deine Augen offenzuhalten und erst einmal klar zu bleiben. Nun kannst du das unangenehme Gefühl fühlen und der erlebten Unachtsamkeit zum Beispiel mit einem Scherz begegnen. „Hey, wie wär's mit etwas Achtsamkeit, oder muss ich erst zum Buddhismus übertreten, um das im Miteinander erfahren zu können?" Ganz gleich, wie dein Gegenüber darauf reagiert, bleib cool und lass die Situation nicht zum Drama werden – schreibe dein Leben neu! Eine für den Einstieg einfachere Variante ist es, zu lernen, einfach zu beobachten. Zum einen die Situation und zum anderen die unangenehmen Gefühle genau anzusehen. Dann erblicke deinen Mitmenschen und erkläre deinem bedrohten Verstand, dass dein Gegenüber nicht wirklich etwas mit der Bedrohung zu tun hat und vollkommen in Ordnung ist, so wie er ist. Hierbei geht es um eine innere Haltung, also emotionale Klarheit, und von diesem Standpunkt aus kannst du immer noch ausdrücken, wenn du etwas nicht in Ordnung findest. Das nachträgliche Überschreiben von Überlebensreaktionsmustern ist eine Kunst, mach etwas Schönes daraus und bemale dein Leben gerne mit harmonischen Farben!

Doch warte mal – sind nicht auch die angenehmen Reaktionsmuster am Ende mehr Roboterverhalten als spontanes Leben? Ja, dieser Einwand ist genau richtig, doch die neuen, angenehmen Reaktionsmuster dienen als eine Art Krücke, um überhaupt wieder emotional laufen zu lernen. Und wie du vielleicht weißt, haben wir Krücken nur solange, bis der wundervolle Lauf des Lebens uns packt und wir in jeder Situation frei und spontan agieren können!
Erinnerst du dich „Lauf, Forrest, lauf..."

Ein warmes Herz bleibt cool!

Je mehr Überlebensreaktionsmuster ein Mensch durchschaut, sich selbst dabei beobachtet und seine innere Haltung sowie sein äußeres Verhalten zu transformieren lernt, desto entspannter wird sein Gemüt. Damit senkt er seinen Stresspegel und das Leben hat wieder die Chance, freier durch ihn zu fließen. Wie gesagt: Es ist immer alles da!

Wie bei allen Dingen wird es auch hier immer leichter und schöner, wenn man erst einmal verstanden hat, wie der Hase läuft. Und sobald ein Mensch ein gewisses Maß an „Dramenfreiheit" in sich geschaffen hat, entsteht eine weitere Möglichkeit: nämlich vom Bühnendarsteller zum Regisseur des eigenen Lebens zu werden! Stell dir einmal vor, dass du die Fähigkeit besitzt, das innere Drehbuch für jede erlebte Situation selbst zu schreiben, wie wäre das? Aus meiner Sicht mehr als erstrebenswert, und wer das tun möchte, kann folgende einfache Dinge beachten. Die Crux liegt in der inneren Grundhaltung. Sowohl Tiere als auch die meisten Menschen möchten in einem angenehmen Zustand sein und erwarten das auch. Der Wunsch nach einem angenehmen Zustand ist natürlich, doch die Erwartung eines solchen Zustandes ist, provokant gesagt, „unmenschlich"!

Stell dir vor, du akzeptierst in dir vollkommen, dass das Leben zu jeder Zeit sowohl eine angenehme Seite als auch eine unangenehme Seite zeigen kann. Mit angenehmen Situationen wissen wir in der Regel gut umzugehen und dürfen sie einfach genießen. Dabei können wir uns ganz frei fallen lassen. Doch ist dir bestimmt auch schon aufgefallen, dass das Leben immer wieder dazu einlädt, noch präsenter zu sein. Alles, was das Leben sich wünscht, ist die volle Präsenz des Menschen. Denn durch den präsenten Menschen erfährt die Schöpfung

sich selbst. Und genau die Situationen, die erst einmal unangenehm für uns sind, erwecken im Bestfall unsere größte Präsenz. Wenn die innere Haltung eines Menschen jenseits von richtig und falsch ist, kann er wahre Freiheit erleben. Denn ohne Urteil oder Erwartung zu sein bedeutet, jede Situation oder Begegnung neu zu erleben. Natürlich heißt das nicht, dass man allem zustimmen sollte, doch ist es auch möglich, mit einem inneren JA im Herzen äußerlich NEIN zu sagen.
Dieser einfache Schlüssel ermöglicht ganz praktisch folgendes: Wenn plötzlich eine Intensivsituation entsteht und dein Körper kurz davor ist, Chemikalien auszuschütten, sodass ein Stresspegel entsteht, um die Situation „zu überleben", benutze deinen Verstand, um dich aktiv und ganz bewusst zu entspannen. Das mag zwar in einer körperlichen Überlebenssituation sehr schwer sein. Es ist mit Sicherheit eine Zen-Aufgabe. Doch wovon ich hier spreche, sind alltägliche Situationen mit unseren uns nahestehenden Mitmenschen. Situationen inmitten unserer Gesellschaft. Ermögliche gerne durch deine emotionale Klarheit, dass dein Inneres vom Äußeren unberührt bleibt – so gut du kannst. Es gibt dabei nichts zu erreichen und keinen Erfolgsdruck, mach es gerne zu einem Spiel.
Wer seinem inneren Stress vorbeugt, der wird auch nicht in komische ferngesteuerte Flucht- und Kampfverhaltensmuster verfallen. Sei ganz aufmerksam, spätestens, wenn eine Situation von Harmonie in Disharmonie umschwenkt. Das ist nichts anderes als der Wechsel des Wetters und damit etwas ganz Natürliches. Eben das Leben, wie es gerade passiert. Fühle in diesem Moment, wie dein System aufgrund eines unangenehmen Gefühls kurz davor ist, Stress in dir aufzubauen, atme tief und lenke mit deiner vollen Aufmerksamkeit Energie in deinen Körper, sodass du möglichst entspannt bleibst. Es kann gut sein, dass dein Herz zu klopfen beginnt, doch

das ist in Ordnung. Halte dein Herz offen und deinen klaren Verstandesfokus bei. Du wirst bemerken, dass du mit solch einer Haltung fast nicht in Theaterdramen zu verwickeln bist, da du auf alles, was zu dir kommt – Kritik, Unachtsamkeit, Beschuldigung usw. – nicht reagierst, sondern lediglich agierst. Von diesem Standpunkt aus macht es sogar Freude, ganz klar argumentieren zu können, ein persönliches Missgeschick einzugestehen und auch deine Sicht auf die Dinge wiederzugeben. Dabei fühlst du all die inneren Gefühle und lässt sie wie Winde durch dich hindurchfliegen. Am Ende ist es nämlich diese Entspannung, die keine neuen Überlebensreaktionsmuster erschafft, die alte Muster liebevoll überschreibt, und mit der ein Mensch im Zustand der Freiheit lebt.

Bliss

Dieser nette Begriff, den die einen nicht mehr kennen und den die anderen ersehnen, ist ein Ausdruck unseres Urzustandes. Momente, in denen pure Lebensenergie ziemlich frei und ungehindert durch unseren Körper strömen kann. Der Geist ist fern von unsinnigen, lebensverneinenden Gedanken, und alles Wahrgenommene erscheint in einer Art goldenem Glanz. Ein Zustand, in dem es nicht mehr möglich ist, Probleme als solche zu betrachten. Ein Übersprudeln von Freude und Lösungsmöglichkeiten – und sogar mit einem Lachen bezüglich dieser Letzteren, da eine Lösung dann vielleicht als ganz überflüssig und so illusionär wie das nun durchsichtige Problem erscheint.
Je nachdem, inwieweit ein Mensch diesen Zustand kennt und damit umzugehen gelernt hat, kann es sein, dass er für Außenstehende wie ein Verrückter, vom Blitz Getroffener wirkt. Ein Mensch in diesem Zustand ist kaum

für seine Mitmenschen einzuordnen, da normalerweise alle außergewöhnlichen Zustände mit einem Problem in Verbindung gebracht werden. Wie gesagt kennt auch dieses Gefühl, so wie alle Gefühle, verschiedene Intensitäten, doch eines ist gewiss, die Augen eines Menschen mit Blissgefühl können nur noch Schönheit erkennen, und das menschliche Sein taucht zumindest temporär in seinen ursprünglichen Zustand ein.
Wie kommt man in so einen Zustand? An dieser Stelle sei zuallererst erwähnt, dass ein solcher Zustand passiert. Man kann ihn nicht kaufen oder irgendwie erzwingen. Im Gegenteil, wer versucht, Bliss zu erzwingen oder daran anzuhaften, wird seinen Zustand eher wieder in eine andere Richtung lenken. Wenn bedingungslose Freude aufkommt, genieße sie in vollen Zügen. Sieh genau hin, wie scherzhaft Vergangenheit und Zukunft sind, und erfreue dich an dieser schönen Erinnerung an dein eigentliches Sein. Doch auch wenn wir unseren Urzustand nicht erpressen können, haben wir die Möglichkeit, den Boden dafür zu bereiten. Das ist ähnlich dem Säen von Pflanzensamen: Wir lockern die Erde, streuen die Samen und gießen. Den Rest machen die Sonne und all die anderen Energien des Lebens. Wann welche Samen aufgehen und ob die Ernte ertragreich oder von den Schnecken zerfressen wird, das zeigt die Zeit.
Es ist empfehlenswert, seinen Körper über einen längeren Zeitraum immer wieder oder beständig in einen komfortablen Zustand zwischen Entspannung und gesunder Anspannung zu bringen. Seinen Geist frei zu machen von einem Überschuss an unnötigen Informationen, beziehungsweise ihm zu kommunizieren, wie wundervoll das Leben ist. Wer sich immer wieder fühlbar vor Augen hält, wie schön sein inneres Wesen ist, der wird bald bewusst die Weichen für eine Freude stellen können, die jenseits weltlicher Genüsse liegt!

Noch ein paar Worte zum mittlerweile überverwendeten und fast schon unbeliebten Begriff der Erleuchtung. Mit diesem Wort ist am Ende nichts anderes gemeint als ein sehr tiefes Sich-Entspannen in unseren Ursprungszustand. Erleuchtung passiert entweder stückweise oder wie eine Art unvorhergesehener Unfall. Es ist deshalb nicht sonderlich ratsam, danach zu streben, weil wir bei all dem In-der-Sonne-Stehen vergessen könnten, die Erde zu lockern, die Samen zu säen und zu gießen. Nur wer beim Bereiten des eigenen Glücks bereits Freude und Vertrauen empfindet, ohne eine Erwartung an etwas Besonderes in der Zukunft, dem kann das Leben Geschenke machen, die Weihnachten und den Geburtstag bei weitem übertreffen! Oder warst du auch eines der Kinder, die bereits vor der ersehnten Festlichkeit den Kleiderschrank ihrer Eltern suchend durchwühlt haben? Doch irgendwie sind Geschenke eben nur zu bestimmten Zeitpunkten, wenn der Rahmen dazu passt, eine große Freude, oder?
Ich selbst rief einmal in solch einem vor heiterer Freude lachenden Blisszustand gen Himmel: „Das einzige, was der Mensch braucht, ist zu atmen. Und das einzige, was der Mensch tatsächlich tun kann, ist zu singen!"

Aber kann man denn überhaupt noch klar denken und am weltlichen Leben ordentlich teilnehmen, wenn man ständig in solch einem blissartigen „Dudelzustand" weilen würde? Keine Sorge – wenn man das einige Male erlebt hat, findet man sich ganz gut zurecht und kann sogar sehr präzise und klar denken. Das ist ungefähr so, wie wenn man sich an das Fliegen mit einem Flugzeug gewöhnt: Anfangs ist es noch ungewohnt und man kommt sich vor wie der erste Mensch, doch später weiß man, wann die Gurte anzulegen sind und dass nach dem Flug die Landung folgt. Immer?

Darüber kann ich an diesem Punkt meines Lebens noch nicht sprechen, doch gib mir Bescheid, sobald du mehr weißt, und sag mir dann, wo du die Tickets gekauft hast!

Wie funktioniert Sex?

Du erinnerst dich bestimmt noch an das erste Mal, als du von Kopf bis Fuß verliebt warst, oder? Was? Nur noch vage, es ist schon so lange her? Das macht nichts, denn genau jene Schmetterlinge im Bauch, die wir dabei empfinden und auf einen anderen Menschen projizieren, sind es, die an unseren Urzustand anknüpfen. Wir sehen unser Gegenüber in strahlendem Licht. Die einen behaupten, dies sei eine hormonelle Vergiftung, und die anderen sind enttäuscht, wenn es aufhört. Ich sehe darin eine Erinnerung des Lebens daran, dass wir Menschen fähig sind, alles Leben in strahlendem Licht zu sehen – und es infolgedessen mit großer Achtsamkeit und Liebe zu behandeln. Denn wer sich in das Leben selbst verliebt, hat beste Chancen, in allen Dingen und Menschen Wunder und einzigartige Qualitäten zu entdecken. Dieses ungebundene Verliebtsein ist gewiss ein Meilenstein, wenn es darum geht, emotional klar zu sein!

Nach den ausführlichen Beschreibungen im Kapitel über unsere Emotionen kommen wir nun, mit neuem Background, noch einmal auf das Thema der Sexualität zu sprechen. Was ist dieser Orgasmus und warum ist er für so viele Menschen so sehr begehrenswert? Neben seinen „medizinisch" tollen Eigenschaften, unsere körperlichen Blockaden etwas zu lösen, kommen wir dabei zudem in eine Art Kurzzeitbliss. Manche Menschen haben auch schon sehr langanhaltende orgasmische Erfahrungen gemacht, doch ist eine bestimmte Sexu-

alpraktik lediglich eine Möglichkeit, den Boden für so eine wundersame Erfahrung, wie es sprühender Bliss ist, zu bereiten. Auch hier gilt: Wer durch viele Orgasmen versucht, seinen Urzustand zu erzwingen, gleicht lediglich einem Zuckersüchtigen, der seine Dosis tagtäglich erhöhen muss, um weiterhin Intensität zu erfahren. Folge: ein stetiges Abstumpfen. Zudem: Achte einmal darauf, wie viel Energie ein zwanghafter Orgasmus kostet – teilweise ist das mehrere Tage spürbar! Die meisten Menschen bemerken nicht, dass so ein Erzwingen-wollen dazu führen kann, dass man daraufhin immer mehr konsumieren will oder dass wie aus dem Nichts seltsame depressionsartige Sinnlosigkeitsgefühle aufkommen können.
Ist das zwingend so – oder ist ein körperlicher Orgasmus grundsätzlich etwas Schlechtes? Gewiss nicht, es gibt jedoch zwei Formen. Nach der einen Art von Orgasmus, der einem spontanen und bedingungslosen Eintauchen in diesen Moment entspringt und ohne Erwartungen hingebungsvoll einfach passiert, fließt Energie angeregt durch uns hindurch, und wir merken wahrscheinlich noch ein paar Tage lang die erquickende Energie dieses Erlebnisses! Energieraubende Orgasmen sind jene, die aufgrund angestauter Energie zwanghaft erzeugt werden. Im ersten Moment empfinden wir zwar Erleichterung, doch hat dies ähnliche Folgen wie der Besuch in einem Fastfoodrestaurant – für den Körper wenig bekömmlich und mit Nachwirkungen im Abgang.

Des Weiteren sei noch erwähnt, dass ein sexuelles Vereinigen zweier Menschenkörper weit mehr Auswirkungen auf unseren Energiekörper hat als den meisten Menschen bewusst ist. Denn an diesem intimen und verletzlichen Punkt des Zusammenschließens und intensiven Berührens unserer physischen Körper kommen auch all unsere energetischen Blockaden und unangenehmen

Einkerbungen aus der Vergangenheit in die wilde Arena! Es ist fast ein Lottospiel, welche in unserem Körper abgespeicherten Erinnerungen dabei berührt und welche Gefühle infolgedessen ausgelöst werden. So kann es sehr schnell passieren, dass auf einmal einer der Beteiligten wie aus dem Nichts zu weinen beginnt. Aber auch Wut oder Angst, die nichts mehr mit unserer natürlichen Wildheit zu tun haben, können sich in diese Begegnung mischen. Es ist von daher besonders wichtig, darauf zu achten, mit wem man sich auf ein sexuelles Aufeinandertreffen einlässt, weil es in dieser enormen energetischen Offenheit ohne die nötige Achtsamkeit genauso zu Verletzungen wie zu angenehmen Gefühlen kommen kann. Ganz besonders, wenn ein Mensch ohnehin viele Traumata in seinem Energiekörper trägt. Dies ist aber auch der Grund, warum es Menschen gibt, die durch eine achtsame sexuelle Begegnung Heilung erfahren können. Das passiert dadurch, dass blockierende Reaktionsmuster angestoßen werden, dass die aufkommenden Gefühle da sein dürfen und durch die entsprechende Achtsamkeit zweier Menschen mit angenehmen Empfindungen neu programmiert werden.
Es sei noch zu erwähnen, dass Achtsamkeit nichts damit zu tun hat, nicht wild zu sein, sondern lediglich eine Haltung beschreibt, die unserem Urzustand gleicht – ein liebevoller Umgang mit allem, was lebt, und das tiefe Vertrauen, sicher und behütet zu sein. Im Rahmen dessen brauche ich dir wohl nicht mehr zu erzählen, welch energievolle Bahnen das Leben kennt!
So ähnlich drückte es einst ein weiser Gelehrter und Prophet aus: „Das Leben erfreut sich am Schein der Sonne und der sanften Brise des Windes genauso wie am erregenden Tosen des Sturmes.“

Geschichte „Sieleuchtung“

Eine junge Frau, die bereits einige Jahre auf ihrem spirituellen Weg war und ihr Leben stetig bewusster gestaltete, fragte sich eines Tages nach einer tiefen Meditation, was es eigentlich mit dieser Erleuchtung auf sich habe. Einst war diese den spirituell Suchenden sehr erstrebenswert, und in der heutigen, modernen Spiritualität ist dieses Thema schon fast verpönt und wird als etwas Negatives abgetan. Beide Ansätze kamen der jungen Frau intuitiv ungeeignet vor, denn irgendwie spürte sie, dass es einen Grund haben musste, dass in nahezu allen spirituellen, religiösen, esoterischen und philosophischen Traditionen von solch einem besonderen Seinszustand die Rede war. Ihre spontane Recherche ließ sie zu verschiedensten spirituellen Lehrern reisen, und neugierig achtete sie stets genau darauf, was sie in der Gegenwart dieser Leute fühlte.

Einige dieser Lebenslehrer beeindruckten sie sehr und eröffneten ihrem Denken und Handeln ganz neue Möglichkeiten. Doch war sie sich sicher, dass keiner von ihnen erleuchtet gewesen war. Und gerade als sie ihre Absicht, einen erleuchteten Menschen zu treffen, abgelegt hatte, kam ihr zu Ohr, dass in einer bekannten Stadt mitten in Europa eine erleuchtete Meisterin ein großes Unternehmen leitete. Das verdutzte sie zuerst, da sie andere Erwartungen an das Leben solch einer Person hatte, doch dann öffnete sie sich wieder und begegnete den Dingen vorurteilsfrei. Sie folgte weiter ihrem inneren Ruf und stand auch schon bald vor dem einladenden Firmengebäude der angeblichen Meisterin. Kurz darauf traf sie diese auch, als sie zu ihr ins Büro gelassen wurde. Auf Anhieb spürte die junge Frau, dass die Frau vor ihr eine erleuchtete Meisterin war, und ihr Gefühl ließ sich nicht durch die Geschäftskleidung der schönen Frau vor ihr trügen. Wie paralysiert und mit

großen Augen fragte die junge Frau ohne Umschweife: „Sag mir, was es bedeutet, erleuchtet zu sein?"
Wortlos führte die Meisterin sie aus dem Firmengebäude, hinaus auf eine Wiese, zog die Schuhe aus und blickte sie im herrlichsten Strahlen der Sonne mit freudig glänzenden Augen an. Die junge Frau verstand sofort, jedoch auf einer Ebene jenseits des Verstandes. Nach einem Moment der Zeitlosigkeit, während sich die beiden Frauen in die Augen sahen, fragte die Jüngere des Weiteren: „Und was kommt nach der Erleuchtung?"
Ohne zu zögern nahm die Meisterin sie wieder mit in ihr Büro, setzte sich dort erneut wortlos an den Schreibtisch und ging mit tiefer Freude ihren Tätigkeiten nach.

2. – Übung

Ich denke, du hast nun einen guten Überblick darüber, was Gefühle, was Emotionen und was emotionale Reaktionsmuster sind.

Beobachte gerne in der kommenden Zeit, wie es ist, wenn du lediglich fühlst. Dann sieh, was passiert, wenn dieses Gefühl sich emotional nach außen ausdrückt. Und zuletzt nimm auch noch wahr, wie unterschiedlich ein bedingungsloser emotionaler Ausdruck ist im Vergleich zu einem emotionalen Reaktionsmuster, das an Bedingungen geknüpft ist.

3. KAPITEL

DEIN VERHALTEN

Jeder Mensch, der sich einmal aufmerksam selbst beobachtet hat, wird sich vielleicht das eine oder andere Mal über eigene Verhaltensweisen gewundert haben. Es kann durchaus interessant, aufschlussreich und auch sehr lustig sein, sich selbst beim Leben zuzusehen. Genieße die Show!

3a. – Frage

In welchen Situationen des Lebens oder gegenüber wem fühlst du dich als ein Opfer der Umstände?
Beziehe gerne einzelne Menschen, Menschengruppen, Organisationen, das ganze Gesellschaftssystem usw. in deine Betrachtungen mit ein.

3b. – Frage

Gegenüber wem legst du ein Retterverhalten an den Tag?
Beziehe auch hier sowohl einzelne Menschen als auch Menschengruppen und den Planeten Erde in deine Betrachtungen mit ein.

Anerkennung

Das Thema der Anerkennung ist ein zweischneidiges Schwert. Gerade in der neuaufkommenden alternativen und spirituellen Szene wird bewusst Anerkennung und Dankbarkeit untereinander gegeben. Das ist gewiss etwas Schönes und bietet Menschen, die das in ihrem bisherigen Leben wenig erfahren haben, die Möglichkeit, sich zu entspannen und sich geborgener zu fühlen.

Zur gleichen Zeit können Anerkennung und die unterschwellige Suche nach Akzeptanz zu einer Art Handelsware werden. Wir machen dann bestimmte Dinge, um dafür anerkannt zu werden. Dies sind nach wie vor Überlebenstricks aus Kinderjahren, die wir gelernt haben, um einen Mangel an innerer Liebe auszugleichen. Doch bleiben wir damit stets emotional Abhängige. Was kann man hier tun? Als allererstes ist es wichtig, daran zu erinnern, dass unsere Überlebensstrategien einst dem Verstand entsprungen sind. Unser überlebenstrainierter Verstand kann Dinge lediglich in richtig und falsch einteilen. Dies hat zur Folge, dass wir uns ständig und überall mit anderen Menschen vergleichen, um nach einem – auf Mangel basierenden – Maßstab zu beurteilen, ob wir „gut genug sind". Ganz direkt kann man sagen, dass ein Mensch, der sich mit anderen vergleicht, emotionalen Selbstmord betreibt. Denn eines ist gewiss: Die anderen werden immer schöner, stärker, besser, gesünder, fähiger und selbstbewusster wirken – zumindest wird dies unsere subjektive Weltsicht so sehen wollen, wenn wir nicht um unsere innere, bedingungslose Schönheit und Kraft wissen. Das Vergleichen ist nur in tatsächlichen Überlebenssituationen notwendig, wenn wir abwägen müssen, was aktuell getan werden muss, um das körperliche Überleben zu sichern. Doch ist ein Vergleich außerhalb dieser Situation nicht mehr

als Zeitverschwendung, und er hat meist zur Folge, dass wir unbewusst beginnen, nach Anerkennung zu fischen. Äußere Ausdrücke dieses Verhaltens sind zumeist Überheblichkeit und Arroganz oder falsche Demut und das Niedermachen der eigenen Schönheit und Fähigkeiten. Auch nützt es nichts, aus dem Vergleich heraus andere Menschen in ihrer Art zu kopieren. Erstens wird es niemals gelingen, und zweitens hat jeder Mensch ganz individuelle, einzigartig-schöne Fähigkeiten. Es gibt ca. sieben Milliarden Menschen auf dieser Welt, doch dich gibt es nur ein einziges Mal genau so, wie du bist. Übermäßiges Vergleichen führt dazu, dass wir uns selbst als eine Art Massenprodukt betrachten und damit unser eigentliches Potenzial leugnen.
Es ist wundervoll, wenn Menschen sich gegenseitig inspirieren. Man kann sogar kurzzeitig in den Schuhen eines anderen Menschen gehen, der seine innere Kraft und Liebe zum Leben gefunden hat, doch ähnlich wie beim Beispiel mit den Eltern kommt auch hier die Zeit des Loslassens, sodass wir in unserer einzigartigen Blüte alleine dastehen können.

Das Schöne an diesem Leben ist, dass man nicht anerkannt oder geliebt werden muss, um sich so zu fühlen!

Entscheidungen

Starke Emotionen sind so, als ob man betrunken wäre, die ganze Welt wird dann zur Waschmaschine. Doch ist es wirklich die Welt, die sich so sehr verändert, oder sind wir es selbst? Besonders dann, wenn unsere Gefühle geballt nach außen kommen und wir emotional reagieren, neigen wir dazu, Worte wie „immer" oder „niemals" zu verwenden. Dies ist besonders beim klassischen Streit der Fall, zum Beispiel: „Ich will dich nie

wieder sehen – verschwinde für immer!" oder aber auch bei der Ehe, wenn wir sagen: „Bis dass der Tod uns scheidet!" Können wir in so einer emotionalen Situation tatsächlich realistisch abschätzen, geschweige denn wissen, ob wir jemanden für immer aus unserem Leben verbannen wollen oder aber für immer mit diesem Menschen sein möchten? Macht es wirklich Sinn, wenn wir dauerhafte Entscheidungen auf der Basis temporärer Gefühle emotional zum Ausdruck bringen? Wahrscheinlich kennen die meisten Menschen solche Situationen und haben bereits erlebt, dass sie eventuell zwei Stunden später (im Falle des heftigen Streites) oder zwei Jahre später (im Falle der ewigen Eheschließung) schon wieder ganz anders fühlen und ihre Absolutentscheidung gerne wieder rückgängig machen würden. Umso wichtiger ist es von daher, genau darauf zu achten, ob wir Entscheidungen in unserem Leben aufgrund einer toll klingenden Idee und den damit verbundenen Gefühlen treffen oder ob wir tief in uns spüren, dass eine bestimmte Entscheidung der nächste sinnvolle Schritt für unser Leben ist! Im ersten Fall kann es sein, dass wir bloß einem gesellschaftlichen, spirituellen oder einem anderen ideellen Wunschbild hinterherlaufen, das sich im unvorhersehbaren Lauf des Lebens ganz anders entwickelt als wir es naiv erwartet haben.
Hier gilt es einerseits, gut auf einer Sache zu „kauen", bevor man eine Entscheidung trifft, und zur gleichen Zeit dem spontanen inneren Impuls zu lauschen. Doch wer zu lange kaut, dem laufen eventuell bald die Möglichkeiten davon. Zur gleichen Zeit ist der Zustand langer Unentschiedenheit einer der qualvollsten! Wieso das? Da ein Mensch, der Angst davor hat, sich zu entscheiden, stets einen inneren Energiestau verursacht. Sowohl innerlich als auch äußerlich kommt nichts ins Rollen, und zudem kann das auch für unsere Mitmenschen anstrengend sein. Wer an dem Punkt der Unent-

schiedenheit sich jedoch mit seinem Innersten, seinem natürlichen Sein, verbindet, wird bald über die Situation lachen können und feststellen, dass es in Wirklichkeit dieses richtig und falsch gar nicht gibt! Das ist dann die beste Grundlage, um eine für die jeweilige Situation sinnvolle Entscheidung zu treffen und nachfolgend auch mit dieser Entscheidung zu leben. Wer jetzt noch einmal aufgrund ängstlicher Gefühle zurückeiert, entzieht der Entscheidung erneut Kraft. Es sollte schon einen wirklich gravierenden Grund haben, wenn man sich dann noch einmal umentscheidet. Wer jedoch mit dem Fluss des Lebens fließt, wird merken, wann solch ein Eingreifen sinnvoll ist, und dann die entsprechenden Register ziehen! Am Ende jeder Entscheidung sollte stets ein Lächeln sein, weil man immer eine Sache offen lässt, wenn man sich für eine andere entschieden hat – willkommen in der Dualität.

Emotionen beeinflussen

Es ist wichtig, zu verstehen, dass wir die Welt durch unsere Gefühle wahrnehmen. Zum einen können äußere Gegebenheiten unsere Sinne so beeinflussen, dass wir bestimmte Dinge fühlen, und zum anderen bewirkt ein bestimmtes Gefühl, dass wir alles, was wir sehen, hören, riechen, schmecken und berühren, durch dieses Gefühl wahrnehmen. Beispielsweise kann es sein, dass wir eine Pizza essen, während wir ein besonders freudiges Gefühl in uns tragen. Diese Freude wird das entscheidende Gewürz sein, das uns die Pizza, nahezu unabhängig ihrer Qualität, gut schmecken und gut verdauen lässt. Und andersherum – hast du vielleicht schon einmal eine „Wutpizza" gegessen und erlebt, wie diese nach gar nichts schmeckt und zudem schwer im Magen liegt? Je mehr Stress ein Mensch in sich trägt, desto tauber oder überempfindlicher sind seine Sinne. Dementsprechend sind seine Sinneseindrücke auch viel eher entweder abgestumpft oder nervig.

Ein Mensch mit einem angenehmen inneren Gefühl wird dem Leben automatisch mit mehr Toleranz, Offenheit und einem inneren JA begegnen. Dinge, die wir dann sagen, oder Handlungen, die wir in die Wege leiten, werden automatisch unsere angenehmen Emotionen aufnehmen und unser Leben fast magisch-angenehm beeinflussen. Unsere Emotionen spielen eine große Rolle bezüglich des Erfolges oder Misserfolges unserer Vorhaben. Ganz unabhängig davon, dass es am Ende im Leben nichts zu erreichen gibt, macht es doch mehr Spaß, zumindest mit angenehmen Gefühlen am großen Spiel des Lebens teilzunehmen. Mit unseren Emotionen können wir auch für andere Menschen ein angenehmes Umfeld schaffen. Für wen wir das dann tun, etwa für die anderen? Nein, nicht direkt. Am besten, ein Mensch hört auf, irgendetwas für andere tun zu wollen, und kümmert sich um das Kultivieren des inneren ursprünglichen Zustandes. Als Nebeneffekt werden seine Freude und Inspiration ohnehin überschwappen und sein Umfeld bereichern. Solch ein Mensch ist mit einem Apfelbaum zu vergleichen, der so viel herrliche Energie in sich aufgenommen und gewandelt hat, dass er vollends gesund und munter ist. Dieser Baum wird Früchte hervorbringen, denen sogar griechische Götter nicht widerstehen könnten!

Anschließend an diesen Gedankengang sei noch einmal das allseits bekannte Prinzip „Was du säst, wirst du ernten" erwähnt. Dein Wohlergehen und der daraus resultierende Effekt auf deine unmittelbare Umgebung sind wie Energie in einem Kreislauf. Du kannst dir sicher sein, dass deine Aussendungen wieder zu dir zurückkommen werden. Wann und wie? Am besten, du lehnst dich zurück und lächelst, denn diesen Teil der unendlich schönen Geschichte übernimmt das Leben selbst, hinter den Kulissen!

Außenprojektionen

Wenn du zum Beispiel morgens einem Arbeitskollegen begegnest, während du seltsam verunsichernde Schuldgefühle in dir trägst, und dieser dich grüßt, dann kann es schon einmal sein, dass solche Gefühle Gedanken aufkommen lassen wie: „Das war doch nicht freundlich, hat er etwas gegen mich, habe ich etwas falsch gemacht?" Diese Wahrnehmung und die darauffolgenden Gedanken verunsichern dich dann noch mehr, und der sich im Überlebenskampf befindliche Verstand wird sich weitere Geschichten zusammenreimen und diese auf seine Außenwelt projizieren. Das Dramatische daran ist, dass wir dann so handeln, als ob unsere Geschichten real wären, und damit provozieren, dass unsere Mitmenschen tatsächlich anfangen, unfreundlich zu werden, was unsere unterbewusste Verschwörungstheorie wiederum bestärkt und diese stückweise immer realer werden lässt – so entstehen sich-selbst-erfüllende Prophezeiungen!
Ganz egal, ob ein angenehmes oder ein unangenehmes Gefühl in uns herrscht – aller Wahrscheinlichkeit nach werden wir es nach außen projizieren. Und genau auf diese Weise erschaffen wir aktiv, doch zumeist unbewusst, die Welt, in der wir leben – mit all ihren Freuden und Dramen.
Hier ein klassischer Fall des Zusammenlebens mit anderen Menschen: Angenommen, du siehst, wie andere Menschen bei den Dingen, die es aktuell zu erledigen gibt, mithelfen. Du selbst bist jedoch gerade zu träge,

müde oder lustlos, um mitzuhelfen. Vielleicht hast du dann bald ein schlechtes Gewissen, was natürlich unangenehm ist, und du beginnst daraufhin auf die anderen, mithelfenden Menschen zu projizieren: „Der ist aber ganz schön rastlos..." oder „Die erwartet bestimmt von mir, dass auch ich mithelfe, und denkt sich...". Gedanken wie der letzte kommen sogar dann auf, wenn sich gar keiner der anderen etwas dabei denkt, ob du herumsitzt oder nicht – unabhängig von dem, was außerhalb von dir passiert, der Verstand bietet dir stets eine Freikarte für dein persönliches Kopfkino an! Dein Verstand könnte dich aber auch dazu bringen, dass du dich selbst übermäßig dafür kritisiert, weil du nicht mithilfst. Sei dir bitte bewusst, dass du auch hier das Drehbuch selbst schreibst, und frage dich gerne, warum du in dieser Situation keine klare Entscheidung triffst, entweder auch mitzuhelfen oder dich außerhalb des Kinos einfach zu entspannen.

Neid oder Ablehnung jemandem gegenüber ist ein weiteres psychisches Schauspiel, das die eigenen unangenehmen Gefühle verstärkt und das wir sehr wahrscheinlich bald bereitwillig auf andere projizieren werden. Wenn zum Beispiel ein Mensch oft gut gelaunt und relativ frei von Sorgen und Ängsten ist, dann wechselt unser innerer Film eventuell in die nächste Szene und erzählt erneut Dinge wie: „Die ist so und so... und so ist sie auch noch... und das erst!" Gedankenbilder erzeugen unangenehme Gefühle. Diese kommen dann mehr oder weniger emotional zum Ausdruck. Dadurch verändert sich unsere Körperchemie; unsere Einbildungen werden somit zu unserer wahrgenommenen Realität.
Durch Emotionalprojektionen auf unsere Umgebung erschaffen wir also zum einen unsere kleine einsame Welt und zum anderen versuchen wir kläglich, unangenehme Gefühle durch rationale Rechtfertigungen

„wegzumachen". Wie gesagt strebt jeder danach, sich innerlich wohl zu fühlen, und das Beschuldigen anderer Menschen ist eine Art anstrengender Leistungssport des Verstandes. Ganz nach dem Motto „Es kann nur einen geben". Doch mehr als einen temporären, eingebildeten Wohlfühleffekt erreichen wir damit nicht, sondern wir verwickeln uns langfristig höchstens in komplizierte Beziehungen mit unseren Mitmenschen. Denn eines ist klar: Unangenehme Emotionen kommunizieren auch subtil durch Blicke, Gesten und Mimiken. Dadurch kann es passieren, dass unser Verhalten im anderen Menschen Überlebensreaktionsmuster anstößt und dieser dann entsprechend auf uns reagiert, obwohl wir vielleicht gar nichts offensichtlich Unfreundliches getan haben. Der eigene Verstand wird das dann so interpretieren, dass er es doch gewusst habe, dass der andere Mensch unfreundlich und nicht liebenswert ist. Und so beginnen komplizierte selbstgeschaffene Dramen.

Die Opferhaltung

Die übliche Folge von ungesunden Außenprojektionen ist ein Zustand, in dem wir uns als Opfer der gegebenen Umstände sehen. Wird dieser Zustand chronisch, sehen wir uns generell als Opfer des Lebens. Keine Frage, dass den zuvor geschilderten Projektionen auch vergangene Verletzungen zugrunde liegen können. Doch ist es nicht komisch, dass wir mit unseren unangenehmen Emotionalhandlungen genau diese eigenen alten Verletzungen auch noch bestärken, vertiefen und immer wieder re-kreieren? Wäre es nicht logisch und sinnvoll, genau das Gegenteil zu tun?
Es ist wieder das gleiche Spiel: Das eigene Kreieren von Opferhaltungssituationen entsteht lediglich durch unsere alten Überlebensreaktionsmuster, die uns eventuell

einmal in Baby-, Kinder- oder Jugendjahren dazu gedient haben, nicht vernachlässigt zu werden. Damals hatte dieses Verhalten echte Relevanz, doch erzeugen diese Muster und die damit verbundene Opferhaltung chronischen Energiemangel. Und was dann passiert, ist eine Art dramatischer Teufelskreis. Denn nun fehlt uns erst recht Lebensenergie. Also versuchen wir diese entweder durch exzessives Konsumieren oder durch Energieraub bei anderen Menschen zu bekommen. Wie Letzteres funktioniert? Für gewöhnlich wie in Babyjahren, durch Wut oder Trauer. Damals waren diese Reaktionen wichtig und natürlich.

Diese Gefühle beziehungsweise ausgedrückten Emotionen dienen uns sehr gut dazu, Erlebtes zu verarbeiten, Aufmerksamkeit zu bekommen und über kurz oder lang wieder in einen energetisch freifließenden Zustand zu kommen. In Babyjahren war es legitim, die inneren Unannehmlichkeiten sehr emotional zu äußern; das war unsere Lebensversicherung in einer realen Opfersituation. Doch ein erwachsener Mensch, der weder körperlich noch psychisch massiv bedroht wird, hat keinen Grund, sich als ein Opfer des Lebens anzusehen. Eventuell sind trotzdem unangenehme Gefühle durch eine bestimmte Situation fühlbar. Dann kann es sinnvoll sein, diese emotional zum Ausdruck zu bringen, jedoch ohne Erwartungen an die äußere Situation. Wir drücken lediglich etwas aus und geben uns dem hin, was gerade passiert und was danach kommen mag. In diesem Fall erwächst aus den unangenehmen Gefühlen neue Kraft, und im Rahmen innerer Akzeptanz entsteht keine Opferhaltung. Das funktioniert jedoch nur dann, wenn der emotionale Ausdruck absichtslos passiert. Sobald dieser nämlich eine Absicht bekommt, beispielsweise eine innere Haltung, die wie folgt lauten könnte: „Mir geht es so schlecht; wenn du mir nicht hilfst, dann liebe

ich dich nicht mehr“, dann spricht man allgemein von Manipulation.
Nun ist der Überlebensverstand jedoch schlau und lernt bereits in Kinderjahren sehr schnell, dass andere Menschen leicht in Bewegung zu setzen sind, wenn jemand Wut oder Trauer ausdrückt. Also warum nicht emotional werden, wenn ich etwas haben möchte? Ist das nicht einer der leichtesten Wege, von anderen Aufmerksamkeit, also Energie zu bekommen? Funktioniert in Kinderjahren und auch noch im Erwachsenenalter! Da die menschlichen Sinne auf Stress- und Überlebenssituationen schnell reagieren, neigen Menschen auch dazu, wieder eine harmonische Stimmung erzeugen zu wollen. Dies wird besonders im Verhältnis einer Mutter zu ihrem Baby sichtbar. Mehr oder weniger fühlt sich jeder Mensch unwohl, wenn irgendwo geweint oder Wut ausgedrückt wird. Und nicht nur Kinder, sondern auch Erwachsene wissen um die Geheimwaffe, ihre unerfüllten Bedürfnisse durch andere erfüllt zu bekommen. Wie gesagt: Für das Baby war das noch natürlich, teils auch noch für das Kind, bereits weniger in Jugendjahren – doch spätestens im Zuge des Erwachsenwerdens ist es sinnvoll, eine gesunde Verantwortung für das eigene Wohlbefinden zu übernehmen. Wenn mir das nicht aus eigenen Kräften gelingen sollte, dann kann ich zumindest immer noch so viel Verantwortung übernehmen, dass ich mir konstruktive Unterstützung von jemandem suche, der nicht auf meine Kinderspielchen eingeht.

Gewissermaßen steckt hinter der Opferhaltung auch das Prinzip des geringsten Widerstandes. Das Leben ist dadurch kurzzeitig leichter, wenn andere für uns hüpfen. Somit schaffen wir jedoch unzählige Abhängigkeitsverhältnisse, die lediglich in Säuglingsjahren oder Notsituationen, also wenn wir uns tatsächlich nicht selbst helfen können, Sinn machen. Je mehr Abhängigkeitsverhältnisse ein Mensch mit seinen Mitmenschen strickt, desto größer ist für ihn die Chance, dass er später erneut als Opfer des Lebens dasteht. Warum das so ist? Was ist, wenn der Mensch, der einem normalerweise die Bedürfnisse erfüllt, plötzlich nicht da ist? Oder damit aufhört, uns von seiner Energie abzugeben, aus welchem Grund auch immer? Dann kommt nämlich das große emotionale Loch und intensive unangenehme Gefühle überwältigen uns. Die klassischen ungesunden Abhängigkeitsverhältnisse sind die, bei denen Eltern ihren Kindern im Laufe ihres Heranwachsens immer noch Dinge abnehmen, die die Kids schon längst selbst machen könnten. Es ist beispielsweise notwendig, einem zweijährigen Kind das tägliche Essen zu bereiten. Doch, sagen wir, mit sechs Jahren kann ein Kind schon längst in den Prozess des Vorbereitens miteinbezogen werden. Wenn solche bewussten Übergänge nicht passieren, wird durch Wut oder Trauer immer wieder eine bemitleidenswerte Opferhaltung erzeugt, die länger bestehen bleibt als den meisten in ihrem späteren Leben lieb ist. Das Spiel geht also weiter, das Kind wird größer und die manipulativen Wut-Trauer-Spielchen gegenüber den Eltern werden einfach in die Partnerschaft mit hineingetragen – das zweite klassische Abhängigkeitsverhältnis. Nun wird eben der Partner durch emotionale Überlebensreaktionen beeinflusst, und wieder bekommen wir, was wir nicht gelernt haben uns selbst zu geben. Doch wehe, wir bekommen es nicht!

Und welche Dinge erzwingen wir in der Regel durch unser Manipulationsverhalten in Partnerschaften? Äußere Kurzzeitenergiespender – die drei häufigsten Dinge sind: Befriedigung durch wirtschaftliche Güter, Befriedigung körperlicher Bedürfnisse wie Nähe und Sex und vor allem die Auflösung unserer inneren unangenehmen Gefühle. Gerade Letzteres suchen wir so sehr in Partnerschaften, da die Sehnsucht nach unserem Ursprungszustand so

schmerzvoll in uns drückt. Dadurch entsteht unter Umständen die Sucht nach Zuneigung, Nähe, Pseudoliebe und zwanghafter Sexualität – also nach all den Dingen, die nur kurze Pflaster für unser inneres Loch bilden und von denen wir immer größere Dosen einfordern müssen, um das Loch stopfen zu können. An dieser Stelle sei erwähnt, dass das Teilen von Nähe mit einem anderen Menschen grundsätzlich etwas Wunderschönes ist. Zur gleichen Zeit möchte ich auch aufzeigen, dass die Qualität und Bereicherung solch eines Austausches sehr stark von der Absicht aller Beteiligten abhängt.
Unabhängig vom Sinn oder Unsinn einer partnerschaftlichen Beziehung werden wir darin niemals langfristig und wirklich erfüllend unseren ursprünglichen Zustand erfahren können. Denn was in uns verloren gegangen ist, kann auch nur in uns wiedergefunden werden! Welchen Sinn hat eine Partnerschaft dann überhaupt? Mehr dazu ein paar Seiten später…

Die Retterhaltung

Um Opferhaltungen in zwischenmenschlichen Beziehungen aufrechtzuerhalten, muss es auch immer jemanden geben, der diese Haltung bestärkt und ermöglicht. Die Dynamik zwischen einem sich als Opfer Fühlenden und einem Retter ist ein Schauspiel für sich! Auf der einen Seite tut und macht der Retter so viel, dass es dem manipulierenden Opfer gutgeht, und zur gleichen Zeit wird das Opfer immer unzufriedener und unfreundlicher zu seinem Retter, bis hin zum Extrem, wo durch Wut oder Trauer die Dominanz über den Retter erlangt wird und dieser nach Belieben gesteuert und ihm Energie abgezogen werden kann.
Der klassische Retter trägt normalerweise eine bunte Reihe an Schuldgefühlen in sich, die bewirken, alles

über die Maßen „gut und richtig" machen zu wollen. Doch auch darin liegt eine unterbewusste Überlebensagenda. Nämlich die unterschwellige Erwartung, für das Rettertum akzeptiert und geliebt zu werden. Solch ein passiv-wirkendes Überlebensreaktionsmuster stammt zumeist aus der Kindheit und versucht ebenso ein energetisches Loch zu füllen. Die beiden, Opfer und Retter, bilden also ein unschlagbares Team, wenn es darum geht, ein Abhängigkeitsverhältnis zu schaffen, das beide davon abhält, tatsächlich kraftvoll und sich von innen heraus geliebt zu fühlen. Während ein Opfer im Namen des „Mir geht's ja so schlecht..." agiert, rechtfertigt ein Retter sein Verhalten mit „Ich tue doch etwas Gutes...".

Warum bleiben so viele Menschen auch dann noch in solch einem ungesunden Verhältnis stecken, wenn sie längst erkannt haben, dass es ihrem Leben nicht dienlich ist? Nun ja, sagen wir, einer der beiden schöpft in sich Kraft und hört auf, seinen Teil zum Abhängigkeitsverhältnis beizutragen, was passiert dann mit dem anderen Menschen, der es gewohnt ist, seine emotionalen Bedürfnisse in diesem Abhängigkeitsverhältnis erfüllt zu bekommen? Genau: Dieser Mensch wird sogar noch stärker als sonst reagieren. Das klassische Opfer wird wahrscheinlich mit übermäßiger Wut rebellieren, ähnlich einem Drogenabhängigen, dem man kurz vor dem Schuss die Nadel aus dem Arm zieht. Und beim Retter wird die gerade geschöpfte Kraft meist schnell wieder dahin sein, da sein unangenehmes Gefühl, basierend auf einem schlechten Gewissen und angestoßen durch die Wut des Anderen, zu viel Stress in ihm auslöst. Und was, wenn das Opfer Kraft schöpft und das ungesunde Verhältnis dadurch bedroht? Dann wird der Retter sich wahrscheinlich nutz- und wertlos fühlen und eventuell durch Zeigen von übermäßiger Trauer die Schuld des

Opfers wieder anstoßen, sodass dieses wieder zurückkommt. Der Extremfall ist die offizielle Ankündigung von Selbstmord. Solch eine Androhung ist in den meisten Fällen absolut nicht ernst gemeint, doch funktioniert sie dafür fast auf alle Fälle!
Wahrscheinlich bemerkst du mittlerweile selbst oder weißt aus eigener Erfahrung, dass die beiden Rollen eines Abhängigkeitsverhältnisses auch sehr schnell hin und her wechseln können.

Bei all den eben erläuterten Dynamiken sei auch erwähnt, dass sehr viel Schönes darin liegen kann, wenn Menschen sich gegenseitig stützen und füreinander da sind. Doch wird in diesem Buch davon ausgegangen, dass wir letzten Endes von niemandem irgendetwas erwarten können. Und ist es nicht umso schöner, einem Menschen etwas Angenehmes zu bereiten, wenn dieser in sich keinen energetischen Anspruch an unsere Energie hat? Solch ein Mensch wird unser Wirken zu schätzen wissen, und was dann passiert, ist eine Art Multiplikation von Lebensenergie. Das Teilen der Energie des einen wird energetisch durch die Haltung des anderen verdoppelt. So können Menschen angenehme, freifließende Energie verstärkt zwischen sich wirbeln lassen und die Fülle des Lebens auf besondere Weise miteinander genießen. Das ist es, was auch als Fluss von Liebe bezeichnet wird.
Und um noch eins draufzusetzen: Wenn ein Mensch gelernt hat, zu geben, ganz ohne zu erwarten, ist er sogar unabhängig von der Haltung eines anderen Menschen. Also ganz gleich, ob sein Gegenüber Dankbarkeit oder Missmut äußert – wer mit bedingungsloser Haltung gibt, schenkt in Wirklichkeit dem Leben selbst – das ist es, was als Nächstenliebe bezeichnet wird. Wahre Nächstenliebe ist interessanterweise auch daran zu erkennen, dass ein Mensch da gibt, wo tatsächlich Bedarf ist, und dort,

wo kein Bedarf, sondern nur Manipulation ist, bewusst nicht gibt… doch genau dadurch etwas sehr Entscheidendes gibt! Ja, wo gibt's denn sowas?

Zurückweisung

Gefühle, die mit Zurückweisung zusammenhängen, sind für die meisten von uns schwere Brocken. Der generelle Leitsatz, der hinter diesen Gefühlen steht, ist „Ich werde nicht gemocht" oder „Ich bin nicht willkommen". Auslöser dafür kann zum Beispiel sein, dass unser Partner das Beziehungsverhältnis beendet. Aber auch sehr banale Dinge, wenn z. B. unser Vorschlag in einer Gruppe von Menschen kein Gehör oder Anklang findet. Genauso kann es bei jeder Art von Grenzsetzung, die wir zu spüren bekommen, passieren, dass wir uns zurückgewiesen und nicht geliebt fühlen. Zumeist empfinden wir dann auch, dass wir „nicht so sein dürfen, wie wir sind", und projizieren aus dieser starken Opferhaltung auf unsere „böse" Außenwelt. Dieser Schmerz sitzt bei vielen Menschen so tief, dass wir uns auf diesem Planeten nie so wirklich willkommen fühlen. Alle scheinen etwas gegen uns zu haben, die Gesellschaft und das System, die Nachbarn, die eigenen Eltern, die Arbeitskollegen usw. Lediglich in unseren Abhängigkeitsverhältnissen finden oder erzwingen wir Komfort, solange wir es immer wieder schaffen, durch Manipulationen die entsprechenden Personen dazu zu bringen, sich so zu verhalten, wie wir es wünschen.
Das Paradoxe ist jedoch, dass ein Mensch, der sich schnell zurückgewiesen fühlt, sich auf der einen Seite durch das Setzen von Grenzen sehr verletzt fühlt und auf der anderen Seite meist jede Menge Verhaltensweisen an den Tag legt, die für andere Menschen grenzüberschreitend sind. Das eine greift in das andere, und

erneut erschaffen wir wieder aktiv-unbewusst unsere eigene Realität und bestimmen, wie unsere Mitmenschen auf uns reagieren. Beispielsweise könnte es sein, dass ein Mensch sehr viel redet, unachtsam mit den Besitztümern anderer Leute umgeht, deren Sachen verräumt, ihre Räumlichkeiten aufräumt, einen „guten Ratschlag" geben möchte oder es mit anderen Dingen gut meint. Doch wenn dann die unangenehme Reaktion der Mitmenschen kommt, wundert er sich, warum diese mit ihm so unachtsam umgehen, da er es ja nur gut gemeint hat. Hierbei ist es wichtig zu erkennen, dass unsere Motivationen bei diesen sogenannten „Hilfen" oftmals in Schuld wurzeln und sich durch Aufmerksamkeitssuche ausdrücken. Fast alle Menschen reagieren emotional, wenn auch unbewusst, auf die Aufmerksamkeitssuche anderer Menschen. Irgendwie spüren sie, dass ihnen Energie abgezogen wird und dass das, was gerade abläuft, nicht gesund ist!

Aber manchmal hat die wahrgenommene Zurückweisung auch einfach nur sachliche Gründe und ist keineswegs eine Reaktion auf unser Verhalten. Wenn ich beispielsweise zu jemandem nach Hause komme und mit den Schuhen in die Wohnung laufe, dann kann es sein, dass der andere mich auf seine persönliche Hausordnung aufmerksam macht und bittet, die Schuhe auszuziehen. Oder, wenn ich in ein Spielkasino möchte und aufgrund meiner legeren Kleidung nicht hineingelassen werde. Aber es ist auch nichts anderes, wenn meine Partnerin nicht auf meinen Wunsch eingeht, heute Abend Zeit miteinander zu verbringen, weil sie bereits etwas anderes ausgemacht hat. Ganz gleich, ob jemand auf unsere Art zu sein emotional reagiert oder bloß sachlich argumentiert – solange wir eine Erwartungshaltung haben, dass er uns anders behandeln soll, werden wir immer von anderen abhängig bleiben. Also warum diesem komischen Gefühl der Zurückweisung nicht mit einer guten Portion Eigenliebe begegnen?

Wie gesagt nehmen Menschen, die sich schnell zurückgewiesen fühlen, auch gleichzeitig oftmals viel Raum ein, beziehungsweise sie fordern gerne Aufmerksamkeit. Doch wird das Umfeld sie immer wieder einbremsen, und ihre „Ich bin nicht gut genug"-Theorie wird dadurch weiter bestärkt. Aus meiner Sicht ist es sehr hilfreich, einmal genau zu betrachten, welche Worte ich gesagt und welche Handlungen ich unternommen habe, bevor ich etwas erfahren habe, das in mir ein Gefühl von Zurückgewiesen-werden auslöste. Diese Selbstreflexion ist nämlich der erste Schritt, zu erkennen, wie sich mein Leidensmuster immer wieder neu wiederholt. Durch Zuhören, durch Beobachten der aktuellen Situation, das Sehen der Bedürfnisse der anderen und das einfache Fühlen der unangenehmen Gefühle kann man, ohne emotional zu werden, lernen, das eigene Leben neu zu gestalten. Denn an dem Punkt, wo meine Aufmerksamkeitssuche aufhört, ändert sich mein soziales Verhalten, und Zurückweisung wird zu einem nützlichen Anzeiger statt einer quälenden Gefühlslage!

Abwehrmechanismen

Wir haben bisher in diesem Buch immer wieder über Kampf und Flucht gesprochen. Beim Überleben in der Natur ist der Sinn dieser Verhaltensweisen sehr offensichtlich: Wenn ein Reh flüchtet, dann sprintet es davon. Wenn ein Bär kämpft, dann auf Leben und Tod. Doch im sozialen Miteinander unter Menschen wählen wir diese Überlebensreaktionen auch immer wieder, um eine Situation emotional zu überleben.
Ich habe diese Reaktionen einmal genauer studiert und

sowohl bei mir als auch bei anderen Menschen sechs verschiedene klassische Überlebensreaktionen beobachtet. Drei davon deklariere ich als Flucht und die anderen drei als Kampf. Ich den nachfolgenden Ausführungen beginnen wir die offensichtlicheren Reaktionen zu betrachten und steigern uns dann zu wesentlich raffinierteren emotionalen Überlebensstrategien.

Aggression und Isolation: Diese beiden Verhaltensweisen sind den Überlebensreaktionen, bei denen es um körperliches Überleben geht, noch am nächsten. Wer innerlich sehr aufgebracht ist, wird eventuell wütend und beginnt im weiteren Verlauf einer emotionalen Situation verbal oder sogar physisch gewalttätig zu werden. Das ist der verzweifelte Versuch, die andere Seite auszuschalten, sodass die unangenehme Situation so schnell wie möglich beendet ist. Dieser Weg vermeidet jedoch, Verantwortung für wahre Menschlichkeit zu übernehmen.
Der übliche Gegenpart ist die Isolation. Sobald es unangenehm wird, zieht man sich einfach zurück. Zuerst energetisch, indem man in der Konfliktsituation nur noch physisch anwesend ist, um sich dann im nächsten Schritt auch physisch aus dem Konflikt zurückzuziehen. Hinter dieser Reaktion steht dieselbe Hilflosigkeit wie wir sie auch bei der Aggression finden. Ein Mensch isoliert sich einfach von emotionalen Unannehmlichkeiten und gibt gleichermaßen die Verantwortung ab, den Dingen in seiner vollen menschlichen Größe zu begegnen.

Dominanz und Ignoranz: Bei diesen beiden emotionalen Überlebensreaktionen finden wir dieselben Prinzipien wie bei Aggression und Isolation, doch auf eine subtilere Art und Weise. Klassische emotionale Dominanz ist in der Regel viel sachlicher und kühler als eine direkte aggressive Haltung. Dabei werden innerlich Gefühle einfach so gut wie möglich überdeckt, und äußerlich wird rational-scharf argumentiert. Somit kreiert sich das Ego eine Überlegenheit, die auf innerer Schwäche basiert. Ein Mensch denkt dann selbstsicher, „im Recht" zu sein, und verhindert durch das Dominieren der Situation, dass er sich selbst betrachten müsste. Die Augen eines Menschen, der diese Strategie wählt, sind dann wie besetzt und man kann nahezu einen stechenden Angriff darin erkennen!

Nun blicken wir auf die andere Seite, nämlich die Ignoranz. Ich spreche hier auch gerne vom „Abtauchen", da jemand physisch anwesend bleibt, doch energetisch verschwindet! Auch hier werden die inneren Gefühle überdeckt, und es wird äußerlich so getan, als ob alles einen gar nicht wirklich berührte. In so einem Zustand kann man sogar ein äußeres Bild von gespielter Freude abgeben, während man den Konflikt einfach ausblendet. Zumeist tut ein Mensch in diesem Zustand dann ganz alltägliche Dinge, und seine Augen sind wie verschlossen, so als hätte er einen Schutzschild vor sich errichtet.

Sowohl Dominanz als auch Ignoranz sind Reaktionen, die anzeigen, dass ein Mensch den Zugang zu seinen Gefühlen verschlossen hat, damit es nicht wehtut. Das ist gleichbedeutend damit, sein Herz zu verschließen, und dies wiederum ist die beste Grundlage für einen Mangel an freifließender Lebensenergie.

Manipulation und Grauzoneverhalten: Nun kommen wir zur Königsklasse versteckter, unterschwelliger Überlebensstrategien, um unangenehmen Emotionen auszuweichen. Auf der einen Seite steht die Manipulation. Weder erscheint diese aggressiv, noch ist sie offensichtlicher erkennbar. Mit Charme, Redegewandtheit und raffinierten Gedankenspielchen kann ein Mensch sich Situationen immer wieder so hinbiegen, dass er bekommt, was er möchte. Oftmals bekommen die anderen Menschen gar nicht einmal mit, dass mit ihnen gespielt wird und dadurch der Manipulator sich emotional rettet. Er wirkt bei allem stets entspannt und locker und lenkt die Dinge nach seinem Denken.

Auf der anderen Seite steht das Grauzoneverhalten. Manche Menschen sind nämlich geradezu darauf spezialisiert, in einem System, einem Reglement oder in den Abmachungen einer sozialen Gemeinschaft die Lücke zu finden. Eben jene Stellen, über die nie so richtig gesprochen wurde, und die weder so richtig erlaubt noch so richtig unerlaubt sind. Mit dieser Überlebensstrategie kann man, ohne sich auf größere Konfrontationen einzulassen, relativ leicht in einem sozialen Kontext bestehen, obwohl dieser einem eigentlich mit all seinen Begrenzungen nicht gefällt. Auch ein Grauzonetrickser wirkt stets entspannt und locker, da seine Bedürfnisse anderweitig versteckt befriedigt werden.

Manipulation und Grauzoneverhalten sind äußerst ausgefeilte emotionale Überlebensstrategien, die kurzfristige Konfliktfreiheit ermöglichen. Doch langfristig kann der Schein in aller Regel nicht gehalten werden, und früher oder später kommt es sehr wahrscheinlich zu offensichtlicheren Kampf- und Fluchtmethoden.

Geschichte „Wem gehört das Geschenk?“

Vor über zweitausend Jahren lebte ein sehr weiser Mann, der stets bestrebt war, den tieferen Sinn des Lebens zu ergründen. An einem bestimmten Punkt seines Lebens begann er über seine tiefen Einsichten zu sprechen, und es dauerte nicht lange, bis sich ein paar Leute um ihn gesellten, um seiner Weisheit zu lauschen. Bald begann der Mann durch das Land zu ziehen, und er wurde von immer mehr Menschen aufgesucht. Seine Präsenz und seine Ansichten waren von solcher Intensität, dass sie ohne Umschweife die Herzen der Menschen berührten. Nach einer gewissen Zeit begannen junge Menschen ihm zu folgen und reisten mit ihm durch das Land. Sie verließen ihre Familien und folgten dem süßen Ruf ihres Herzens, das Leben wahrhaftig zu ergründen. Doch gefiel das nicht allen im Lande, vor allem nicht den Eltern der jungen Leute. Da war beispielsweise ein Vater, dessen Sohn seit kurzem dem Weisen folgte. Der Vater war sehr wütend, weil es zuhause viel zu tun gab und er seinen Sohn für die Arbeit brauchte. Zudem gedachte er eines Tages die Stallungen und Ländereien seinem Sohn zu übergeben. Doch nun war sein Sohn weg, und der Vater hegte einen Groll gegen den Weisen.

„Wie kann er es bloß wagen, mir meinen Sohn zu stehlen; dem werd ich's zeigen!“ rief der Vater laut aus und machte sich auf den Weg, den Weisen aufzusuchen. Als er ihn fand, ging er direkt auf ihn zu und sagte wütend: „Du hast mir meinen Sohn gestohlen, verdammt sollst du sein!“ Der Weise blickte den Vater einen kurzen zeitlosen Moment an und sagte dann mit liebevoller Stimme: „Wenn du jemandem ein Geschenk überreichst, der es dann aber nicht annimmt, wem gehört es dann?“ Der Vater war überrascht über diese Reak-

tion und überlegte kurz, dann antwortete er: „Na, mir natürlich!" „Richtig", antwortete der Weise, drehte sich um und ging weiter seines Weges.

3. – Übung

Beobachte dich in der kommenden Zeit einmal ganz genau und finde heraus, ob auch du Strategien wählst, um dein emotionales Überleben zu gewährleisten. Sieh einmal, ob du eventuell eher zur Flucht oder mehr zum Kampf neigst und wie sich dieses Verhalten auf deine wahre Größe und Menschlichkeit auswirkt.

4. KAPITEL

DEINE DRAMEN

Manchmal erscheint das Leben wie eine große Theaterbühne. Wir können nicht einmal ganz genau sagen, ob der Mensch nicht einfach nur ein Schauspieler ist, der während des Stücks vergessen hat, dass das große Drama eigentlich als Komödie gedacht war!

4. – Frage

Welche Situationen deines Lebens fallen dir ein, in denen du entweder immer wieder dramatisch wirst oder dich hilflos fühlst und nicht weißt, wie du reagieren sollst? Schreibe dir vor allem auch die Rahmenbedingungen dieser Situationen auf: Mit welchen Menschen geschieht das, oder welcher Typ Mensch provoziert dein Drama am ehesten. Welche äußeren Umstände oder Örtlichkeiten, welche Gesprächsthemen, welche Sinneseindrücke, welche Umgangsformen usw. spielen dabei eine Rolle?

Emotionale Müllhalde

Vielleicht kennst du das: Immer wieder in deinem Leben kommen Leute zu dir und laden all ihre unangenehmen Emotionen bei dir ab, wie in einem Müllsack. Natürlich möchtest du gerne für jemanden da sein, wenn tatsächlich etwas passiert ist und echter Bedarf besteht. Doch wie viele Menschen suchen immer wieder nach jemandem, bei dem sie alles herauslassen können? Das macht man gerne einmal oder zweimal mit, vielleicht auch dreimal, doch irgendwann bemerkt man „Oh, jetzt kommt diese Person immer zu mir, wenn es ihr schlecht geht!" Natürlich möchte man ja auch nicht unhöflich sein und hört weiterhin zu, auch wenn man dabei jedes Mal selbst heruntergezogen wird. Es sitzt einem eben in solchen Situationen ständig das schlechte Gewissen im Genick! Und wie kommt es nun, dass manche Menschen immer wieder Leute anziehen, die ständig Probleme haben und alles bei ihnen abladen? Sagen wir, du gehst zum Bahnhof und möchtest zu einem bestimmten Ort. Wo siehst du nach, welcher Zug wohin fährt? Richtig, jeder Zug hat ein Schild mit der Aufschrift einer bestimmten Stadt. Und genau wie so ein Zug hast auch du, bildlich gesprochen, eine Aufschrift auf deiner Stirn. Nun bist du dir eventuell gar nicht bewusst, was du ausstrahlst und welche Art von Menschen du immer wieder in dein Leben ziehst, doch sieh zumindest einmal nach, ob auf deiner Stirn steht: „Hallo, ich bin eine emotionale Müllhalde – Probleme bitte hierher!"

Und wie kommt es dazu, dass sich solch ein Schild auf meiner Stirn festgesetzt hat? Sehr wahrscheinlich ist in der Vergangenheit irgendetwas passiert, das den eigenen Selbstwert heruntergesetzt hat. Dadurch achten wir dann weniger auf die eigenen Bedürfnisse und glauben unterbewusst, wir seien für die Erfüllung der

Bedürfnisse der anderen Menschen da. Weitere Folgen eines solchen inneren Mangels können sein, dass mein Partner mich wirtschaftlich, körperlich oder energetisch ausnutzt. Aber auch, dass mein Kind sich wie der Prinz von Zamunda verhält und meine selbst-wert-lose Fürsorge ausnutzt. Dafür kann mein Kind dann nichts, doch ist es mir in diesem Fall ein klarer Spiegel, und es sagt indirekt: „Hey, entweder du beginnst endlich, dich selbst wertzuschätzen, oder ich tanze dir solange auf der Nase herum, bis dein innerer Mangel nicht mehr in deiner Fürsorge spürbar ist!“

Noch einmal zurück zum Thema der emotionalen Müllhalde. Achte einmal auf jene Menschen in deinem Umfeld, zu denen niemand mit seinen Problemen kommt. Was strahlen sie aus? Ihr Verhalten hat zum einen seine gesunde Seite, doch wird dir genauso auffallen, dass diese Leute eventuell auch nicht für andere da sind, wenn es tatsächlich Unterstützung bräuchte. Mit den eben geschriebenen Zeilen möchte ich dich also einladen, deine fürsorgliche Nächstenliebe beizubehalten, jedoch genau abzuwägen, wann deine kostbaren und wundervollen Fähigkeiten tatsächlich gebraucht werden und wann es besser ist, den Dingen ihren Lauf zu lassen. Zudem ist das deine Chance, dich darin zu üben, einfach mit diesem schlechten Gewissen zu sein und den Satz „Aber jemand muss ihm doch helfen“ lediglich zu fühlen. Diese Tiefenreflexion wird dich nach einigen solcher Situationen vielleicht an unterbewusste, egozentrische Motivationen führen. Ich betrachte es nämlich auch als egoistisch, sich selbst nicht genügend wertzuschätzen!
Und erneut: Erst, wenn ich meine Reaktionen und Verhaltensweisen in ihrer Wurzel kenne, betrete ich einen Raum in mir, der nicht reagiert, sondern durch bewusste Wahlfreiheit agiert.

Nun kann es aber sein, dass du in einem deiner Abhängigkeitsverhältnisse immer der emotionale Mülleimer warst. Wenn du nun einfach damit aufhörst, wird sich der entsprechende Mensch mit aller Wahrscheinlichkeit zurückgewiesen fühlen. Folge: Manipulationsversuche durch Wut oder Trauer. In diesem Moment bleiben dir bloß drei Möglichkeiten, um mit der Situation auf eine Art und Weise umzugehen, die dich in deiner Kraft bleiben lässt und zugleich dein Umfeld stärkt, selbst kraftvoll zu sein. Zum einen gehe auf keinen Fall auf die Spielchen ein und höre erst einmal zu. Und wenn du feststellst, dass es sich erneut um die immer wiederkehrenden Probleme dieses Menschen handelt, stelle Fragen, die in eine Richtung führen, wie dieser Mensch seine Anliegen lösen könnte. Wenn du dann feststellst, dass die Anliegen dem Menschen eigentlich gar nicht wichtig sind, sondern nur der Vorwand, um dich als Theatermitspieler zu gewinnen, ist es das Beste, wenn du aufstehst und gehst. Was? Wäre das nicht extrem unfreundlich? Und genau an dieser Stelle kann ich dir versprechen, dass du so viel reden oder unternehmen kannst, wie du willst – dein Gegenüber wird immer wieder versuchen, deine Aufmerksamkeit zu bekommen. Mit deinem moralischen Versuch, eine Lösung zu finden, mit der sich beide wohlfühlen, wirst du sein Muster lediglich befriedigen, und es ist nur eine Frage der Zeit, bis du wieder dein energetisches Superheldenkostüm anziehen darfst, um emotionale Pflaster zu verteilen!
Gerade bei sehr tiefsitzenden Leiden deines Mitmenschen ist es wichtig, dass diese Person ihre inneren Unannehmlichkeiten mit jemandem teilt, der objektiv aus der Distanz darauf blicken kann.

Es gibt viele Therapien, Workshops und energetische Praktiken, die hier dienlich sein können, doch du, als nahestehende Person, wirst am Ende immer die Emoti-

onsablage sein und kaum bemerken, wie du das Muster bestärkst und dich damit selbst schwächst.
Wenn du diesem Menschen also tatsächlich helfen möchtest, bleibe emotional klar und empfehle deinem Mitmenschen halb scherzhaft, halb ernst, eine kalte Dusche zu nehmen. Am besten, du hörst dabei nicht auf, dem nachzugehen, was du gerade tust oder vorhattest.

Emotionales Ping-Pong

Eine klassische Situation in zwischenmenschlichen Abhängigkeitsverhältnissen ist folgende: Eine von zwei Personen hat einen inneren Zustand von Angst, Zweifel oder Schuld – es fehlt also an Lebensenergie. Das strahlt die Person unweigerlich aus, und sie wirkt nach außen sehr wahrscheinlich angeschlagen und schwach. Eventuell hat das dann zur Folge, dass die andere Person entweder von selbst kommt und der kraftloseren Person Ratschläge gibt, oder die innerlich labile Person erfragt Rat von dem anderen. Nun kann es sein, dass die Ratschläge, so gut und weise sie auch sein mögen, bei dem Ratsuchenden Minderwertigkeitsgefühle auslösen. Was dann im weiteren Verlauf des Gesprächs passieren kann, ist erstaunlich verstrickt! Die sich minderwertig fühlende Person wird ein unbewusstes Überlebensreaktionsmuster ausspielen, nämlich zu versuchen, den Spieß umzudrehen und der anderen, ratgebenden Person ein Problem einzureden. Wie gesagt, der Mensch erschafft stets das im Außen, was er in sich trägt, und zudem sitzen wir zumeist anderen Menschen gegenüber, die ihre innere Gefühlslage nicht gut kennen oder schnell zum Opfer von dieser werden. Nun fühlt sich also auch die andere Person minderwertig und wird eventuell gleichermaßen mit einem Überlebensreaktionsmuster zurückfeuern – sehr wahrscheinlich mit Wut. Da der Ball jetzt wieder bei dem ersten angekommen ist, fühlt dieser sich noch schlechter als zu Beginn des Gesprächs und beginnt nun all seine unangenehmen Emotionen auf die andere Person zu projizieren. Spätestens jetzt ist Schuld mit im Spiel, und die angestaute Energie wandert wieder zur einst ratgebenden Person. Dieses Spiel, und das wissen viele Paare, kann einige Stunden so gehen… bis jemand weint, brüllt oder abhaut.

Das Entscheidende hierbei ist, zu verstehen, dass kein einziger der hin- und hergeworfenen Vorwürfe tatsächlich relevant ist. Es handelt sich lediglich um ein energetisches Schauspiel, denn Energie sucht stets nach Ausgleich. Und wer ist für das Energietheater nicht besser geeignet, als nahestehende Menschen! Doch Moment mal, ist das nicht unsinnig, und führt es nicht eventuell sogar zu Konsequenzen, die wir absolut gar nicht möchten? Zurückweisung, Verlassenwerden, Respektlosigkeit, usw.? Der nichtfachliche Begriff hierfür ist der Innere Saboteur. Die Instanz in uns, die das erschafft, was wir nicht haben wollen. Und warum passiert das? Weil wir unsere Aufmerksamkeit darauf gelenkt haben. Stell dir vor, du bist die Person, die sich zu Beginn in einem innerlich angeschlagenen Zustand befindet. Nun ist nichts verkehrt daran, nach Rat zu fragen, doch ist es wohl das Beste, an dieser Stelle einfach zuzuhören und das anzunehmen, was der andere Mensch zu teilen hat. Das fällt eventuell schwer, da ein uns nahestehender Mensch Dinge widerspiegeln kann, die sehr intime Verhaltensweisen von uns beleuchten. Wenn du das nicht möchtest, weil es dir zu verletzend ist, ist es besser, zu einem dir gegenüber emotional entkoppelten Menschen zu gehen. Dort hat der innere Saboteur mehr Hemmungen, weil er weiß, dass er mit dieser Person die Spielchen nicht treiben kann!

Solltest du dich immer wieder in der Situation befinden, von einer dir nahestehenden Person um Lebensrat gefragt zu werden, hast du zwei Möglichkeiten, um dich nicht in emotionale Trickkisten stürzen zu lassen. Zum einen kannst du so lange Rat geben und deine Ansichten teilen, bis du bemerkst, dass die andere Person versucht, das Problem auf dich zu lenken. Nimm das Gespräch ab hier nicht mehr zu ernst, wisse um die Energie, die ausgeglichen werden möchte, und bleibe ganz bei dir. Begegne solchen unbewussten Mustern am besten mit Humor und steige emotional aus der Situation aus. Zum anderen hast du auch die Möglichkeit, der anderen Person zu erklären, dass du nicht weiter mit ihr über dieses Thema sprechen wirst und alles gesagt hast, was du dazu sagen wolltest. Auch das ist eine Art von Ausstieg. Solche Verhaltensweisen werden dir vielleicht etwas lieblos vorkommen, doch möchte ich dich einladen, zu sehen, wie genau eine solche Klarheit für die Zukunft deiner Beziehungen entweder echte Liebe, also freien Fluss von Energie bringen wird oder die andere Person sich woanders Äffchen suchen wird, die ihre Saboteurspielchen mitmachen. Ist der andere Mensch deshalb schlecht oder macht er etwas Falsches? Nein, gewiss nicht – am besten, du bleibst ohne Urteil über die andere Person und kümmerst dich zur gleichen Zeit um dein Wohlbefinden in eurer Beziehung. Denn nur solange es dir gut geht und du emotional klar bist, kannst du eurem Verhältnis tatsächlich dienen. Diese Balance aus mitfühlendem Dasein für andere Menschen und objektiver Distanz in Bezug darauf, wie die Energien zwischen euch gerade fließen, wird immer wieder dein Lehrer sein. Ein Lehrer, der darauf zielt, deine eigene innere Liebe und Klarheit als Grundlage zwischenmenschlicher Beziehungen zu kultivieren.

Verschiedene Theaterspielchen

Ein weiterer Spezialfall emotional verstrickter Verhältnisse ist folgender: Es kann sein, das deine Worte oder Handlungen in deinem Mitmenschen etwas ausgelöst haben und dieser Mensch sich dadurch verletzt, zurückgewiesen oder anders unangenehm getroffen fühlt. Eventuell drückt dein Gegenüber in diesem Moment gar nicht aus, dass er sich nun komisch fühlt, oder er bemerkt selbst nicht bewusst, was gerade in ihm vorgeht. Doch ein sich verletzt fühlendes Unterbewusstsein vergisst nicht, und so kann es sein, dass dein Mitmensch zu einem späteren Zeitpunkt oder an einem der folgenden Tage stärker gereizt auf dich reagiert. Dabei geht es vielleicht nur um eine Kleinigkeit, wobei du allerdings sehr schnell bemerkst, dass die Reaktion deines Gegenübers nicht wirklich angemessen ist. Diese zusammenhanglose Emotionalität löst in dir eventuell die Verurteilung deines Mitmenschen aus und du wirst deine aufkommenden unangenehmen Gefühle emotional auf den anderen projizieren. Dein Verstand kommt dabei in einen Überlebenskampfmodus und denkt sich vielleicht sogar sehr schnell verschiedene Geschichten aus, was mit deinem Mitmenschen „nicht stimmt". Schnell entstehen Urteile, wie überfordert, wie unausgeglichen oder wie unachtsam der andere Mensch ist. Doch wenn du möchtest, versuche einmal in dem Moment der unangemessen starken Reaktion deines Mitmenschen ruhig zu bleiben, und blicke erst einmal genau auf die Situation. Sobald du bemerkst, dass die Situation nicht so tragisch ist, wie dein Gegenüber sie darstellt, mache dir bewusst, dass die Reaktion sehr wahrscheinlich nicht wirklich etwas mit diesem Moment zu tun hat. Gib gut auf dich acht und stelle in dir klar, dass die Emotionen anderer Menschen keine illusionären Schuldgefühle in dir hervorrufen. Liebe dich selbst

und bleibe erst einmal cool! Wenn du entspannt genug bist, mache gerne einen nicht-sarkastischen Scherz und lockere die Situation. Doch was auch immer du machst, biete der untragischen Situation keinen tragischen Mitspieler! Denn sonst erschafft ihr gemeinsam ein Drama, das eben noch nicht da war.
Des Weiteren reflektiere eventuell nach der Situation, welche Interaktionen es zwischen euch in den letzten Stunden oder Tagen gegeben hat. Vielleicht wirst du dich nicht einmal genau erinnern, welche deiner Handlungen oder Worte der letzten Zeit in deinem Mitmenschen unangenehme Gefühle ausgelöst haben. Doch eventuell fällt dir die entsprechende Situation auch wieder ein – wir nehmen ja stets zumindest unterbewusst wahr, wenn wir etwas tun oder sagen, das andere Menschen auf energetischer Ebene anstößt. Erneut sei hier erwähnt, dass dich in keinem Fall irgendeine Schuld trifft, doch hast du nun einen Überblick, was zwischen euch passiert und warum deine Mitmenschen vielleicht manchmal stärker auf dich reagieren. Nun kommen dir die Dinge nämlich nicht mehr so vor, als würden sie aus heiterem Himmel kommen, und du wirst mehr und mehr in der Lage sein, die Dynamiken eures Zusammenseins zu durchleuchten. Schon bald stellst du dann auch fest, dass es sich in Wirklichkeit nur um lustige Schauspiele handelt. Die Dinge sind nämlich niemals so dramatisch, wie zwei Menschen sie machen können, wenn unangenehme Gefühle im Spiel sind!

Eben sprachen wir auch kurz darüber, dass es keinen Sinn macht, das Leben oder die Reaktionen anderer Menschen zu verurteilen. Wohl wahr, denn im nächsten Moment oder in einer anderen Situation könnten bereits wir selbst es sein, die genauso reagieren.

Das erinnert mich an den Satz einer Freundin, die stets zu sagen pflegt „Spieglein, Spieglein an der Wand..." Zur gleichen Zeit empfehle ich dir, erlebte Situationen und Reaktionen anderer Menschen zu studieren. Auch wenn du vermeidest, einen Menschen innerlich zu verurteilen, kann es dir sehr dienlich sein, wenn du dir genau ansiehst, wie deine Mitmenschen sich energetisch verändern, wenn sie emotional werden. Besonders wenn du nur passiver Beobachter einer Situation bist. Fühle und betrachte einmal das energetische Schauspiel zwischen diesen Menschen, und wie die meisten Beteiligten dabei nicht mehr mit sich selbst präsent sind. Diese Art von innerer Abwesenheit bewirkt, dass ein Mensch sich selbst weniger fühlt. Weniger fühlen ist gleichbedeutend mit einem größeren Abstand zum Urzustand, und dementsprechend fehlt die nötige Liebe, um die gerade erlebte Situation als das zu sehen, was sie tatsächlich ist. Die Folge dessen ist ein weiteres Theaterstück, ähnlich einem griechischen Drama, und wer diese kennt, weiß, dass sie gerne Überlänge haben!

Nun gibt es noch ein Phänomen, das ich „selbstkreierende Rechtfertigung" nenne. Beobachte einmal, wie manche Menschen, die durch eine Situation unangenehm angestoßen sind, Gesellschaft suchen, die ihre Emotionalität bejaht. Warum das so ist? Ganz einfach: Sagen wir, jemand hat aufgrund einer deiner Taten wütend auf dich reagiert. Nun fühlst du dich eventuell nicht gut und hast diesen Menschen bereits in deinen Gedanken verurteilt. Da sich weder deine Opferhaltung noch dein Verurteilen angenehm anfühlen, suchst du dir nun Menschen, denen du die eben geschehene Situation erzählen kannst. Natürlich lässt du in deinem Schmerz auch nicht das Urteil über die andere Person aus und versuchst, durch das Mitleid und „Verständnis" deiner Gesprächspartner zu bewirken, dass sie sagen,

dass du Recht hast. Dadurch fühlst du dich dann auf illusionäre Weise besser und hast vorübergehend erfolgreich deine Schuldgefühle, genauso wie deine urteilende Wut, überdeckt.
Dieses Spielchen kann natürlich noch massivere Ausmaße annehmen, und du versuchst nicht nur, einen Rechtfertigungsgrund selbst zu kreieren, sondern auch, die andere Person in ein schlechtes Licht zu rücken. Diese Art von energetischem Schauspiel nennt sich allgemein Lästern. Dabei sollte man sich vor Augen halten, dass chronisches Lästern so ist, als ob man seinen Acker mit Chemikalien düngte. Der Ertrag ist eventuell kurzfristig besser, jedoch zerstört man langfristig den Boden seiner zwischenmenschlichen Beziehungen.

Was tun, wenn jemand zu dir kommt und schlecht über andere spricht? Eine wohl klassische Situation. Ich persönlich gehe in erster Linie nicht auf das Gespräch ein, behalte jedoch auch eine präsente Haltung, bei der ich meinen lästernden Mitmenschen nicht verurteile, und nehme erst einmal nur wahr. Wenn ich beispielsweise durch meine Tätigkeit immer wieder Zeit mit diesem Menschen verbringe, gehe ich zum einen nicht mehr auf das entsprechende Thema ein, und zum anderen wechsle ich das Thema auch aktiv. Doch allgemein suche ich mir in Zukunft gut aus, ob ich es mit diesem Menschen zu einem Gespräch kommen lassen möchte, wenn immer wieder ein Lästergespräch dabei herauskommt. Alternativ kann ich meinem Gegenüber auch anbieten, ob er meine Meinung über die geschilderte Situation hören möchte, und ich kann ihn dadurch daran erinnern, dass andere Menschen nicht an seinen Gefühlen schuld sind. Selbst dann nicht, wenn er etwas Unangenehmes erlebt hat.

Dabei stelle ich jedoch immer wieder fest, dass ein Mensch, der gerade das Lästertheaterstück spielen möchte, sich in einem Gespräch eher massiv rechtfertigen will als zuzuhören.

Wie gesagt – beobachte einmal gezielt all die Theaterspielchen um dich herum und erkenne am besten deine eigenen, bevor du ungewollt die Bühne betrittst. Denn eigentlich weiß ein jeder von uns, dass die Titanic am Ende am Eisberg unserer inneren Ignoranz dramatisch untergeht.

Eifersucht

Fast jeder hat schon einmal erlebt, wie eifersüchtige Gedanken zu einem starken Brennen in der Brust geführt haben. Als Paradebeispiel nehmen wir hier die klassische Partnerschaft, bei der einer von beiden sich entweder in einen anderen Menschen verliebt oder mit einem anderen Menschen eine sexuelle Begegnung hatte. Zumeist verhält es sich so, dass die beiden Menschen, die für ihr Zusammensein das Label „Partnerschaft" benutzen, jede Menge ungeschriebener Gesetze miteinander haben. Oftmals handelt es sich dabei um gewisse Erwartungen, die das Handeln der Beteiligten einerseits bestimmen und andererseits einschränken. Solche Erwartungen, die sich durch energetische Verbindungen zwischen den beiden Menschen manifestieren, bewirken mitunter, dass deren Wohlbefinden von den Worten und Handlungen des jeweils anderen abhängt.
Wenn also einer der beiden so handelt, dass man gemeinüblich von Fremdgehen sprechen würde, wirkt sich das energetisch auf den eigentlichen Partner aus. Und wahrscheinlich kennst du das: Dein Partner ist auf

einmal einem anderen Menschen körperlich und/oder energetisch sehr nahe, und ohne dass du irgendetwas über die Verbindung der beiden weißt und obwohl du keine rationalen Informationen über die Geschehnisse hast, spürst du „etwas". Je mehr Informationen du daraufhin über das sammelst, was da vor sich geht, und je mehr du auf energetischer Ebene wahrnimmst, desto intensiver wird eine Art von brennendem Empfinden in dir. Eine schmerzhafte Energie, die in aller Regel in deinem Brustbereich wütet. Diese Energie bewirkt folgende Dinge: Erstens beginnt dein Kopfkino wie wild sämtliche möglichen Szenen zu erfinden. Es ist wichtig, zu verstehen, dass die hier erwähnte Energie, die sogenannte Eifersucht, eine besonders gute und detailversessene Hollywoodkünstlerin ist, und dass dein Verstand dich während einer Eifersuchtssituation sehr wahrscheinlich „HD-Ready", also „hoch-dramatisch fertig" macht!
Zweitens hast du dann bestimmt den heftigen Drang in dir, alle Details der Begegnung deines Partners mit diesem anderen Menschen zu erfahren. Dies führt meist dazu, dass du entweder ausfragst oder spionierst. Dein Kopfkino drängt nämlich danach, deine Filme zu bestätigen und damit deine ohnehin schon heftige Opferhaltung auszubauen. Die dritte Phase von Eifersucht ist jene, bei der du dann eine energetische Konfrontation mit deinem Partner suchst, sodass du deinen inneren Schmerz mit deinem projizierten Widersacher teilen kannst und dieser auch ein Stück vom „Kuchen" abbekommt. Für gewöhnlich endet das Ganze im klassischen Streit und weiteren Hickhackspielchen, wie sie auf den Seiten zuvor bereits beschrieben wurden.

Doch wie kann man denn nun mit diesem extremen Brennen in der Brust umgehen? Dafür ist es zuerst einmal nötig, zu verstehen, was da überhaupt in uns passiert. Ich sage es dir nun ganz offen: Eifersucht ist ein

ziemlich illusionäres Gefühl. Was ich damit meine? Nun gut, beginnen wir von vorne: Jedes Gefühl, das an eine Bedingung geknüpft ist, ist gewissermaßen ein illusionäres und damit lächerliches Gefühl, weil es nur solange existieren kann, wie unser Ego sich an Vergangenheit und Zukunft anklammert. Betrachten wir einmal die Gefühle Trauer, Wut und Freude. Diese drei, wenn sie lediglich empfunden (und vielleicht sogar emotional ausgedrückt) werden, sind Gefühle des Jetzt. Es ist einfach Energie, die sich durch uns hindurch auf ehrliche Weise kanalisiert. Dies ist ein wundervolles Geschenk, und wir stehen in jenen Momenten der Empfindung dem Leben, also der Wahrheit, sehr nahe. Doch sobald diese Gefühle an Bedingungen geknüpft sind – „Ich bin traurig, wütend, freudig, weil…" – kreieren wir eine Projektionsfläche und schieben unsere inneren Empfindungen auf andere Menschen oder äußere Umstände. Folglich verpassen wir damit, Verantwortung für unser Wohlbefinden zu übernehmen.
Ich spreche deshalb in Bezug auf Eifersucht von einem illusionären Gefühl, da diese Empfindung zwangsläufig an gedankliche Bedingungen geknüpft ist und niemals bedingungslos sein kann! Denn sobald du aufhörst zu denken – Vergangenheit und Zukunft verschwinden dadurch – ist auch die Eifersucht nicht mehr existent. Alles, was dann übrig bleibt, ist ein energetischer Ablösungsprozess, der sich in bedingungsloser Trauer oder Wut ausdrücken kann.
Interessanterweise verhält sich unser Überlebenskampfverstand jedoch so, dass er bewirkt, dass wir mit diesen Empfindungen besonders viel denken „wollen"; die inneren Schauspiele können dabei sehr zwanghaft sein. Die klassischen Reaktionen darauf sind, sich rastlos und intensiv mit einer Beschäftigung abzulenken oder wahllos viel zu konsumieren. Genau diese Verhaltensweisen sind es jedoch, die das Brennen in der Brust nur noch

verstärken, bis man auf dem besten Wege ist, sich selbst wahnsinnig zu machen.
Also, what to do? Wenn du brennende Eifersucht in dir wahrnimmst, möchte das Leben dich lediglich auf etwas hinweisen. Nämlich, dass du in letzter Zeit oder vielleicht generell verpasst hast, dich selbst zu lieben! Nach Schuld ist Eifersucht einer der direktesten Lehrer des Lebens, um dich darauf aufmerksam zu machen, dass du dir selbst wieder mehr nährende Liebe geben solltest. Denn viele von uns leben so, dass sie sich körperlich und auf energetischer Ebene nicht gut um sich selbst kümmern und sich hauptsächlich der beiden Fastfoodvarianten Essen und Partnerschaft bedienen, um sich in diesem Leben genährt und geliebt zu fühlen. Eine Partnerschaft kann etwas sehr Bereicherndes sein, doch wenn sie eine unserer Hauptliebesquellen ist, programmieren wir unser Leid bereits vor! Eine Partnerschaft kann nämlich immer nur ein genüsslicher Zusatz des Lebens sein, der die in uns unabhängig etablierte Liebe zum Leben selbst ergänzt. So ähnlich wie das Salz in der Suppe, doch nicht die Suppe selbst!

Um noch einmal ganz praktisch auf das Thema der Eifersucht zurückzukommen: Wenn du solch ein Gefühl in dir vorfindest, lasse am besten all deine Tätigkeiten stehen und liegen und tue dir etwas Gutes. Sehr empfehlenswert ist ein Spaziergang in der Natur, das wird dir helfen, weniger zu denken und aus deinem Kinofilm keine Überlänge zu machen. Du wirst dabei sehr wahrscheinlich bemerken, dass das Brennen in deiner Brust den stetigen Drang nach Klärung in dir antreibt. Doch mal ganz ehrlich: Möchtest du nicht erst einmal die Klärung in dir selbst haben, bevor du von anderen Klarheit erwartest? Es ist nämlich zuerst deine Aufgabe, dir selbst wieder die Liebe zu geben, die du eventuell in der Vergangenheit, oder auch bis heute, von deinem

Partner erwartet hast. Das ist die Gelegenheit, eine bahnbrechende Veränderung in deinem Leben zu kultivieren. Sei dein eigener Partner, liebe dich selbst und sei für dich da. Mit dieser Grundlage begegne gerne anderen Menschen und teile deine Nähe.
Wenn es dir also bei einem klärenden Spaziergang gelingt, nicht wie ferngesteuert deinen Partner anzurufen, sondern dich mit dem zu verbinden, was tatsächlich wahr und keine komische Illusion ist, wirst du selbst zu einem Heilmittel, das du nicht in der besten Apotheke bekommen könntest. Fühle das Brennen, denke nicht darüber nach und erblicke in der Schönheit der Natur die Liebe, die in allen Dingen lebt.
Bei Risiken und Nebendramen fragen Sie Ihr Herz oder ein Stück Schokolade.

Reaktionsmuster auflösen

Menschen, die einen Großteil ihrer undienlichen Überlebensreaktionsmuster bereits reflektiert haben und diese gut kennen, träumen davon, ihre Muster endgültig auflösen zu können. Ich behaupte nun, dass solch ein Auflösen letzten Endes nicht möglich ist. Wir können lediglich phasenweise mit der Illusion leben, einem ungesunden Verhaltensmuster für immer entkommen zu sein, doch wird das Leben uns früher oder später eines anderen belehren. Der Verstand ist ein Meister im Verschleiern und hegt und pflegt seine Überlebensmuster auch ohne unser Wissen darüber. Die unerfreuliche Nachricht ist die, dass unsere Überlebensreaktionsmuster wie Narben in uns eingeritzt sind. Die erfreuliche Nachricht ist jedoch, dass in jeder einzelnen Narbe ein Geschenk steckt! Die Art und Weise, wie wir unsere Muster ausspielen, hängt nämlich sehr stark von äußeren Gegebenheiten ab. Wie bereits früher in diesem Buch erläutert, spielen unsere Reaktionsmuster sich stets dann aus, wenn eine bestimmte Konstellation von Eindrücken auf unsere Sinne „losgeht“. Und solange wir die Lebensumstände, in denen wir uns tagtäglich wiederfinden, nicht ändern, wird sich nur sehr schwer dauerhaft etwas ändern können. Nicht einmal mit Schönreden. Das Geschenk unserer Narben liegt nämlich darin, dass wir konstant aufgerufen werden, Verantwortung dafür zu übernehmen, dass wir Lebensumstände schaffen, die uns wirklich dienlich sind. Das hat etwas mit Eigenliebe zu tun.

Wenn du dich beispielsweise in einem Arbeitsverhältnis befindest, das du in Wirklichkeit nur aus Überlebensgründen ausübst, und dich dadurch viele Stunden deines täglichen Lebens in einem Umfeld bewegst, das dich konstant in einem Zustand unangenehmer Gefühle sein lässt, werden dir all das Meditieren, Yoga oder andere Praktiken nicht wirklich helfen. Sie können dich zwar immer wieder kurzzeitig befriedigen und du bekommst etwas mehr Kontrolle über dein Verhalten, doch wird dein Verstand solange die alten Muster auspacken, bis du dein Leben in die Hand nimmst und endlich deinen Traum lebst.

Ein Mensch kann noch so viel mit verschiedenen Menschen „klären“, auf energetischer Ebene auflösen oder einen esoterischen Handstand machen – all diese Dinge helfen lediglich, objektiv zu verstehen, wie der eigene Überlebensverstand funktioniert, und sie können die Situationen temporär entspannen. Damit kann man jedoch keine Verhaltensmuster endgültig loswerden. Was auch ganz gut ist, denn somit bleiben uns auch die mitgelieferten Geschenke erhalten! Jedes undienliche Verhaltensmuster zeigt nämlich an, dass du die besondere Gabe in dir trägst, deine spezielle Last zu transformieren. Ein Mensch, der sich zum Beispiel chronisch nicht von anderen Menschen gesehen fühlt, hat das größte Potenzial, ein Meister darin zu werden, sich von innen heraus gesehen zu fühlen. Das sind dann oftmals auch die Menschen, die ihre im Schatten erwachsenen Geschenke am besten mit anderen teilen können. Da sie von hinten bis vorne wissen, wie es sich anfühlt und wie der Prozess aussehen kann, das belastende Kreuz zu einem Segen zu transformieren.

Doch gibt es bezüglich deiner kontraproduktiven Reaktionsmuster einen doppelseitigen Ansatz, der dich deinem Glück näherbringen kann. Zum einen: Schaffe, wie erwähnt, ein Umfeld, das deinem Leben tatsächlich dient. Verbringe nicht die meiste Zeit mit Menschen und Tätigkeiten, die deinen emotionalen Überlebensmodus in dir anstoßen. Am Ende wirst du immer zu dem werden, mit wem oder was du dich die meiste Zeit umgibst. Ein klassischer Satz einer Freundin von mir lautet „Steter Tropfen höhlt den Stein".

Aber zur gleichen Zeit, und jetzt wickeln wir die Lage von der anderen Seite her auf, lerne, dich in gefühlten Überlebenssituationen unbeeinflusst wohlzufühlen. Denn oftmals kommt das Leben anders als wir es uns vorstellen oder geplant haben. Zudem erfordern eventuell auch deine Projekte, deine Kinder oder deine Lebensträume, dass du Dinge tust, die deine alten Reaktionsmuster stark zu Tage kommen lassen. Nun kannst du üben, dich zu entspannen. Und wenn sich deine Muster doch ausspielen, dann sei dir dessen zumindest bewusst. Identifiziere dich nicht damit und schaffe erneut überwiegend Situationen in deinem Leben, in denen es dir gutgeht. Das Fatalste an undienlichen Verhaltensmustern ist, wenn wir glauben, dass wir das sind. Beobachte, wie du in einem unterschiedlichen Umfeld manchmal automatisch ein anderes Verhalten an den Tag legst. Und wie du in einem dir unangenehmen Umfeld, trotz aller Bemühungen, vielleicht doch immer wieder zurückfällst. Der sogenannte Jojo-Effekt lächelt nämlich über unsere

Veränderungsversuche und ruft uns zu echter Transformation unseres Lebens auf.

Umgang mit unangenehmen Gefühlen

Was außerhalb von dir passiert, muss nicht innerlich mit dir passieren! Das heißt umgekehrt, dass dein innerer Friede nicht durch äußerliche Geschehnisse beeinflusst sein muss. Denn selbst, wenn wir unser Leben dahingehend transformiert haben, dass wir überwiegend die Dinge tun und mit den Menschen Zeit verbringen, die uns am Herzen liegen, kommen wir immer wieder in unangenehme Situationen. Kampf und Widerstand sollte dann nur bei extremen Überlebenssituationen eine Lösung sein. Doch wenn es um emotionale Überlebensempfindungen geht, haben wir nur eine Möglichkeit: die äußeren Umstände nicht zu einem inneren Drama werden zu lassen!
Wie das geht?

Entweder die totale innere Akzeptanz einer Situation – und man bleibt in der Situation – oder die totale innere Akzeptanz einer Situation – und man geht bewusst aus der Situation heraus.

Wer zum Meditieren gehen wollte und sich, warum auch immer, in einem Fußballstadion platziert hat, sollte nicht versuchen, das Stadion zu ändern und die Leute zum Meditieren zu überreden, sondern dort hingehen, wo ein geeigneter Ort für eine Meditation ist… oder eben das Spiel genießen. Das heißt nicht, dass wir zu allem Ja sagen sollen. Ganz und gar nicht! Hier geht es in erster Linie um eine innere Haltung. Wie gesagt: Sobald ich

Kampf und Drama in mir trage, werde ich zwangsläufig diese Dinge um mich herum erschaffen. Doch nehmen wir ein Extrembeispiel wie Krieg. Sollst du nun etwa Krieg akzeptieren? Äußerlich gewiss nicht, doch wer in sich Widerstand hat gegenüber dem, was ist, erschafft und nährt gleichzeitig das, was er nicht haben möchte. Um es mit Goethes Worten zu sagen: „Ich bin ein Teil von jener Kraft, die stets das Böse will und stets das Gute schafft." Und ich füge dem noch hinzu: „Doch genau die gleiche Kraft, die stets das Gute will, auch stets das Böse schafft!"
Energie folgt Aufmerksamkeit, und Widerstand erzeugt Gegenwiderstand. Eine innere Haltung von Frieden jedoch gibt uns die Chance, objektiv und mit emotionaler Klarheit zu handeln. Ob es sich nun um Krieg handelt oder um das Zusammenleben mit anderen Menschen – wer die äußeren Umstände nicht zu seiner inneren Theaterdramenbühne werden lässt, behält die freie Möglichkeit, eine für die entsprechende Situation intelligente und sinnvolle Wahl zu treffen.
Gerade in unangenehmen Situationen, wenn es um dein inneres Wohlbefinden geht, frage dich stets:

**„Bin ich ein wandelndes Problem
oder die Lösung auf zwei Beinen?"**

4. – Übung

Ab sofort, wenn du in Situationen kommst, die unangenehme Gefühle in dir hervorrufen, halte gerne erst einmal inne. Betrachte die Situation und dein aufgekommenes Gefühl. Unterdrücke nichts, fühle ganz bewusst, doch kultiviere so gut du kannst die Fähigkeit, deine inneren Unannehmlichkeiten nicht in die Welt zu projizieren.
Akzeptiere, was gerade passiert, und bleibe mit einem offenen Herzen und offenen Augen ein Teil der Situation. Drücke von diesem Standpunkt aus gerne aus, was deiner Meinung und Erfahrung nach sinnvoll ist. Sollte es nichts auszudrücken geben, übe dich einfach darin, das Paradies in dir zu kultivieren, selbst wenn um dich herum die Hölle ausbricht.

Die Fähigkeit, mit dem, was ist, sein zu können, wird eine unschätzbar wertvolle Grundlage in dir schaffen, um emotional klar und dennoch liebevoll zu sein!

5. KAPITEL

DEINE BEZIEHUNGEN

Das Thema der zwischenmenschlichen Beziehungen ist eines der größeren Kapitel dieses Buches. Verschiedenste Arten von Beziehungen prägen unser tägliches Leben.
Von daher lade ich dich ein, dir für die Beantwortung der folgenden Fragen ausführlich Zeit zu nehmen und mit aller Ehrlichkeit zu reflektieren. Bedenke, dass du das nur für dich machst und niemand deine privaten Schriften lesen oder beurteilen wird.

5a. – Frage

Beschreibe mindestens in drei Fällen dein Verhältnis zu dir nahestehenden Menschen oder zu Menschen, mit denen du viel Zeit verbringst.
Beispiele: Eltern, Großeltern, Kinder, Freunde, Partner, Arbeitskollegen, Chef usw.

Unabhängig davon, ob du das jeweilige Verhältnis als angenehm oder als unangenehm empfindest, gehe bei deiner Beschreibung auf die primären Gefühle ein, die in eurem Zusammensein bei dir immer wieder präsent sind.

Betrachte zusätzlich auch folgendes: Welche konkreten Freuden und Ängste sind mit dem jeweiligen Verhältnis verbunden?

5b. – Frage

Welche Dinge tust du, um von den eben beschriebenen Menschen akzeptiert zu werden?
Und welche offensichtlichen oder unterschwelligen Erwartungen hast du an diese Menschen im Gegenzug?
Beispiele für Erwartungen: Geld, Sex, Liebe, Geborgenheit, Aufstiegsmöglichkeiten in der Arbeit, emotionales Wohlempfinden, Anerkennung, materielle Güter, Loyalität und Treue usw.

Eltern

Zumeist stehen wir unseren Eltern oder anderen Mitgliedern unserer leiblichen Familie nahe. Diese familiäre Nähe kann bedeuten, dass wir uns mit ihnen geborgen und zuhause fühlen, oder aber, dass wir uns von ihnen missverstanden und nicht geliebt fühlen. In beiden Fällen und allen Mischkonstellationen ist das Potenzial für emotionale Verstrickungen hoch. Schließlich haben wir viel Zeit unseres Lebens mit unseren Eltern verbracht, und deren Worte und Verhalten haben uns auf verschiedenste Weise geprägt.

Gerade wenn das Verhältnis zu unseren Eltern oder anderen Familienmitgliedern von unangenehmen Gefühlen geprägt ist, tragen wir oftmals den Wunsch in uns, von ihnen verstanden und anerkannt zu werden. Der Wunsch, geliebt zu werden, wird auf fast niemanden so stark projiziert wie auf die eigenen Eltern. Warum gerade sie? Weil unser ursprünglicher Zustand die Aspekte von Geborgenheit und Schutz beinhaltet. Wenn wir geboren werden, sind unsere Eltern in erster Linie dafür zuständig, dass wir diese uns innewohnenden Qualitäten auch weiterhin erfahren. Es ist nicht so, dass sie uns etwas geben, das uns fehlt, als vielmehr, dass sie etwas aufrechterhalten, das ohnehin in uns ist. Schließlich gilt es kurz nach der Geburt erst einmal mit diesem interessanten Körper und seinen Begrenzungen klarzukommen.

Wie bereits erwähnt, ist die erste Lebenszeit eine recht empfindliche Phase! Wenn wir in der Verletzlichkeit dieser ersten Tage, Wochen und Monate an Geborgenheit und Schutz etwas einbüßen müssen, hat das sehr wahrscheinlich gravierende Folgen für unseren natürlichen Zustand von bedingungslosem Sich-Geliebt-Fühlen und dem Urvertrauen, dass alles gut ist. Die drei Wegbegleiter Angst, Zweifel und Schuld prägen unser Leben dann

so, dass wir glauben, sie seien tatsächlich real. Folglich suchen wir an allen Ecken und Enden nach Geborgenheit und Schutz.
Unterbewusst erwarten die meisten Menschen bis ins Erwachsenenalter, diese Qualitäten durch ihre Eltern zu erfahren. Solch eine innere Haltung beeinflusst ihre Worte und Verhalten den Eltern gegenüber auf eine Art, dass sie Dinge tun, die direkt oder indirekt Vorwürfe übermitteln. Ein Vorwurf oder eine Erwartungshaltung erzeugt in unserem Umfeld jedoch stets Druck. Hier wird gut ersichtlich, wie wir unbewusst unsere innere Angst, Zweifel und Schuld in andere Menschen exportieren. Besonders gerne zu unseren Eltern. Dadurch entstehen in ihnen unangenehme Gefühle, und mit aller Wahrscheinlichkeit reagieren sie darauf mit Kampf oder Flucht. Jetzt fühlen wir uns erst recht missverstanden und ungeliebt, was unser Verhalten ihnen gegenüber noch unkontrollierter macht, und man muss nicht besonders gut rechnen können, um zu wissen, wohin diese Abwärtsspirale führt. Denn schon bald ist das Verhältnis eventuell so sehr verstrickt, dass die bloße Anwesenheit unserer Eltern uns in einen inneren Überlebenskampfmodus versetzt. Jedes ihrer Worte und jede ihrer Handlungen hat dann enorme Auswirkung auf unseren Energiekörper und damit auf unsere Lebensenergie.
Nachfolgend eine klassische Szene: Angenommen, ein Mensch hat ein Verhältnis zu seinen Eltern, in dem er sich nicht verstanden und nicht genügend geliebt fühlt. Also zieht er, sobald er erwachsen ist, aus oder geht auf Reisen. Fast zwangsläufig wird dieser Mensch nach allen möglichen Dingen suchen, die es bei seinen Eltern nicht gab oder die etwas ganz anderes repräsentieren als beispielsweise die Ordnung des Elternhauses oder die Ordnung der Gesellschaft, in der man aufgewachsen ist. Nach einiger Zeit kommt der junge Erwachsene dann wieder zu seinen Eltern und präsentiert, halb un-

terbewusst, halb bewusst, seine „andere Art", zu sein. Vielleicht hat er einen sehr ausgefallenen Kleidungsstil, eine besondere Ernährungsform und Ansichten, die alles andere als gutbürgerlich sind. Und all jene Dinge werden dann den Eltern nahezu aufgedrückt, mit der insgeheimen Agenda „Bitte seht mich, bitte liebt mich. Eigentlich habe ich gar kein Interesse daran extrem anders zu sein als ihr, doch, wenn das die einzige Möglichkeit ist eure Aufmerksamkeit zu bekommen, dann provoziere ich eben, dass ihr mich liebt!"
Was dann passiert, ist klar: Die Eltern reagieren emotional auf das Komplettpaket, das ihr Kind ihnen vorwirft. Der junge Erwachsene wird sich dadurch natürlich rational bestätigt fühlen, dass seine Eltern kein Verständnis für ihn haben und kalt sind. Doch all seine Kunststückchen waren in Wirklichkeit nichts anderes als der schmerzhafte Schrei nach Liebe. Danach, einfach so akzeptiert zu werden, wie man ist, und Raum bekommt, sich auszudrücken. Der Wunsch, endlich keinen Erwartungen mehr entsprechen zu müssen. Doch warum tragen viele Menschen diese Bedürfnisse genau an den Ort, wo von vornherein klar ist, dass sie diese Dinge wahrscheinlich nicht bekommen? Wäre es nicht viel sinnvoller, an einen Ort zu gehen, wo Menschen ähnliche Interessen haben? Eigentlich schon, doch lass uns einmal hinter die Dynamik blicken: Alles, was dem jungen Erwachsenen aus dem Beispiel fehlt, ist, dass ihm jemand sagt und fühlbar macht, dass wahre Geborgenheit und Schutz in Wirklichkeit immer da sind. Es bedarf nun im Erwachsenenalter keiner leiblichen Eltern mehr für die Erfüllung dieser Qualitäten. Du kannst dich entspannen!
Aus meiner Sicht besteht in unserer Gesellschaft insofern eine Bildungslücke, als wir sehr viel über die Dinge außerhalb von uns lernen, jedoch nur sehr wenig über die energetischen Zusammenhänge in uns. Sonst wüss-

te zumindest bereits jeder Jugendliche, dass er immer geliebt ist und es mehr Sinn macht, seine Energie konstruktiv für den eigenen Lebensweg zu verwenden statt sich im Kampf gegen Windmühlen aufzuarbeiten.

Bei allem, was unsere Eltern und die leibliche Familie in Kinderjahren für uns getan haben, verpasst haben zu tun oder uns angetan haben – nun sind wir erwachsen! Geborgenheit und Schutz liegen nicht mehr im Aufgabenbereich unserer Eltern. Auch nicht bei anderen Menschen, auf die wir diese Erwartungen gerne legen, wie beispielsweise dem Partner, Freunden, dem Chef in der Arbeit, einem spirituellen Lehrer oder unserem Therapeuten. Es ist stets jetzt die beste Gelegenheit, diese Qualitäten in uns zu kultivieren und frei zu werden von anderen Menschen. Aber wie wird man von anderen frei? Interessanterweise, indem man andere von einem selbst befreit! Nach wie vor liegt die Verantwortung bei uns, und das ist sogar unsere große Chance. Denn das bedeutet, dass wir unser Leben und Wohlbefinden selbst in der Hand haben.
Ganz praktisch: Gerade bei sehr verstrickten Eltern-Kind-Verhältnissen kann ich empfehlen, erst einmal physischen Abstand zu schaffen. Denn oftmals sind unsere Überlebensreaktionsmuster unseren Eltern gegenüber sehr stark – und zur gleichen Zeit vielleicht unsere Lebensenergie nicht stark genug, sodass wir uns in ihrer Anwesenheit entspannen können. Mit der Entspannung beginnt nämlich der Prozess. Manchmal ist es sogar hilfreich, auf Reisen zu gehen und sich selbst neuen Menschen und neuen Situationen auszusetzen. Dabei bemerken wir wahrscheinlich sehr bald, dass wir beim Kennenlernen und im Zusammenleben mit neuen Menschen dieselben Reaktionsmuster an den Tag legen wie gegenüber unseren Eltern. Wer hier nicht wach und aufmerksam ist, wird auch bald in den neuen Bekannt-

schaften die gleichen Verstrickungen schaffen. Doch wenn du wirklich einen Unterschied machen möchtest, dann nutze die anfänglich unverstrickte Jungfräulichkeit dieses Verhältnisses und bleibe mit den aufkommenden Gefühlen ganz präsent. Besonders dann, wenn du dich nicht geborgen, geliebt oder verstanden fühlst. Besinne dich immer wieder darauf, dass all diese Qualitäten bereits in dir sind! Es gibt niemanden, gegen den du ankämpfen oder vor dem du flüchten musst. Nun hast du im Angesicht deines Gegenübers die Chance, dir selbst all die Liebe und Geborgenheit entgegenzubringen, die du dir wünschst. Gerade deshalb, weil eure Verstrickung nicht so intensiv ist wie mit deinen Eltern. Damit schaffst du für dein Leben ein neues, dir dienliches Reaktionsmuster und wirst unabhängig davon, ob die anderen dich lieben und akzeptieren. Und mit dieser neuen Kraft kannst du dann zu deinen leiblichen Eltern zurückkehren und dich auch dort ganz anders verhalten. Gewiss wirst du feststellen, dass es in ihrer Gegenwart ungemein schwerer sein wird, mit unangenehmen Gefühlen präsent zu bleiben, doch ist genau dieses Zusammensein dein persönlicher Maßstab, wie erwachsen du tatsächlich bist. Oder ob du nach wie vor das kleine, nach Liebe hungernde Kind verkörperst. Wie gesagt gibt es viele spirituelle Kunststückchen, doch im Zusammenleben mit unserer leiblichen Familie haben wir einen realistischen Maßstab dafür, wie spirituell wir wirklich sind!

Nicht nur die physische, sondern vor allem die emotionale Loslösung von unserer leiblichen Familie ist ein entscheidender Prozess in Richtung emotionaler Klarheit und innerem Frieden. In alten Weisheitssprüchen heißt es, dass man seine Eltern sterben lassen soll, was lediglich ein Symbol dafür ist, dass ihre Zeit als die unser Überleben ermöglichenden Wegbegleiter beendet ist. Viele

einstige Kulturen hatten dafür einschneidende Übergangsrituale, die oftmals alles andere als angenehm oder romantisch waren. Doch ist es Menschenweisheit, dass ein Mensch niemals wirklich kraftvoll und gesund sein kann, ohne emotional von seinen Eltern entbunden zu sein. Die gute Nachricht ist: Wenn dieser Prozess passiert ist, können wir unseren Eltern wieder ausgeglichen gegenübertreten und eine angenehme Zeit mit ihnen verbringen. Selbst dann, wenn sie uns kein Verstehen und keine Geborgenheit entgegenbringen. Denn nun begegnen wir ihnen als zwei weiteren Menschen auf diesem Planeten, und durch die innere Fähigkeit, uns selbst zu lieben, können wir nun unabhängig von ihren Worten und Taten auch sie lieben. Diesen Zustand des Menschseins kann man als erwachsen bezeichnen – denn du hast die Mutter und den Vater in dir gefunden und nimmst dich nun selbst an der Hand!
Ab jetzt hast du die Wahlfreiheit, ob du mit ihnen Zeit verbringen möchtest oder eben nicht. Beides wird für dich gleich sein, weder erfährst du Stress, wenn du daran denkst, mit ihnen zu sein, noch empfindest du Schuld, wenn du keine Zeit mit ihnen verbringst. In diesem Zusammenhang möchte ich dich einladen, dir einen Moment Zeit zu nehmen und deinen Eltern einmal für all die Dinge, die du bekommen hast, Dank zu sagen.

Partnerschaft

„Das Verhältnis zum Leben/Gott ist eine kosmische Liebe. Partnerschaft ist manchmal eine komische Liebe. Doch wenn zwei Menschen beide dieselbe kosmische Liebe zum Leben empfinden, sind sie ohnehin an dem Punkt miteinander verbunden, der alles Leben einander lieben lässt."
(EQUIANO)

Wie bereits erwähnt, basieren die meisten Partnerschaften auf dem körperlichen oder emotionalen Drang, nicht allein sein zu wollen. Darüber hinaus eignen sich Partnerschaften auch ideal für unterschwellige Agendas wie „Mach mich wirtschaftlich, körperlich oder emotional glücklich!" Was bei solchen unterschwelligen Absichten langfristig übrig bleibt, ist klar: eine Gewohnheitsverbindung. Im Rahmen des Überlebens macht es aus ganz praktischen Gründen Sinn, eine Paarbeziehung zu führen. Sowohl in der Tierwelt als auch in der vergangenen Menschheitsgeschichte sichert die Bindung zwischen Männlein und Weiblein oftmals das eigene Überleben als auch den Fortbestand des Kollektivs. Doch um es mit Achilles' Worten zu sagen: „Ist das etwa alles?"

Eine partnerschaftliche Überlebenszusammenkunft sicherte früher eher körperliche Bedürfnisse und heute tendenziell eher emotionale Bedürfnisse. Solch eine Bindung verhindert meist, dass wir ein Leben führen, das uns tatsächlich erfüllen würde. Wir leben mit der Angst, dass unser Partner verletzt sein könnte, wenn wir dem nachgehen, was wir eigentlich gerne machen möchten. Oder wir fürchten das Alleinsein zu sehr, um den entscheidenden Schritt in Richtung der eigenen Träume zu machen. Wie gesagt sprechen wir hier über Partnerschaften, die unterschwellige Absichten haben. Diese sind aus meiner Sicht die große Mehrzahl und bereichern den Menschen heute nur noch wenig. Wenn eine Partnerschaft dazu beiträgt, dass alle Beteiligten ihrem Traumleben nachgehen können, und wenn sie zu mehr bedingungsloser Freude führt, dann befindet sich diese Verbindung außerhalb des körperlichen oder emotionalen Überlebens. Hier wird gemeinsam Leben gefeiert.

Auf natürliche Weise wird es zwar immer einmal Meinungsverschiedenheiten geben, das ist in Ordnung und auch gesund so. Doch eine Überlebenspartnerschaft erkennt man unter anderem daran, dass chronische Meinungsverschiedenheiten zu fortwährenden emotionalen Verstrickungen führen. Dabei stoßen die Beteiligten wahrscheinlich konstant die Überlebensreaktionen des anderen an und verstricken sich in ihrem Schmerz. Aller Wahrscheinlichkeit nach begannen diese Verbindungen mit körperlicher und emotionaler Anziehung. Der Kern der Beziehung ist dann nicht das gemeinsame Erblühen und Schöpfen, sondern auf Ängsten basierend. Welche Ängste das sind? Dinge wie Partnerfindungsdruck, die innere Babyuhr, körperliche oder emotionale Bedürftigkeit (Mama- beziehungsweise Papaersatz).
Zudem wird in den meisten Paarbeziehungen etwas erwartet, das ein einzelner Mensch gar nicht geben kann: Berührung und Kontakt mit der gesamten Natur und verschiedensten Menschen. Denn wir Menschen sehnen uns nach der freifließenden Energie dieses Lebens in allen Dingen! Doch werden wir diese Energie weder durch das Besitzen des anderen noch durch Sex, Körperkontakt oder das gegenseitige Befriedigen unserer Emotionallagen nachhaltig erfahren können. Es wird so immer nur zeitlich begrenzt oder aber nicht wirklich erfüllend sein.
Nun, was ist der nächste logische Schritt? Genau: Entweder wir trennen uns frustriert, oder wir bleiben frustriert zusammen, oder aber zwei Menschen beginnen, mehr Achtsamkeit im Beziehungsverhalten zu kultivieren. Sie pflegen dann eventuell eine friedvollere Kommunikation und gestalten angenehmere Körperkontakte. Das ist ein schöner erster Schritt, doch bleibt die subtile Kernabsicht dieselbe: „Make me happy!" Nach wie vor suchen wir in diesem einen Menschen. Selbst dann noch,

wenn wir unsere Motivation besonders moralisch oder spirituell anstreichen – langfristig kann auch das nicht erfüllen!
Nun, warum dann überhaupt eine Partnerschaft? Genau wie bei den Gefühlen gibt es auch beim Thema der Partnerschaft nur zwei Gründe für solch eine Verbindung: Unangenehme Zustände (Überleben) und angenehme Zustände (Leben). Neben den unangenehmen Zuständen, dass wir äußere oder innere Befriedigung in einem anderen Menschen suchen, gibt es ja noch den Grund, gemeinsam Kinder zu haben und deshalb das Leben miteinander zu teilen. Richtig, das hat die Natur so eingerichtet, und das macht im Zuge des Überlebens auch Sinn. Nur, warum werden Paarbeziehungen durch den Nachwuchs in fast allen Fällen ungemein schwerer und noch komplizierter? Zum einen, da nach wie vor der Fokus der inneren Erfüllung auf der Partnerschaft – beziehungsweise nun auf der Familie – liegt. Zum anderen, da zwei Menschen in der Regel nicht ausreichen, um Kinder so zu begleiten, dass wir uns in unserem modernen Lebensstil und all unseren Geschäftigkeiten oder Verpflichtungen nicht ständig im Überlebensmodus befinden. Auch, wenn in unserer Gesellschaft mittlerweile davon ausgegangen wird, dass diese Umstände „normal“ seien und sich kaum jemand vorstellen kann, wie es anders aussehen könnte.
Wie könnte es also noch funktionieren? So, dass die Partnerschaft an einen gemeinsamen Sinn anknüpft. Stell dir vor, die gesamte Schöpfung ist ein großes Puzzle. Und jeder Mensch ist ein Puzzleteil. Die gesamte Menschheit kreiert also ein großes und schönes Bild, durch das sich die Schöpfung weiterführt. Angenommen, auf dem Bild wäre ein Sandstrand am Meer mit einer Palme abgebildet. Nun ist es sinnvoll, sich mit Menschen zu umgeben, die an einem ähnlichen Teil des Puzzles beteiligt sind. Wenn ich beispielsweise ein Teil der Palme bin,

wird eine Partnerschaft mit einem Menschen, der Teil des Meeres ist, energetisch oft unangenehm sein und zu Verstrickungen führen. Wie gesagt, wenn ein Paarverhältnis nur auf der anfänglichen emotionalen und körperlichen Anziehung basiert, werden wir bald enttäuscht sein. Wenn zwei Menschen jedoch spüren, dass ihr Zusammensein das große Bild des Lebens an einer bestimmten Stelle etwas mehr zusammenfügt, dann haben sie beste Chancen, Bereicherung zu erfahren. Solch eine Verbindung ist relativ leicht auszumachen: Beide wissen um ihre persönlichen Fähigkeiten in diesem Leben und sind bestrebt, diese konstruktiv und mit Liebe so zu verwenden, dass sie einander ergänzen, und so für das Paar wie auch für das Umfeld der beiden etwas Schönes entsteht. Deren Kinder sind dann nicht ihr Lebenssinn, doch ein lebendiger Ausdruck ihrer Liebe zum Leben.

Das Leben kann über die Verbindung zweier Menschen ein schönes Fest feiern, und der Tanz der Dualität kann immer wieder eine sehr erfüllende Vereinigung mit sich bringen. Doch wird es ein Tanz zwischen Anziehung und gesunder Abstoßung bleiben. Das ist, wie Leben aufgebaut ist und wie die Dinge auf Erden spannend bleiben. Ich behaupte schon lange, dass Gott sehr viel Sinn für Humor hat, sonst hätte er nicht zwei sich so sehr anziehende und gleichzeitig abstoßende Geschöpfe wie Mann und Frau geschaffen. Ich bin mir sicher, dass er dort oben einige gute Kinofilme zu sehen bekommt!

Nun noch ein paar Worte zum Schwarz-Weiß-Prinzip: Wenn du bereits mehrere Partner an deiner Seite hattest, dann ist dir wahrscheinlich schon einmal aufgefallen, dass du im Groben zwei Typen anziehst. Mit dem einen Typ von Partner erlebst du von Beginn an eine starke Anziehung und eure Begegnungen sind sehr leidenschaftlich und emotional. Eure Höhen sind hoch

und eure Tiefen sind tief. Neben einer erfüllten Sexualität bemerkt ihr doch auch bald, dass eure Art und Weise zu leben recht verschieden ist, und ihr verwickelt euch nahezu ständig in Meinungsverschiedenheiten und emotionale Tumulte. Diesen nenne ich den Typ Schwarz: Lebendige Abenteuer ohne Langeweile, doch wenig Beständigkeit und sehr dramalastig, vor allem, wenn es zu einer gemeinsamen Familie kommt.
Mit dem anderen Typ von Partner ist es von Anfang an wesentlich ruhiger und etwas sachlicher. Ihr genießt eure harmonischen Begegnungen und steht mit beiden Beinen auf dem Boden. Eine ideale Verbindung, um eine Familie zu gründen, doch bemerkst du auch bald, dass irgendwie das Feuer fehlt. Es ist zwar alles schön und gut und funktioniert, doch auch nicht mehr. Diesen nenne ich den Typ Weiß: Ein relativ dramenfreies Zusammensein mit Beständigkeit, doch ohne große Höhen oder Tiefen.
Wenn du eben beispielsweise deine Partnerschaft mit dem Typ Schwarz beendet hast, dann wirst du dich in den kommenden Wochen und Monaten unterbewusst viel eher nach einem Partner vom Typ Weiß umsehen. Oder umgekehrt. Beobachte einmal genau, welche Facetten deine bisherigen Partner hatten und was du bei dem jeweiligen geschätzt und was du vermisst hast. Und dann beobachte auch einmal, wie du in der Schwarz-Partnerschaft eher den weißen Pol gespielt hast und wie du in der Weiß-Partnerschaft eher den schwarzen Pol verkörpert hast. Ist das nicht erstaunlich? Doch woran liegt das? Je weniger ein Mensch in sich mit seinen Energien im Gleichgewicht ist, desto eher zieht er jemanden an, der auf gegensätzliche Art und Weise im Ungleichgewicht ist. Innerhalb einer Partnerschaft können die Pole über die Zeit hinweg sogar tauschen, das gibt es auch, es ist jedoch eher selten. Wer in sich selbst die aktiven und passiven Lebensenergien

wieder mehr in Balance bringt, der wird auch eher einen Partner anziehen, der selbst ausgeglichenere Lebensenergien hat.

In solch einer Partnerschaft wirst du einen gesunden Wechsel zwischen Leidenschaft und Vernunft erfahren, sodass ihr weniger Gefahr lauft, euch gegenseitig zu verbrennen oder aber im Trott der Zeit auseinanderzuleben.

Muss ein Mensch zwingend eine Partnerschaft führen? Gewiss nicht. Aus meiner Sicht wäre es das Gesündeste, wenn Menschen das Leben entscheiden lassen würden, ob und wann ihnen eine Partnerschaft zuteil wird. Das ist jedoch nur dann möglich, wenn ein Mensch bereits für sich alleine damit beschäftigt ist, wundervoll zu erblühen und seine Einzigartigkeit auf der Erde zu teilen. Jeglicher Partnerschaftsdruck, oder die Angst, keinen Partner zu finden, der zu einem passt, ist ein klarer Hinweis dafür, dass ein Mensch noch nicht an sein volles Potenzial anknüpft. Und wenn du in deinem Herzen ganz klar spürst, dass in diesem Leben eine Partnerschaft für dich richtig und sinnvoll ist, kannst du gerne einmal eine Liste machen, mit all den Eigenschaften, die du dir an einem Partner wünschst. Danach blicke auf die Liste und sieh einmal, was davon du selbst erfüllst. Wünschst du dir einen gesunden, lebensfrohen, inspirierten und herzlichen Partner, der seine Träume lebt? Dann ist spätestens jetzt die richtige Zeit, dass du dir das Gesetz der Resonanz zunutze machst und diese Qualitäten in deinem Leben kultivierst. Alles andere folgt von selbst. Am Ende ist die einzig wahre Partnerschaft eines jeden Menschen nämlich die mit dem Leben selbst. Und es kann schön sein, diese Partnerschaft mit einem Partner zu teilen!

Kinder

Die Kombination aus der körperlichen Zeituhr, gesellschaftlichem Druck und dem Mangel an einem erfüllenden Lebenssinn bewirkt bei sehr vielen Menschen einen unterbewussten Druck, Kinder haben zu müssen. Und dieser Babystress vermischt sich in fast allen Fällen mit der natürlichen Freude, ein neues Leben auf diesem Planeten willkommen zu heißen. Ein Neugeborenes erinnert sehr an unseren Urzustand, und alleine seine Gegenwart bereichert unser Leben auf eine sehr schöne Weise. Es steht außer Frage, dass es ein wundervolles Geschenk ist, einen neuangekommenen Menschen auf der Erde ein Stück weit zu begleiten.
Doch führt eine Mischung aus Körperhormonen, Herzenssehnsüchten und gedanklichen Erwartungen in vielen Menschen dazu, dass sie wie ferngesteuert Beziehungen eingehen, die über kurz oder lang jede Menge Dramen mit sich bringen und alles andere als angenehm sind. In fast allen Fällen läuft dieses Kombiprogramm unterbewusst ab. Ein Mensch mit solch einer unterschwelligen Agenda verhält sich plötzlich anders als sonst und provoziert durch bestimmte Worte, Handlungen und die entsprechende Ausstrahlung eventuell eine Schwangerschaft. Da dieses Programm eben zumeist unterbewusst läuft, ist ein Schock darüber, dass es passiert ist und mit wem es passierte, sehr üblich. Ähnlich wie in einem betrunkenen Zustand folgt erst nach der Ernüchterung die Frage: „Oh, wollte ich das überhaupt so – jetzt schon, und vor allem mit diesem Menschen, mit dem ich es ermöglicht habe?“

Die meisten Kinder stehen bei einem oder beiden Eltern im Lebensmittelpunkt. Doch kann ein Kind nicht alleinig der tiefere Sinn sein, an diesem Leben teilzunehmen. Das Begleiten eines Menschenlebens ist aus meiner

Sicht eine wundervolle Aufgabe, die mit aller Achtung erlebt und erfahren werden darf. Letzten Endes kann solch eine Aufgabe jedoch nicht den kompletten Lebenssinn eines Menschen ausmachen. Warum geht das nicht? Lass uns gerne genauer darauf blicken: All unser Denken und Handeln richtet sich sehr bald nach den Neuankömmlingen. Das hat in den ersten Monaten und den ersten zwei bis drei Jahren auch wichtige Relevanz. Doch verpassen die meisten Menschen den Zeitpunkt, diese Aufgabe Stück für Stück loszulassen und ihrem eigentlichen Existenzsinn nachzugehen.

Auf der einen Seite die Freude über dieses Geschenk und darüber, dass für die nächsten zehn bis fünfzehn Jahre nun auch wieder ein täglicher Sinn für das eigene Leben gegeben ist. Zur gleichen Zeit stöhnen die meisten Menschen dann doch vor Erschöpfung und wegen all der anderen Unannehmlichkeiten – nach diesem unterbewusst gewollten Unfall. Die Folgen der hier dargestellten Ursprungsabsicht des ganzen Unterfangens sind nämlich über die Jahre hinweg zumeist mühsam. Wegen des Neugeborenen? Nein, das meine ich nicht. Vielmehr, weil das Erfüllen des Lebenssinns niemals dauerhaft vollkommen durch das Begleiten von Kindern möglich ist!

Wichtig ist hierbei die Kernabsicht des Ganzen. Übernehme ich vorab bereits Verantwortung für mein Elternsein oder gebe ich mit der Geburt meines Kindes meine Verantwortung, in die eigene Kraft zu kommen und mich selbst tief kennenzulernen, ab? Es ist gewiss von Vorteil, wenn folgende beiden Fragen in ihrem Kerngehalt beantwortet werden können, bevor ein Mensch ein neues Leben auf dieser Erde empfängt: Wer bin ich und wie sieht meine Lebensaufgabe aus? Wer jene Dinge von seinem Leben im Großen und Ganzen weiß und die Bereitschaft in sich trägt, diese Erkenntnisse zu leben, wird keine Kinder mehr brauchen, um Sinn in diesem Leben zu erfahren. Jedoch wird solch ein Mensch eventuell mit Freude und guter Kraft an einem bestimmten Punkt seines Lebens eigene Kinder begleiten und ihnen mitgeben können, was es heißt, in sich selbst Lebenssinn zu finden.

Der Grund, warum ich speziell auf dieses Thema eingehe, ist der, dass ich mehr und mehr Menschen beobachte, die Dinge, die in ihrem Leben fehlen, durch eigene Kinder kompensieren, und bei denen dadurch eine Spirale abwärts beginnt. Ein Mensch, der ohnehin schon nicht in seiner eigenen Kraft steht – geschweige denn den eigenen Lebensweg kennt – landet sehr schnell in folgender Situation: körperliche Erschöpfung, emotionales Großchaos, eventuelles Alleinerziehen mit kontinuierlich auftauchenden Schuldgefühlen, Geldmangel – und alles andere als der nötigen Zeit, die es bräuchte, um erst einmal gut und tief in sich selbst anzukommen. Nicht, dass die eben genannten Dinge nicht auch dann auftreten könnten, wenn jemand seine innere Kraft bereits kennt und lebt. Doch wird solch ein Mensch wesentlich besser mit den Herausforderungen umgehen können, weil sein innerer Lebenssinn die körperlichen oder emotionalen Strapazen in einen höheren Gesamtkontext hebt. Körperliche und emotionale Leiden sind nämlich nur dann leidvoll, wenn sie mit innerer Sinnlosigkeit gepaart sind. Sobald das eigene Leben mit Inspiration und Freude aus dem Innersten eines Menschen heraus erfahren wird, hat er Kraft, um auch sehr anstrengende und herausfordernde Situationen konstruktiv für sein Wachstum zu nutzen, anstatt in die Lage eines chronisch traumatisierten Kindes zurückkatapultiert zu werden.
Neben unserem eigenen Wohlbefinden sehe ich auch eine Verantwortung gegenüber unseren Kindern, wie auch gegenüber der gesamten Menschheit, dass wir

nicht wahllos, aufgrund körperlicher und emotionaler Zwänge, unbewusst Kinder herbeirufen. Manche Menschen pflegen zu sagen: „Ein Kind kommt, wenn es kommen möchte, das kann man nicht planen", doch traue ich dem menschlichen Wesen mehr Verantwortung zu. Dabei spreche ich weniger von rein rationalem Planen als vielmehr einer inneren Haltung und der Klarheit über die eigenen, oftmals unterschwelligen Absichten.

Mit diesen Zeilen möchte ich darauf hinweisen, wie komplex die Kombination aus intensiven Körperimpulsen, emotionalen Verwirrungen unseres Energiekörpers und dem Ruf unseres Bewusstseins ist. Nur wer wirklich der Stimme seines Herzens lauscht, wird die verschiedenen Empfindungen klar zu ordnen wissen und eine bewusste Entscheidung treffen können, womit diesem Menschen und allem Leben am besten gedient ist. Unsere Kinder werden es uns nachhaltig danken.

Auf meinen Reisen und Veranstaltungen komme ich mit vielen Menschen in Kontakt. Ich beobachte sehr genau, welche Menschen glücklich leben, und studiere regelrecht, welche Komponenten dazu geführt haben. Und dabei beobachte ich auch immer wieder, dass die Eltern wirklich glücklich sind, die nicht aufgehört haben, ihrer Berufung und ihren Träumen nachzugehen. Deren Kinder wachsen dadurch automatisch in einem Feld auf, in dem sie einerseits liebevolle Fürsorge erfahren und wo andererseits klar ist, dass ihre Eltern auch andere Dinge tun als nur Vollzeitunterhalter zu sein.

Haustiere

Es ist schon sehr interessant und schön zu sehen, wie manche Tiere sich so sehr an Menschen gewöhnt haben, dass wir mit ihnen sogar täglich zusammenleben. Ich denke, am klassischsten sind hier Beziehungen zu Hunden oder Katzen. Auf der einen Seite wird Tieren durch Domestizierung mehr oder weniger ihre Wildheit genommen. Dadurch sind sie ein Stück weit von ihren Wurzeln abgeschnitten, und zur gleichen Zeit erfahren sie zivilisierten Komfort. Auf der anderen Seite tragen viele Tiere dazu bei, dass Menschen sich wohler fühlen. Wie das ganz praktisch aussieht? Ich behaupte einmal, dass das Bedürfnis eines Hundes, nach draußen zu müssen, um sein Geschäft zu verrichten, viele Menschen immer wieder in die Natur führt, und dass ihnen damit indirekt auch etwas Gutes getan wird. Oftmals gleichen Haustiere auch allein durch ihre Präsenz das Gemüt eines Menschen aus und schenken damit Zuneigung und ein Gefühl von Verstandenwerden.
Ich möchte beim Thema der Haustiere jedoch noch auf einen weiteren Aspekt, den ich über die Jahre hinweg beobachte, eingehen. Viele Haustierbesitzer habe ich schon sagen hören: „Ich würde meinen Traum ja leben, wenn ich nicht den Hund/die Katze hätte!“ Hier ist in der Vergangenheit nämlich oft auch ein Abhängigkeitsverhältnis entstanden, das verschiedene Verpflichtungen mit sich bringt. Diese sind manchmal ähnlich denen, wie wenn man Kinder hat. Aus diesem Grund möchte ich dazu einladen, genau abzuwägen, ob es gerade sinnvoll ist, mit einem Tier solch eine Bindung einzugehen.Auf der einen Seite stehen emotionales Wohlergehen und freudige und heilsame Stunden und auf der anderen Seite eine teils jahrelange Abhängigkeit, die den Lebensweg eines Menschen auf eine wenig dienliche Weise einschränken kann. Ich sehe bei dieser Be-

trachtung kein Richtig oder Falsch, sondern vielmehr erneut eine notwendige bewusste Entscheidung, was auch langfristig in deinem Leben wirklich sinnvoll ist.

Der Zustand „Familie“

Viele Menschen sehnen sich nach einem familiären Gefühl im Zusammensein mit anderen Menschen. Ganz gleich ob im Rahmen eines Projektes, in der Arbeit, in unseren Freundschaften oder im Rahmen unserer eigenen Familie. Nun könnte man annehmen, dass Menschen so eine familiäre Atmosphäre dadurch schaffen, dass sie mit den anderen Menschen in persönlichen Kontakt gehen. Also unternehmen sie etwas miteinander, sind nett zueinander, lachen viel, tauschen sich persönlich aus und teilen Dinge aus ihrem Leben. Diesen Ansatz pflegen die meisten Menschen, wenn es darum geht, ein familiäres Gefüge zu kreieren, in dem man sich wohl und aufgehoben fühlt. Ich beobachte jedoch, dass das nur die halbe Miete ist. Doch was ist dann die andere Hälfte? Lass uns dafür gerne noch einmal woanders ansetzen:

Alles Leben strebt nach Transformation. Was genau bedeutet Transformation? Dabei handelt es sich um einen Prozess, bei dem sich ein in der Materie manifestiertes Prinzip, nach einiger Zeit des Bestehens, in Richtung Verfall bewegt. Dieser Verfall oder auch Tod bewirkt jedoch, dass etwas Neues entstehen kann. Ein klassisches Sinnbild dafür ist eine Raupe, die zum Schmetterling wird. Doch auch ein Mensch, der eine transformative Erfahrung macht und auf energetischer Ebene stirbt, wird aus solch einer temporären Tiefphase als ein neuer Mensch hervorgehen. Genau dieses Prinzip ist es, das allen Dingen zugrunde liegt.

Doch was haben diese Ausführungen mit dem anfänglich erwähnten Wunsch nach einem familiären Gefühl im zwischenmenschlichen Miteinander zu tun? Nach offensichtlicher Logik schaffen wir ein familiäres Gefühl dadurch, dass wir aktiv Räume kreieren, in denen wir uns nahekommen können und alle möglichen Dinge miteinander unternehmen und teilen. Was jedoch in vielen Fällen passiert, ist, dass unsere engen Beziehungen über kurz oder lang unangenehm werden. Wir empfinden auf einmal nicht mehr diese angenehme Nähe zueinander, fühlen uns eventuell komisch mit den anderen Menschen und gehen uns manchmal auch auf den Wecker! Doch wie kann das sein – schließlich haben wir alles in unserer Kraft Stehende getan, um einen angenehmen und persönlichen Austausch zu haben? Da unsere Ausrichtung das familiäre Gefühl ist und wir in unseren zwischenmenschlichen Verhältnissen nach Nähe suchen, haben wir Ambitionen, die dem Lauf des Lebens teils fremd sind. Davon ausgehend, dass alles Leben in der Materie nach einer Sache strebt, nämlich Transformation, werden stets all unsere anderen Ziele und Wünsche, seien sie noch so schön oder moralisch gut, früher oder später zunichtegemacht. Das Prinzip der Transformation verwirklicht sich in allem und kennt in diesem Zusammenhang nicht die kleinen Wünsche der Menschen. Dies zu verstehen ist einer der kritischsten und unromantischsten Punkte unseres Erdenlebens. Sollten wir dementsprechend keinen Wert mehr auf persönliche Nähe und den schönen Kontakt in zwischenmenschlichen Verhältnissen legen? Das möchte ich damit nicht sagen. Lass uns nun zu einem nachhaltig sinnvollen Ansatz für zwischenmenschliche Verhältnisse im Einklang mit dem Prinzip der Transformation kommen. Auf all meinen Reisen zu Gemeinschaften, Projekten, Familien und anderen Strukturen, bei denen Menschen gemeinsam Zeit verbringen, fielen mir verschiedene

Dinge auf. In erster Linie, dass es bei den einen im Miteinander klappt und bei den anderen nicht. Die erste Kategorie ist nach meinen Beobachtungen noch klar in der Unterzahl. Nun habe ich genau hingesehen, was jene Zusammenkünfte gemeinsam haben, bei denen es langfristig miteinander funktioniert – es waren im Groben zwei Dinge: eine materielle/finanzielle Grundlage und eine spirituelle Grundlage. Also zum einen, dass eine Gruppe von Menschen materiell dafür gesorgt hatte, dass genügend für alle da ist (und darüber hinaus auch noch mehr, um neue Dinge zu kreieren) sowie eine Struktur, dass diese Fülle auch nachhaltig vorhanden bleiben kann und eventuell sogar größer wird. Und zum anderen, dass diese Gruppe von Menschen immer wieder im Bewusstsein zusammenkam. Das bedeutet ganz praktisch, auf eine andere Art und Weise Zeit miteinander zu verbringen als auf körperlicher, emotionaler oder rationaler Ebene. Das bewusste Schaffen von Räumen, in denen Menschen gemeinsam, jedoch jeder für sich, mit der einen, unbekannten Kraft in und um uns in Kontakt treten, die uns alle vereint. Diesem Ursprung, den wir alle in gleicher Weise haben.
Solche Zusammenkünfte haben oftmals einen rituellen Rahmen. Doch wenn das bloß ein feines Ritual ist, das wir eben mal alle hinter uns bringen, um uns dann auf das Buffet zu stürzen, geht die Rechnung nicht auf. Also habe ich noch genauer hingesehen und bemerkt, dass es das gemeinsame Durchleben von aktiv geschaffener Transformation ist, das uns tatsächlich verbindet. Wenn Menschen gemeinsam sowohl ihr Licht feiern als auch gemeinsam in die Tiefe gehen und ihren Schatten begegnen.
Bewusst geschaffene Transformationsräume, die eine gewisse Intensität mit sich bringen, sind geeignete Möglichkeiten, um als Gruppe in die Tiefe zu gehen. Beispielsweise gemeinsam für mehrere Tage zu schwei-

gen, nur wenig zu essen und alle weltliche Geschäftigkeit außen vor zu lassen. Aber auch tägliche kurze Zusammenkünfte der Art, dass wir auf eine Weise gemeinsam Zeit miteinander verbringen, bei der wir uns im Bewusstsein miteinander verbinden. Sei es eine morgendliche Teezeremonie, eine gemeinsame Meditation oder andere Formen solcher Zusammenkünfte.
Wieso bringen uns die eben genannten Dinge überhaupt näher zusammen? Weil wir im Rahmen von bewusst gewählten Transformationsräumen eine andere innere Haltung einnehmen und im Idealfall alle gemeinsam jenseits des Rationalen im Herzen zusammenkommen. Dabei wird eine entscheidende Intensität erzeugt, sodass sich das Prinzip der Transformation verwirklichen kann. Interessanterweise entsteht fast immer als Nebeneffekt der gemeinsam durchlebten Dinge ein familiäres Gefühl.
Durch das bewusste Erschaffen von Transformationsräumen bekommen wir als Geschenk des Lebens ein familiäres Gefühl. Danach können wir uns erst recht am persönlichen Miteinander und der Nähe erfreuen. Es ist dann auch wahrscheinlicher, dass wir nicht so schnell in zähe und chronisch komplizierte Verhältnisse geraten.

Die meisten Menschen unserer westlichen Welt haben einen ziemlich komfortablen Lebensstil. Sie richten ihr Leben nach den eigenen Vorlieben ein und meiden das, was sie nicht wollen. Selbst im Namen der Spiritualität streben sie hauptsächlich nach Harmonie und verpassen, sich aktiv und bewusst selbstgeschaffener Intensität auszusetzen. Selbstgeschaffene Intensitäten sind in der Regel temporäre Entsagung von weltlichen Genüssen und eigenen Vorlieben. Klöster und Ashrams haben den Lebensstil der darin lebenden Menschen genau darauf ausgerichtet. Die Harmonie entsteht dadurch, dass jeder das hat, was er an materiellen Dingen

zum Leben braucht, und die Regeln – beziehungsweise jene Dinge, an die sich alle im Zusammenleben halten – eine gewisse Intensität erzeugen. Das gute Versorgtsein bildet in diesem Rahmen den mütterlichen Aspekt und die klaren Grenzen den väterlichen Aspekt.
Muss man dafür in ein Kloster gehen? Davon ist hier nicht die Rede, ich frage mich viel eher, wie lange wir noch Kinder bleiben wollen? Viele Menschen sind trotz westlichem Komfort krank oder erfahren innere Sinnlosigkeit. Das hängt mitunter damit zusammen, dass sie nicht gut für sich sorgen und einen körperfremden Lebensstil führen – Ignorieren des mütterlichen Aspekts im Menschen. Zudem fehlt bei vielen die Bereitschaft, die eigenen Träume zu leben. Ein Leben, das dem Folgen der innersten Wahrheit dient, wird automatisch auch dem Wohl der gesamten Menschheit dienen. Dies fordert jedoch ein gewisses Maß an Opferbereitschaft, was wiederum Intensität erzeugt und in ihrer Folge zu Transformation führt. Wer den eben genannten Aspekten des Lebens aus dem Weg geht, leugnet oder rebelliert wahrscheinlich gegen den väterlichen Aspekt in sich.

Ich betrachte Familie weniger als ein Gefüge aus Menschen, sondern als einen inneren Zustand in jedem Einzelnen. Dieser Zustand geht immer nur aus dem Verlauf des Geborenwerdens (Feier/Hochgefühl), dem Erhaltenbleiben (Ruhe/gleichbleibendes Gefühl) und dem Sterben (Transformation/Tiefgefühl) hervor. Nach jeder Transformation folgt zwangsläufig eine feierliche Wiedergeburt!

Geschichte „Der goldene Regenwurm“

Es war einmal ein Ehepaar, das bereits über 30 Jahre verheiratet war. Die Kinder der beiden waren schon erwachsen und längst ausgezogen. Das gut eingesessene Ehepaar lebte in einem alten Bauerhaus, das an allen Ecken und Enden renovierungsbedürftig war. Der zurückhaltende Bauer ging meist seinen landwirtschaftlichen Tätigkeiten nach und seine mollige Frau beschäftigte sich entweder damit, zu häkeln oder ihren Mann herumzukommandieren. Bei Wind und Wetter quietschte stets das Fenster in ihrer Küche, da der Bauer sich noch nicht die Zeit genommen hatte, es zu reparieren. Doch heute war ein sonniger Apriltag, und der Bauer ritt an diesem schönen Frühlingsmorgen zu seinen Feldern hinaus. Dabei kam er mit seinem Pferd durch einen großen Buchenwald, dann über eine brüchige Brücke, den Fluss entlang und schließlich zu seinem Feld.

Dort baute er in der Regel alle möglichen Gemüsesorten an. Und als er an diesem Tag gerade mit seinem Pferd das Feld umpflügte, sah er in der aufgewühlten Erde etwas glänzen. Als er sich bückte und nachsah, was sich dort in seinem Feld versteckt hatte, erblickte er einen Regenwurm. Es gab zwar viele Regenwürmer in seinem Feld, doch dieser war anders – er war golden! Der Bauer nahm den Wurm in seine Hände und sah ihn sich näher an. Dann sprach er laut seine Gedanken aus: „Du bist ja aus Gold, für dich bekomme ich bestimmt einen guten Preis auf dem Markt!“ Doch bevor er weitere Worte sprechen konnte, begann zu seiner Verwunderung auch der Goldwurm zu sprechen: „Halt, warte! Verkaufe mich nicht auf dem Markt, ich möchte hier in deinem Feld bleiben, du sollst es nicht bereuen!“ Nun noch verwunderter, überlegte der Bauer, ob er

die Stimme nur in seinem Kopf hörte oder ob der Wurm tatsächlich gesprochen hatte. Doch dann sprach der Wurm erneut: „Setze mich wieder in dein Feld, hier geht es mir gut, und es soll nicht zu deinem Schaden sein!"
Auch wenn der Bauer nicht der Intelligenteste war, er hatte schon immer ein großes Herz gehabt. Ohne lange zu überlegen, folgte er der Bitte des Goldwurms und setzte ihn wieder in eine bequeme Nische in der aufgewühlten Erde. Daraufhin bedankte sich der Wurm und sagte: „Lieber Bauer, aufgrund deiner Großherzigkeit hast du nun einen Wunsch frei. Sag mir, was du dir wünschst, und ich werde es dir erfüllen!" So langsam fragte sich der Bauer, ob er noch träumte, doch was war schon real und was nicht, dachte er sich, und begann zu überlegen. Nach wenigen Minuten bückte er sich freudig zum Goldwurm herunter und sagte: „Ja, ich weiß was! Weißt du, ich werde mit all den Tätigkeiten am Hof, auf dem Feld und mit den Tieren stets gerade so fertig, doch bleibt mir Jahr für Jahr keine Zeit, um mich um unser Haus zu kümmern. Bitte lass all die kleinen Schäden und renovierungsbedürftigen Stellen unseres bescheidenen Hauses repariert sein – allen voran das quietschende Küchenfenster! Ist das möglich?" fragte er den Wurm voller Neugierde. Der Goldwurm lächelte bloß und verschwand wortlos in der Erde.
Als ob nichts geschehen wäre, setzte der Bauer sein Tagwerk fort und ritt nach getaner Arbeit wieder nach Hause. Als er dort ankam, erblickte er freudig und verwundert das Haus, in dem er mit seiner Ehefrau lebte. Er freute sich so sehr darüber, dass all die kleinen Reparaturarbeiten erledigt waren, dass er wie ein schwanzwedelnder Hund zu seiner Ehefrau lief und ihr die ganze Geschichte erzählte. Diese hörte erst eine ganze Weile mit ungläubiger Miene zu, doch als sie sich dann genauer im Haus umsah, stellte sie fest, dass der Ehemann nicht log. Anstatt sich über den kleinen Segen zu freu-

en, blickte sie ihn grimmig an und sagte: „Was? Du hattest einen Wunsch frei und hast dir das hier gewünscht? Du Idiot, du hättest dir wünschen können, dass wir ein komplett neues Haus bekommen, mit neuen Möbeln und einem herrlichen Garten! Suche morgen wieder den Wurm und sag ihm, dass du dich geirrt hast und deinen Wunsch ändern möchtest!"

Der Bauer war etwas niedergeschlagen, wie so oft im Zusammensein mit seiner Ehefrau, doch tat er, wie ihm geheißen wurde, und ritt gleich am nächsten frühen Morgen wieder auf sein Feld. An diesem Tag regnete es, und sein Pferd schleuderte beim Ritt den Dreck mit den Hufen durch die Gegend. Am Gemüsefeld angekommen, lief der Bauer über seinen gesamten Acker und rief immer wieder: „Goldwurm! Goldwurm, wo bist du? Bist du noch da? Hallo, Goldwurm…" Und als der Bauer gerade seine vergebliche Suche beenden wollte, streckte der Goldwurm seinen Kopf aus der Erde und sagte: „Sieh doch, ich bin hier." Bereits durchnässt lief der Bauer zu dem besonderen Wurm und sagte mit schüchterner Stimme: „Hallo Goldwurm, weißt du… also gestern… da habe ich mir ja etwas gewünscht… und mir wurde klar… also wie soll ich sagen… kann ich den Wunsch noch einmal ändern?" „Aber was wünschst du dir denn?" fragte der Goldwurm. Dann sprach der Bauer aus, was ihm seine Ehefrau am Tag zuvor gesagt hatte, und blickte den Goldwurm voller Erwartung an. Dieser nickte bloß und verschwand daraufhin wieder in der Erde.

Der Bauer ritt sofort nach Hause, und als er dort ankam, konnte er seinen Augen nicht trauen. Da stand nun ein Haus, das schöner war als alles, was er kannte, mit einem riesigen Blumengarten, und als er das Haus betrat, fasste er ungläubig die neuen Holzmöbel an. Mit großer Freude lief er schnell zu seiner Ehefrau und wollte mit ihr feiern. Doch diese sah ihn erneut grimmig an und schrie kurz darauf: „Waaaas? Du hast den Wurm erneut gefunden, konntest deinen Wunsch ändern und hast dir das hier gewünscht?" „Aber was hätte ich mir denn sonst wünschen sollen?" fragte der Bauer eingeschüchtert. „Du hättest dich selbst zum Bürgermeister unserer Stadt ernennen lassen können. Ein prächtiges, luxuriöses Haus hättest du dir dazu wünschen können, mit Bediensteten und Vorräte für die nächsten drei Winter – du Idiot! Geh gleich morgen früh zum Feld, suche den Wurm und sage ihm, dass du dich mit deinem Wunsch geirrt hast!"

Erneut tat der Bauer, wie ihm geheißen wurde, und ritt am nächsten Morgen hinaus zu seinem Acker. An jenem Tag regnete und stürmte es, sodass die Bäume des Waldes knarrten und das Pferd des Bauern beim schnellen Galopp fast ausrutschte. Als er wieder bei seinem Feld war, rief er nun lauter, um den Wind zu übertönen: „Goooldwurm, wo bist duuuu? Haaallo, Goldwurm, bitte zeige dich!" Und erneut, nach einer längeren Suche, streckte der Wurm seinen Kopf aus der Erde und sagte: „Sieh doch, hier bin ich." Und der Bauer begann zu stottern: „Hallo Goldwurm, ich weiß, es ist… also wie soll ich sagen… gestern, da… kann ich den Wunsch noch einmal ändern?" Und wie am Vortag, erzählte der Bauer seinen neuen Wunsch. Der Goldwurm blickte den Bauern eine Weile an, doch dann nickte er und verschwand wieder in der Erde des Ackers.

Der Bauer machte sich erneut auf den Heimweg, und als er dort ankam, begrüßten ihn die Leute als den Bürgermeister der Stadt, und er betrat kurz darauf sein neues Bürgermeisterhaus mit allem Komfort, den er sich nur erträumen konnte. Freudig lief er zu seiner Frau und sagte hastig: „Es hat funktioniert! Ist das nicht toll, es hat funktioniert, wir haben alles!" Doch wütender denn je zuvor brüllte seine Ehefrau: „Du abgrundtiefer Dummkopf! Du hast den Wurm tatsächlich erneut getroffen und hast dir das hier gewünscht? Wieso habe ich nur einen Idioten wie dich geheiratet, du hättest dich zum König des ganzen Landes ernennen lassen können! Dann hätten wir jetzt ein gigantisches Schloss, sämtliche Ländereien und die Macht über das ganze Volk! Morgen früh gehst du zu diesem Wurm und sagst ihm, dass du deinen Wunsch ändern möchtest!" Völlig am Boden zerstört und körperlich erschöpft ging der Bauer zu Bett.

Am nächsten Morgen wollte er wieder in Richtung seines Feldes reiten, doch an jenem Tag stürmte es orkanartig. Der Regen peitschte ihm heftig ins Gesicht, und das Pferd war keinen Zentimeter aus dem Stall zu bewegen. Also lief er zu Fuß den gefährlichen Weg durch den Wald. Die Bäume schwankten von der einen Seite auf die andere, und fast wäre der Bauer von herabfallenden Ästen erschlagen worden. Er blieb etliche Male im Schlamm stecken und erreichte sein Feld frierend und stark mitgenommen. Dort lief er nun mit letzten Kräften, nach dem Goldwurm rufend, über den matschigen Acker. Und gerade, als er vor Erschöpfung auf seinem Feld zusammenbrach, streckte der Goldwurm seinen Kopf aus der Erde und sagte: „Sieh doch, hier bin ich." Der Bauer blickte traurig zum Goldwurm und sagte zu ihm: „Goldwurm… ich… wie soll ich sagen… kannst du meinen Wunsch bitte ändern?" Dann hörte der Goldwurm erneut dem Bauern zu, während dieser sagte, dass er zum König ernannt werden wollte. Der Goldwurm blickte den Bauern nun noch länger an als die Tage zuvor, und ohne weitere Worte oder eine Geste verschwand er im Erdboden.

Mit letzten Kräften schleppte sich der Bauer nach Hause. Der Sturm war mittlerweile zur Ruhe gekommen, und als zu seinem Heim kam, stand er sich wieder vor seinem renovierungsbedürftigen alten Bauernhäuschen. Als er die Küche betrat, saß seine Ehefrau auf ihrem Stuhl beim Häkeln, und die abflauenden Winde des vergangenen Sturmes ließen das Küchenfenster unangenehm quietschen.

5. – ÜBUNG

Reflektiere noch einmal, welche deiner zwischenmenschlichen Beziehungen dich tatsächlich bereichern und welche du nur noch aufgrund von Gewohnheit oder einem schlechten Gewissen aufrechterhältst. Nun stelle für dich klar, mit wem du dich in der kommenden Zeit gerne treffen möchtest, und setze ganz praktisch das um, was du diesbezüglich in deinem Herzen wahrnimmst!

6. KAPITEL

DEINE IDENTIFIKATIONEN

Die meisten Menschen haben, ohne es zu wissen, alle möglichen Identifikationen im Repertoire und spielen darin verschiedenste Rollen. Solche Spielchen praktiziert man in der Regel nicht nur gegenüber anderen, sondern vor allem auch gegenüber sich selbst!

6a. – Frage

Mit welchen Rollen identifizierst du dich? Nachfolgend habe ich dir einige Beispiele aufgeschrieben, an denen du dich orientieren kannst. Schreibe mindestens zehn oder mehr deiner Identifikationen und Rollen auf. Gehe bei deiner Aufzählung gerne ins Detail.

Mann – Frau – Sohn – Tochter – Vater
Mutter – Oma – Opa – Freund – Kollege
Deutscher – Österreicher – Chinese – Amerikaner
Doktor – Handwerker – Manager – Sportler – Künstler
Bürgermeister – Händler – Gärtner – Auszubildender
Stadtmensch – Dorfmensch – Naturliebhaber
Vegetarier – Veganer – Fleischesser
Kaffeetrinker – Kuchenesser – Allergiker
cooler Typ – sexy Lady – Mauerblümchen – Dummkopf
gut aussehend – stark – schwach – dick – dünn
Opfer der Gesellschaft – Drogenabhängiger
Stier – Schütze – Löwe – Wassermann
Träumer – Planer – Macher
Christ – Hindu – Buddhist – usw.

6b. – Frage

Welche Vorlieben und Abneigungen hast du?
Notiere dir mindestens zehn Dinge, die du magst, und zehn Dinge, die du nicht magst.

Verstandesidentifikationen

In einem der vorherigen Kapitel sprachen wir darüber, dass die Akkumulation von Überlebensreaktionsmustern unser Ego, also unser Ich bildet. Je mehr Verstandeskapazität ein Lebewesen hat, desto mehr Informationen kann ein Ego ansammeln. Ab einer bestimmten Menge an Informationen beginnen wir dann, diese Informationen in verschiedene Kategorien zu stecken: Mein Beruf, meine Vorlieben und Abneigungen, meine Hobbies, meine Herkunft, mein Image usw. In erster Linie geben Identifikationen Halt. Dadurch fühlen wir uns in unserem täglichen Leben sicherer und haben Richtlinien, nach denen wir uns bewegen können.

Die meisten Menschen haben im Laufe ihres Lebens so viele Informationen angesammelt, dass sie zeitgleich mehrere Identifikationen haben. Ich möchte hier mit dir über die sechs größten Identifikationskategorien des Verstandes sprechen. Dabei beginnen wir mit der lockersten Kategorie und steigern uns zu immer tiefsitzenderen Identifikationskategorien.

Die Vorlieben: Na, heute schon „ge-liked"? Nicht nur auf sozialen Internetplattformen, sondern vor allem in unserem täglichen Leben haben die meisten Menschen unzählige kleine Dinge in ihrem Verstand als „Mag ich" oder „Mag ich nicht" abgespeichert. Wie alle Identifikationen stammt das Erschaffen solcher Vorlieben und Abneigungen aus dem Bereich des Überlebens. Durch das Abwägen, was richtig und was falsch ist, haben wir Menschen in den letzten Jahrtausenden überleben können. Es macht Sinn, ganz praktisch zu wissen, welche Dinge mir schaden und welche mir guttun. Bis hierhin besteht noch keine Identifikation. Doch sobald ich eine andere Sache, mit der ich eventuell keine guten Erfahrungen gemacht habe oder die ich gar nicht kenne, pauschal ausschließe, beginne ich, das Leben in Scheiben zu schneiden, und trenne mich von vielen Dingen ab. Durch solche Pauschalreaktionen bin ich dann nicht mehr spontan und begegne dem Leben stets mit einer vorgefertigten Haltung und Meinung. Das ist ein Ausdruck des Überlebenskampfes. Oftmals halten wir unseren Überlebensmodus selbst da aufrecht, wo es gar nicht mehr nötig wäre.

Wenn ich beispielsweise als Kind etwas Verdorbenes gegessen habe, könnte es sein, dass ich dieses Lebensmittel vorerst aus Überlebensgründen ausschließe. Es könnte aber auch sein, dass ich etwas Bestimmtes essen musste zu einem Zeitpunkt, als ich es nicht wollte. Durch die Emotionen, die hier gegenüber den Eltern aufkommen, kann es sein, dass ich über meine Sinne dann dieses bestimmte Lebensmittel mit unangenehmen Gefühlen abspeichere und auch hier eine Überlebensreaktion passiert.

Vor allem Dinge, die uns in Kinderjahren unangenehm geprägt haben, bestimmen oftmals unser späteres Leben. Ob diese Abneigungen sinnvoll sind, ist meist fraglich, denn die meisten basieren auf emotionalen Widerständen, die wir in der Vergangenheit aufgebaut haben. Doch viele Menschen behalten solche Reaktionsmuster dann ihr gesamtes Leben und denken, dass sie „eben so sind“. Durch so eine Haltung blockieren wir konstant den freien Fluss von Lebensenergie, da das Leben sich danach sehnt, stets neu erfahren zu werden. Es geht wohl weniger darum, alles zu mögen, als vielmehr darum, sich die Offenheit und Toleranz gegenüber den Dingen zu bewahren. Dadurch erschaffen wir weniger ein imaginäres Gegenteil und haben öfter ein Gefühl des Einsseins mit den Dingen.

Die Hobbies: Wenn mehrere Vorlieben eines Menschen zusammenkommen, entstehen daraus Hobbies. Angenommen, jemand ist gerne in der Natur, bewegt gerne seinen Körper und freut sich über lustige Sozialkontakte. Dann könnte es sein, dass ein Mensch das Wandern als sein Hobby ansieht und es dann beispielsweise im Rahmen eines Wandervereins praktiziert.
Es ist sehr üblich, dass Menschen in Gruppen zusammenkommen, die die gleichen Vorlieben haben. Das ist angenehm und gibt ein Gefühl von Zugehörigkeit. Basiert das Gefühl von Zugehörigkeit auf der Freude, miteinander Zeit zu verbringen oder etwas gemeinsam zu teilen, ist das noch keine Identifikation. Doch gehört jemand einer Gruppe an, die eine andere Gruppe mit gegensätzlichem Interesse nicht mag, basiert die Zugehörigkeit auf Angst. Dementsprechend kümmert sich ein solcher Mensch bloß um „die eigenen Leute" und wird sich immer wieder gegen die anderen verteidigen müssen. Eine angstbegründete Gruppenzugehörigkeit wurzelt immer in alten Verletzungen und versucht stets einen inneren Mangel zu kompensieren. Eine kleine, selbsteingegrenzte Welt ist die Folge eines solchen Verhaltens. Mannschaftssport ist oftmals ein Austragungsort für auf Angst basierende Zugehörigkeiten. Der äußerliche Ausdruck davon ist vielmals Überheblichkeit und falscher Stolz. Die Kernfrage hierbei ist: Messen wir uns mit- oder gegeneinander?
Aber auch besonders moralische Gruppierungen wie Menschen, die beispielsweise aus dogmatischer Überzeugung Yoga machen oder nur vegan essen, dürfen an dieser Stelle gerne hinterfragen, wie sehr ihre Zugehörigkeitsidentifikation gleichzeitig ein innerliches Ausgrenzen anderer Menschen oder Gruppierungen bedeutet. Wenn es also um Vorlieben und Interessen geht, ist es gut, sich stets darüber im Klaren zu sein, ob man seinen Fokus auf das konstruktive Erschaffen ei-

ner angenehmen Erfahrung richtet oder ob man seine Energie dafür verschwendet, Mauern aufzurichten und Grenzen zu verteidigen.

Der Beruf: Die tägliche Tätigkeit ist für die meisten Menschen ein klarer Ort der Identifikation. Schließlich verbringen wir sehr viel Zeit damit, sie auszuführen. Beispielsweise könnte es sein, dass ein Wirtschaftsstudent sich nach seinem Studium für Management und Business interessiert. Nun hat er bereits in seinem Studium sehr viele Informationen über dieses Thema gesammelt und umgibt sich vielleicht auch in seiner Freizeit mit Menschen aus diesem Bereich. Auch hier sammelt er Informationen darüber, wie diese Menschen sprechen, wie sie sich kleiden, welchen Lebensstandard und welche zusätzlichen Interessen sie haben. Es ist nur noch eine Frage der Zeit, bis auch er sich als einer von „ihnen" ansieht und ähnliche Verhaltensweisen an den Tag legen wird. So entsteht in ihm die Identifikationskategorie „Businessmensch". Es könnte sein, dass es ihm in seinem Beruf nicht einmal gut geht und sämtliche Interessen seines Körpers oder seines wahren Selbst auf der Strecke bleiben, doch werden seine angesammelten Business-Reaktionsmuster wahrscheinlich nicht so viel Wert auf diese Ebenen seines Seins legen.

Vielleicht macht ein Mensch eine Tätigkeit noch nicht einmal gerne, doch aufgrund von Überleben sichernden Maßnahmen hat er einen bestimmten schulischen und Arbeitswerdegang eingeschlagen. Und irgendwann hat er sich vielleicht so sehr an das Unerfülltsein gewöhnt und gelernt, diesen Mangel erfolgreich mit verschiedenen Substanzen zu kompensieren, dass er in seinem Beruf bleibt, obwohl es ihm dort nicht gutgeht. Sobald in diesem Menschen Verstandesstimmen wie „Es ist halt so, das habe ich eben gelernt" auftauchen, befindet er sich in einer Identifikation mit seinem Beruf. Er folgt eventuell nicht seiner inneren Stimme, die ihm seit Jahren seine wahre Berufung aufzeigen möchte oder ihn dazu aufruft, seine Tätigkeit in einem besseren Umfeld auszuführen.

Ein Mensch, der immer wieder seinem Herzen lauscht, wird seine Tätigkeiten nicht auf der Basis des Überlebens auswählen. Er wird immer wieder an Orte gehen, wo er die Dinge lernen kann, die seine natürlichen Gaben und Herzensinteressen fördern. Dadurch entsteht ein Weg, der weit mehr ist als einfach nur: Arbeiten, um zu überleben. Ein Weg, der immer flexibel bleibt und dessen Tätigkeiten sich im Laufe der Zeit immer wieder wandeln und ändern. So „fließt" ein Mensch mit dem Leben und folgt seiner wahren Berufung. Diese lässt wiederum keinen Spielraum für Identifikation, weil Transformation ein ständiger Begleiter des Berufungsweges eines Menschen sein wird. Alte, vorgefertigte Reaktionsmuster können sich auf so einem Weg kaum ausspielen, und ein erfülltes tägliches Tun wird einem Menschen ganz natürlich zuteil.

Das Image: Sobald sich Menschen mit Hobbies oder Berufen identifizieren, ist es nur eine Frage der Zeit, bis sie sich auch mit dem dazugehörigen gesellschaftlichen Image identifizieren. Dadurch stehen wir in unserer Gesellschaft als „Jemand" da. Unsere Zivilisation ist ein künstliches Konstrukt, in dem bestimmte Tätigkeiten und Berufe als höher und andere als niedriger angesehen werden. Also versuchen die meisten Menschen, sich mit etwas „Höherem" zu identifizieren und dadurch besonders anerkannt zu werden – Arzt, Abteilungsleiter, Professor, Manager, Spitzensportler, usw. Denn wer definiert sich schon gerne als Staubsaugender oder Müllentsorgender?

Die meisten Leute identifizieren sich mit ihrem Beruf oder ihrem Hobby. Das wiederum führt zu einem kollektiven Mensch-Ärgere-Dich-Nicht-Spiel, bei dem der Großteil der Teilnehmer emotional geschmissen wird! Stark leistungsorientierte Berufe oder bestimmte Hobbies sind ideale Möglichkeiten für Selbstdarstellung und das Brillieren mit den eigenen Fähigkeiten. Oftmals wird damit auch ein niedriger Selbstwert überdeckt. Gängige Begleiterscheinungen solcher Spielchen sind Neid und der Verlust von dem, was ein Mensch wirklich ist.

Es ist eine Sache, zu kommunizieren, welche Fähigkeiten man hat, und eine ganz andere, sich ein Image aufzubauen, um etwas darzustellen. Ein Image ist ein Bild, das anderen Menschen verbildlichen sollte, welche Gaben ein Mensch mit seinen Mitmenschen teilen kann. Dadurch können wir einander einschätzen und unsere Berufungen zusammenlegen, um eventuell etwas zu erschaffen, das einer alleine nicht tun könnte. Aber auch wer sich Unterstützung bezüglich eines bestimmten Anliegens wünscht, kann an der Verbildlichung der Fähigkeiten eines anderen Menschen erkennen, zu wem er mit seinem Anliegen am besten geht. Aus meiner Sicht sollte ein Image stets darauf ausgerichtet sein, anderen Menschen zu nutzen. Sobald ein Image dafür missbraucht wird, andere Menschen für Selbstzwecke zu beeinflussen, läuft ein Mensch Gefahr, dass diese Identifikation ihn irgendwann wie ein Bumerang auf den Hinterkopf trifft. Schließlich ist es nur eine Frage der Zeit, bis sich andere Menschen in der Gegenwart eines egozentrierten Images nicht mehr wohlfühlen.

Die Herkunft: Eine noch tiefsitzendere Identifikation als die zuvor beschriebenen ist die der kulturellen Herkunft. Als Kinder wachsen wir für gewöhnlich in einem bestimmten Land auf. In diesem Land lernen wir eine bestimmte Muttersprache, essen bestimmte Dinge, lernen verschiedene Bräuche und Sitten, bekommen Werte bezüglich dem, was richtig und was falsch ist, und erfahren jede Menge andere Eindrücke, die sich zumeist tief in uns einprägen.

All diese Dinge wurden von Menschen geschaffen, um den kommenden Generationen Werte und Möglichkeiten zu übermitteln, damit diese sich so gut wie möglich in ihrer Geburtsregion und der dazugehörigen Gesellschaft zurechtfinden. Es sei dahingestellt, wie gelungen oder misslungen das an verschiedenen Orten dieser Erde geschieht. Doch können wir nicht leugnen, dass auch diese Übermittlungen dem Zweck des Überlebens dienen. Wenn Kultur und Sitte einen Menschen unterstützen, sich in seinem Umfeld besser bewegen zu können und sein inneres Erblühen fördern, dann bekommt dieser Mensch eine gute Lebensgrundlage und kann in seinem weiteren Leben selbstständig und frei abwägen, welche der ihm gegebenen Dinge ihm nützlich sind und welche seinen Entwicklungsweg blockieren.

Sobald ein Mensch jedoch zwanghaft an seiner Kultur festhält und diese Art und Weise zu leben als „die richtige" deklariert, handelt er auf der Basis von Angst. Denn wer in sich selbst keinen guten Halt hat, ist anderen neuen Dingen gegenüber eher misstrauisch. Dann muss er sich stets von anderen Ländern, Kulturen, Rassen oder Gruppierungen abgrenzen. Auch hier zählt wieder die Devise: Bin ich für etwas, da ich in dem Rahmen, den es mir setzt, erblühe, oder bin ich gegen etwas, da ich innerlich unsicher bin? Kollektive Unsicherheit gegenüber einem auf anderen Identifikationen aufgebauten Kollektiv führt nahezu zwangsläufig zu Missverständnissen. Das wiederum bildet eine Basis, um die eigenen Vorurteile gegenüber einer anderen Gruppierung zu projizieren und sich selbst in seiner Angst zu bestätigen.

Ab hier ist Streit und eventuell sogar Krieg nur noch eine Frage der Zeit.

Da wir die meisten Erlebnisse und Erfahrungen unseres Lebens durch die Brille einer unserer Rollen wahrnehmen, kommt es zu inneren Kämpfen, die wir gerne nach außen projizieren. Zudem werden unsere Emotionen sehr stark durch unsere Identifikationen gesteuert. Was ich eben im Bild eines Kollektives beschrieben habe, passiert sehr oft auch in einzelnen Menschen. Eine tiefe Identifikation ist nämlich die unserer Länderzugehörigkeit. Hier ein Beispiel dazu: Angenommen, du stehst am Flughafen in der Warteschlange und bist ein Mensch, der sich als Deutscher definiert. Nun hörst du, wie zwei Leute hinter dir folgendes sprechen: „Ach, diese Deutschen sind einfach schrecklich, eingebildete Alleswisser und dazu auch noch kleinlich!" Deine übliche Reaktion wäre wohl, dich reflexartig umzudrehen und nachzusehen, wer da so „über dich" spricht. Irgendetwas wurde in dir ausgelöst. Vielleicht reagierst du sogar und sprichst emotional auf die beiden ein. Schließlich identifizierst du dich mit deinem Land und fühlst dich von daher angesprochen. Doch angenommen, die beiden Leute hätten über Chinesen geredet – dann würdest du zwar ihre Worte hören, doch wahrscheinlich nicht darauf reagieren, und die Situation wäre schnell wieder vergessen.

Die meisten Menschen sind sehr empfindlich, wenn es um ihre Herkunft geht, weil es hier um Erfahrungen geht, die sie maßgeblich geprägt haben und an denen ein Großteil ihrer Gefühle hängt. Viele Menschen verteidigen ihre Herkunft selbst dann, wenn diese ihnen keine gute Grundlage für ihr Leben gegeben hat und eigentlich eher unangenehme Erfahrungen damit verbunden sind.

Ein Mensch, dem es gelingt, die sinnvollen Dinge seiner Herkunft sein Leben bereichern zu lassen und sich frei zu machen vom Unsinn seiner Herkunft, wird sich gewiss einen Gefallen tun. Ein weiterer Schritt in Richtung emotionaler Klarheit ist der, sich nicht mit der eigenen Herkunft zu identifizieren und innerlich die Offenheit gegenüber allem zu bewahren. Am Ende ist es nämlich nur der Verstand, der sich angegriffen fühlen kann. Oder hast du schon einmal ein irisches Schaf gesehen, das wütend war, weil es von einem schottischen Schaf rassistisch beleidigt wurde? Die Natur kennt solche Spielchen nicht!

Der Glaube: Ein sehr prägender Teil der persönlichen Herkunft ist der des erlernten Glaubens. Hier wird ein Mensch nämlich nicht nur in der Richtung beeinflusst, wie er sich in einer Region oder Gesellschaft zu verhalten hat – sondern auch in Bezug darauf, wie er mit seiner Innenwelt und mit den energetischen Zusammenhängen des Lebens umgeht. Mit den Vor- und Nachteilen von Glaubensrichtungen und Religionen verhält es sich ähnlich wie weiter oben beim Thema der Herkunftsidentifikation beschrieben. Wenn eine Religion, ein bestimmter Glaube oder ein Weltbild einem Menschen eine haltgebende Krücke sind, sodass er selbstständig laufen lernen kann, macht diese Religion ihrem Namen „Re-Ligio", also Rück-Verbindung, alle Ehre. Dadurch bekommt ein Mensch nicht nur äußeren Halt, sondern auch einen inneren.

Umso heikler wird es dann, wenn innere Werte dafür verwendet werden, um Menschen blind gläubig zu machen und sie dann für Selbstzwecke zu lenken. Ein Mensch mit großen Ängsten, Zweifeln und Schuldgefühlen läuft eher Gefahr, sich mit einer Religion zu identifizieren. Was dabei passiert? Dieser Mensch hört Stück für Stück auf, seinem eigenen Herzen zu lauschen, und stützt sich auf vorgefertigte Meinungen und Schriften, die ihn eher klein halten werden als sein wahres Erblühen zu fördern. Ob eine Religion oder ein Glaubenskonstrukt einem Menschen dienlich ist, ist relativ leicht zu sehen, weil es ihm folgende Dinge geben wird: Vertrauen in das Leben und in die Stimme des eigenen Herzens. Die Gewissheit, dass dieser Mensch wundervoll ist, so wie er ist, ohne es beweisen zu müssen. Einen ausgeglichenen Sinn für Achtsamkeit bezüglich der eigenen Ansichten und der Ansichten anderer Menschen. Mehr als Toleranz, nämlich Verständnis. Die Förderung der eigenen Gaben. Einen Bezug zur Natur. Und zuletzt auch die nötigen Flügel in seinem Herzen, um über gedankliche vorgefertigte Stützen hinauszuwachsen und der einen Wahrheit frei und einzigartig begegnen zu können.

Körperidentifikationen

Auch Körperidentifikationen entspringen dem Verstand, doch wurzeln sie tiefer in der Materie als die zuvor genannten Verstandesidentifikationen.
Identifikationen, die mit unserem physischen Dasein zu tun haben, sind zumeist so selbstverständlich, dass die meisten Menschen sie gar nicht erst anzweifeln. Was es da zu zweifeln gibt? Oftmals bedarf es erst außerkörperlicher spiritueller Erfahrungen, um einem Menschen verständlich zu machen, dass er eine Familie und einen Körper hat, diese Dinge ihm jedoch nicht gehören. Wer sich nämlich mit seiner leiblichen Familie oder seinem physischen Körper identifiziert, wird von ihnen unterschwellig auch immer wieder bestimmte Dinge erwarten. Eine erwartende Haltung betrachtet Dinge jedoch meist als zu selbstverständlich, und ein Mensch läuft dann Gefahr, diese eventuell nicht gut zu behandeln und seine Dankbarkeit dafür zu verlieren. Oder ein

Mensch macht sich von ihnen zu sehr abhängig, sodass er vergisst, sich auch mit zeitlosen Werten zu verbinden.

Die Familie: Dass wir in einer leiblichen Familie geboren werden, die mehr oder weniger einen bedingungslosen emotionalen Bezug zu uns hat, ist von Natur aus sinnvoll eingerichtet. Sowohl für körperliches als auch für emotionales Überleben benötigt ein neuankommender Mensch solch ein Familienkonstrukt. Auch hier bildet die leibliche Familie eine Art Basis, die uns stützen soll, sodass wir in diesem Leben selbstständig laufen lernen. Jeder, der einmal ein einigermaßen gesundes Familienkonstrukt erlebt hat, weiß, dass, egal was passiert, immer jemand da ist! Doch woran liegt das? Eben an jenem bedingungslosen emotionalen Bezug, den wir vor allem in leiblichen Verbindungen fast wie selbstverständlich entwickeln. Nun, was meine ich mit bedingungslos emotional? Damit ist eine zwischenmenschliche Verbindung gemeint, die so nah ist, dass es den einen stets berühren und bewegen wird, was der andere macht. Wie gesagt hat das sowohl Relevanz für das Überleben, als auch seine Schönheit, weil es innerlich ein Gefühl von Sicherheit und Geborgenheit gibt. Zur gleichen Zeit entsteht jedoch in den meisten Fällen ein Abhängigkeitsverhältnis, das Einzelne in der Familie auch dabei behindern kann, sich frei zu bewegen.
Hier ein Beispiel: Angenommen, du bist zwanzig Jahre alt und möchtest eine Weltreise machen. Als du deinen Eltern erzählst, dass du auch nach Südamerika reisen möchtest, sind sie durch deine Worte berührt und bewegt. Eventuell freuen sie sich für dich, und zur gleichen Zeit können auch Ängste zutage kommen. Wenn ihre Ängste sehr groß sind, kann es sogar sein, dass sie versuchen werden, dir die Reise auszureden. Eventuell bewegt dich das wiederum sehr, und du durchläufst intensive Emotionen. Wie konstruktiv oder emotional ver-

letzend die Situation ausgeht, hängt von der Reife der Beteiligten ab, das kann sehr unterschiedlich sein. Doch warum würden dich dieselben Bedenken und Freuden von beispielsweise deinen Nachbarn weniger berühren und bewegen? Richtig: Unbewusst identifizieren wir uns, seit wir denken können, mit unserer leiblichen Familie. Als wir auf die Welt kamen, war lediglich ein emotionaler Bezug zu ihnen da, jedoch keine Identifikation. Doch im Laufe der Zeit wächst unsere Verstandeskapazität, und wir hören immer wieder Sätze wie „Wir sind eine Familie", „Ich bin dein Vater/deine Mutter" oder „In unserer Familie machen wir das so und so...". In den unausgesprochenen Zeilen solcher Aussagen stehen oftmals Erwartungen an die Menschen „der eigenen" Familie. Und hier kommen wir zum kritischen Punkt: Sobald eine bedingungslose emotionale Verbindung den Schatten der Erwartung bekommt, ist die Verbindung weniger bedingungslos. Das geht bei vielen Menschen so weit, dass sie eher die Erwartungen ihrer Familie erfüllen als ihrem Herzen zu folgen. Ab hier besteht eine Identifikation mit der Familie, da wir uns in Gedanken von unseren Verwandten abhängig machen. Die einst gesunde emotionale Verbindung kann dann verwendet werden, um nahestehende Menschen nach eigenen Interessen zu lenken. Das eben beschriebene Spiel kann natürlich auch mit Menschen passieren, die nicht unserer leiblichen Familie angehören – beispielsweise in Freundschaften oder vor allem in Paarbeziehungen.

Umso wichtiger ist es, sich in der Jugend oder spätestens im Erwachsenenalter einmal von dieser emotionalen Bindung zur leiblichen Familie zu lösen und genau zu reflektieren, wie viel dabei gesund und bereichernd ist und wie viel davon einer Identifikation entspricht, die mich in einem Glaubensgefängnis hält!

Ich selbst habe bereits die Kraft erfahren, die darin liegen kann, die Ansprüche an die leibliche Familie aufzulösen und sich von Identifikationen mit ihnen frei zu machen. Für mich war es ein tiefer Prozess des Erkennens, dass meine wahre Familie diese Erde, das Universum, die Elemente, die Tiere, die Pflanzen und alle Menschen sind. Inklusive meiner leiblichen Familie! Seit das in mir stattgefunden hat, kann ich einfach mit meinen leiblichen Angehörigen sein, den emotionalen Bezug zu ihnen genießen und mich dabei kaum noch berühren lassen von Dingen, die sich für mich nicht stimmig anfühlen. Ich liebe sie – so wie alle anderen und auch mich selbst.

Der Körper: Kommen wir zuletzt zur wohl am tiefsten sitzenden Identifikation, die die meisten Menschen haben: nämlich der mit ihrem Körper. Unterbewusst denken fast alle Menschen „Das ist mein Körper, das bin ich". Das rührt daher, dass wir mit nichts Anderem in der materiellen Welt in so enger Verbindung stehen wie mit unserem eigenen Körper. Auch hier liegt die ursprüngliche Sinnhaftigkeit darin, dass wir dadurch lernen, auf ihn achtzugeben. Zumindest dann, wenn wir uns einigermaßen in ihm wohl fühlen. Doch wenn ein Mensch nach dem Kindesalter vergisst, wo er eigentlich herkommt und wer er wirklich ist, und in späterem Alter kein tiefgreifendes Erwachen passiert, dann ist es sehr wahrscheinlich, dass ein Mensch sich bald mit seinem Körper identifiziert. Er versteht dann nicht mehr, dass ein Körper eine Leihgabe beziehungsweise ein Geschenk ist, um dieses Leben erfahren zu dürfen. In solch einem Zustand von Identifikation und unachtsamer Selbstverständlichkeit benutzen wir unseren Körper zumeist mehr als dass wir ihm angenehme Erfahrungen ermöglichen. Wie bei allen Identifikationen gilt auch hier: Der Körper ist eine wundervolle Basis für unser Leben, doch ist ein

Mensch weit mehr als Materie und wesentlich unbegrenzter, als die meisten Menschen glauben!

Für viele Menschen ist es also ganz normal, sich mit ihrem Körper zu identifizieren. Dadurch können gesellschaftliche Idealbilder sehr schnell einen mangelnden Selbstwert provozieren. Somit passiert es, dass Menschen sich miteinander vergleichen und Urteile fällen, wer schöner oder weniger schön aussieht, aber auch wer stärker oder schwächer ist. Hier wird sehr klar ersichtlich, wie leidvoll ein Identifikationskonstrukt für einen Menschen sein kann. Wir sehen dann nämlich nicht mehr die einzigartige Schönheit eines Körpers und welches Geschenk wir mit ihm haben, sondern etwas, das ungenügend ist und in eine andere Form gepresst werden muss, um zu genügen.
Im Bestfall vergleicht sich ein Mensch nur mit sich selbst und denkt dabei an sinnvolle Gegenüberstellungen. Wenn er beispielsweise früher gesund war und es heute nicht mehr ist, dann ist das ein stimmiger Eigenvergleich, den man konstruktiv nutzen kann. Natürlich kann es auch sinnvoll sein, sich durch andere Menschen, die einen ausgeglichenen Körper haben, inspirieren zu lassen. Denn bei solch einer gesunden Betrachtung haben wir nicht die Absicht, unseren Körper oberflächlich zu formen, als vielmehr seine Einzigartigkeit zu ehren und sein individuelles Gleichgewicht wieder herzustellen.

Des Weiteren bekommen wir mit unserem Körper auch ein Geschlecht. Dieses Geschlecht bringt natürlich spezielle Eigenheiten mit sich, die das andere Geschlecht nicht hat. Man kann hier durchaus Tendenzen beobachten: Ein weiblicher Körper funktioniert am besten beständig, doch seine innere Chemie neigt zu intensiven Hochs und Tiefs. Ein männlicher Körper funktioniert eher im Wechsel zwischen Hochleistung und Keine-Leistung, doch seine Chemie bringt mehr Beständigkeit mit sich. Tendenzen sagen jedoch nichts über einzelne Individuen aus, und es gilt für jeden Menschen herauszufinden, welche Voraussetzungen er durch die Grundlage seines Körpergeschlechts mitbekommen hat. Solange wir diese Voraussetzungen bei uns selbst kennen und achten, geht es uns gewiss gut. Doch wenn ein Mensch beginnt, sich gedanklich mit seinem Geschlecht zu identifizieren, laufen wir Gefahr, nicht unseren individuellen Impulsen zu lauschen, sondern Verallgemeinerungen zu folgen. Ob diese durch die Gesellschaft, eine Religion oder durch unsere Familie vorgegeben sind, spielt keine Rolle, da wir durch eine Identifizierung erneut unsere Kraft und den gesunden Bezug zu uns selbst abgeben. Wieder versuchen wir eventuell, etwas zu entsprechen, das wir gar nicht sind, und schaffen somit eine Grundlage für emotionale Leiden!

Ist dir schon einmal aufgefallen, dass fast alle Menschen auf geschlechtsbezogene Aussagen reagieren? Sätze wie „Scheiß Männer" oder „Blöde Weiber" berühren die meisten Menschen emotional, und sie beginnen auf der Grundlage ihrer Identifikation einen Überlebensmodus: Flucht oder Kampf! Eine unterschiedliche Behandlung von Männern und Frauen in verschiedenen Ländern ist ein Anliegen, worüber es gewiss zu sprechen gilt, wo man allerdings abwägen sollte, was hier wirklich sinnvoll ist. Doch geht es mir persönlich an diesem Punkt des Identifizierens um innere Freiheit. Wie sehr haben mich früher Männerwitze berührt, und ich reagierte fast schon zwanghaft darauf. Und wie schön ist es heute, wo ich einfach heiter mitlachen kann, ohne die Situation zu einem inneren oder äußeren Drama werden zu lassen. Wer sich selbst gedanklich zum Sklaven seines Geschlechts erniedrigt, verpasst das Leben, wie es wirklich ist, und wird sich immer wieder angegriffen fühlen. Unser Körper wünscht sich in Wahrheit niemanden, der ihn rechtfertigt und moralisch verteidigt, sodass das verletzte Ego sich gesehen fühlt. Ein Körper möchte erfühlt und als das gesehen werden, was er ist. Mit seinen einzigartigen Tendenzen und Schönheiten. Wer diesen Lebensfluss in sich wieder achtet und sein Ge-Schlecht auch mit Humor betrachten kann, erlebt bestimmt bald ein freudiges Ge-Gut!

Abschließend kann man sagen, dass Vorlieben und Abneigungen, Hobbies, ein Beruf, die Herkunft, ein Glaube, die Familie und auch der Körper allesamt haltgebend sind und eine gute Basis schaffen, um in diesem Leben klarzukommen. Doch sobald daraus gedankliche Identifikationen werden, machen wir uns übermäßig abhängig und sind dann durch Angst, Zweifel und Schuld beeinflussbar, sodass wir eventuell die Stimme unseres Herzens überhören.

Das Leid des Identifizierens

Es ist eine Sache, etwas zu tun, und eine ganz andere, sich mit etwas zu identifizieren. Je rationaler ein Mensch sein tägliches Leben lebt, desto größer die Aussicht, sich bald mit den Dingen, die er tut, zu identifizieren. Und so erschafft er sich selbst eine große Plattform für sein persönliches inneres Leid.
Warum das so ist? Lass uns gerne einen Blick darauf werfen: Wir leben in einer dualen Welt. Das heißt, dass es zu allen Dingen auch einen Gegenpol gibt. Sobald ich mich mit einer Sache identifiziere, sage ich auch gewisser Weise „Das bin ich". Doch ist mir in diesem Moment wahrscheinlich nicht bewusst, dass ich damit gleichzeitig auch folgendes aussage: „Dieses und Jenes bin ich nicht!" Angenommen, ich identifiziere mich mit dem Begriff gesellschaftlicher Aussteiger, anstatt lediglich als

solcher zu leben. Dann schließe ich in Gedanken pauschal all die Dinge aus meinem Leben aus, die mit der modernen Gesellschaft zu tun haben. Doch jedes Mal, wenn dann jemand etwas Unangenehmes über die Verstandeskategorie „Aussteiger“ sagt oder diese kritisiert, fühle ich mich angegriffen! Warum fühle ich mich dann angegriffen? Da ich mich nicht gesehen fühle. Und jedes Mal, wenn jemand etwas Angenehmes über meine Identifikation sagt, fühle ich mich gesehen und in meiner Rolle bestätigt. Somit mache ich mich selbst emotional von äußeren Dingen abhängig und erschaffe aktiv ein großes Potenzial für Verstandesleid.
Aber auch wenn jemand verallgemeinernde Aussagen trifft wie beispielsweise „Scheiß Raucher“, „Blöde Veganer“ oder „Dämliche Autofahrer“ werden sich dementsprechend bestimmte Leute angesprochen fühlen. Dadurch entsteht emotionales Leid, weil sich die meisten Menschen damit identifizieren, was sie tun. Sobald jemand sagt „Ich bin diese oder jene Art von Person“ erschafft er automatisch die Grundlage für Leiden. Warum das so ist? Da somit gleichzeitig auch eine grundsätzliche Haltung von „Ich mag dieses, und jenes mag ich nicht!“ geschaffen wird. Das eine ist in Ordnung und das andere schließen wir innerlich aus. Durch das Definieren dessen, was wir sind, kreieren wir zwangsläufig auch das Gegenteil. Also das, was wir nicht sind. Je mehr wir unser Gegenteil erschaffen, desto kleiner wird unsere Welt. Dinge, die wir mögen, grenzen wir dann ein, und alles andere wird ausgegrenzt. Zwangsläufig muss man sich danach auch gegen alles schützen, was man ausgegrenzt hat. „Ich mag Sonne, und Regen mag ich nicht“, lautet ein gängiger Satz. So schnell wird eine äußere Gegebenheit zu etwas Bedrohlichem. Und jedes Mal, wenn es dann regnet, kommen unangenehme Emotionen zutage. Vielleicht kennst du das, doch hast du kein Problem mit Regen. Aber sieh gerne ein-

mal auf deine Liste, die du vor dem Lesen dieses Kapitels geschrieben hast, und betrachte die Dinge, welche du aus deinem Leben mehr oder weniger ausgrenzt. Die meisten unserer Vorlieben oder Abneigungen sind künstlich und haben nichts mit unserer menschlichen Natur zu tun. Aus Angst blockiert der Verstand eventuell das, worauf der Körper vielleicht natürlich reagieren würde. Gründe dafür sind auf Scham und Angst basierende Vorurteile. Wenn zum Beispiel irgendwo Reggaemusik gespielt wird und diese dir nicht gefällt, weil du damit eventuell eine unangenehme Erfahrung verbindest, dann wird dein Verstand den Körper davon abhalten, zur ausgelassenen Reggaemusik zu tanzen. Der menschliche Körper nimmt zwar über seine Sinne etwas wahr und möchte natürlich darauf reagieren, doch der Verstand filtert es durch seine Vorlieben oder Abneigungen. Somit wird eine natürliche Körperreaktion blockiert und ein Mensch folgt seiner Identifikation anstatt dem Fluss des Lebens.

Sogar der Konsum eines Menschen hängt oftmals von seinen Identifikationen ab. Denn um vorzuführen, dass er dieser oder jener ist, braucht er entsprechende Verkleidung. Wer sich zum Beispiel als Harley-Motorradfahrer definiert, braucht natürlich auch eine schwarze Lederjacke, und ein spirituell interessierter Mensch kommt ohne Räucherwerk, ein Meditationskissen und einem Blume-des-Lebens-Anhänger gar nicht aus. Eine Frau braucht eventuell eher Schminke, unbequeme Absatzschuhe und einen Rock. Ein Mann braucht vielleicht eher eine Jeans. Zum einen können bestimmte Rollenvorstellungen dazu führen, dass ein Mensch mehr dem Konsum verfällt als er möchte. Zum anderen können solche Bilder bewirken, dass wir bestimmte Dinge aus Prinzip nicht haben wollen. Selbst dann nicht, wenn sie uns eventuell guttun würden.

Und kommen wir zuletzt noch auf die beliebteste Frage auf dieser Welt zu sprechen: „Wie geht's dir?" Na, wenn das mal keine Steilvorlage ist, um eine der inneren Identifikationen sich auf hohem Niveau beschweren zu lassen! Der Satz „Ich fühle mich nicht gut" kann in den meisten Fällen wie folgt übersetzt werden: „Die Idee, die ich über mich selbst habe, bewirkt, dass ich mich nicht gut fühle". Das ist provokant, ich weiß. Doch wer ist es eigentlich, der sich nicht gut fühlt? Wenn ich zum Beispiel einen Konflikt mit meiner Schwester habe, dann fühle ich mich als Bruder nicht gut. Dann geht vielleicht mein ganzes Gemüt den Bach runter und ich fühle mich innerlich schlecht. Aber was ist mit mir als Sohn? Als Vater? Als Freund? Als Arbeiter? Als Hobbybastler? All die anderen Identifikationen in mir feiern doch ein Fest! Sagen wir: Neun von zehn Rollen fühlen sich blendend, nur ich als Bruder fühle mich nicht gut – ist das wirklich ein Grund, dramatisch zu werden?

Bewusste Rollen

Ist es schlecht oder falsch, sich mit etwas zu identifizieren? Nein, ganz und gar nicht. Identifikationen sind völlig in Ordnung. Man sollte jedoch wissen, wie man sich identifiziert, wie viele Identitäten es sind und was für Folgen bestimmte Rollen haben können.
Welche Identifikationen möchte ein Mensch denn wirklich haben? Und welche Rollen hat er durch sein Umfeld blind übernommen und leidet unbewusst immer wieder darunter? Gesellschaftliche Kategorisierungen stecken Menschen gerne in Schubladen. Von daher ist es sinnvoll, für sich selbst zu wissen, dass ein Mensch weder eine Identifikationsnummer ist, noch Bürger XY.

Viele Identifikationen basieren auf Verletzungen aus der Vergangenheit. Unangenehme Erfahrungen können dazu führen, dass ein Mensch illusionäre Glaubenssätze kreiert hat. Ganz gängig sind diesbezüglich „Ich bin nichts wert", „Ich habe es nicht verdient" oder „Ich kann das sowieso nicht". Schuldvolle Opferidentifikation sitzt zum einen schmerzhaft tief und wird zum anderen oftmals auch dazu verwendet, Verantwortung abzugeben.
Ein Beispiel dazu: Sagen wir, dir fällt heute dein frisch gebackener Kuchen vor anderen Leuten auf den Boden. Plötzlich beginnen alle zu lachen und du wirst auch noch als Tolpatsch bezeichnet. Dann ist es gut möglich, dass dein emotionaler Schmerz dich die Tolpatschrolle annehmen lässt. Jedes Mal wenn dir dann ein sogenanntes Missgeschick passiert, wirst du dich wahrscheinlich selbst als Tolpatsch kritisieren und in Zukunft Situationen meiden, in denen dir ein Missgeschick passieren könnte. Eine solche Rolle bedeutet ein immer wiederkehrendes Theaterdrama mit unangenehmen Tolpatschgefühlen. Wenn du jedoch aufhörst, dich innerlich mit einer solchen Rolle zu identifizieren, bekommst du wieder mehr innere und äußere Handlungsfreiheit zurück. Und fällt dir dann doch wieder einmal etwas runter, kannst du eventuell sogar darüber lachen und dir einen Spaß daraus machen.
Es ist ein und dieselbe Situation, und es liegt in deiner Macht, ob du frei oder ein Gefangener deiner imaginären Rollenbilder bist. Lasse dich am besten nicht verkategorisieren. Es liegt in deiner Verantwortung, die Stempel von dir zu entfernen, die dir nicht nützlich sind.

Doch manche Identifikationen sind nützlich. Sie dienen nämlich dazu, in unserer Gesellschaft bestimmte Dinge zum Ausdruck zu bringen. Solche Rollen informieren andere Menschen darüber, was wir tun oder können.

Wenn ich jemandem sage, dass ich Schreiner bin, dann weiß er, dass ich mich mit Holzbearbeitung auskenne. Rollen und Identifikationen dienen also der Kommunikation untereinander. Die Ursprungsidee von Rollenbildern ist eine Erleichterung des Zusammenlebens. Doch eine Rolle kann einem Menschen nur bis zu dem Punkt gute Dienste leisten, an dem er sie nicht ernst nimmt. Ansonsten beginnt er seiner Rolle zu dienen. Das ist dann eine Art selbstgeschaffene Knechtschaft.

Es ist auch von Vorteil, wieder einen Bezug zu seiner natürlichen Authentizität zu finden: diesem Zustand, in dem ein Mensch keine Rolle mehr spielt und keine Maske mehr trägt. Ähnlich einem Baum oder einem Tier, Dingen, die einfach so sind, wie sie sind. Wer sich wieder in seinem unkonditionierten Zustand kennt und es auch aushält, ganz natürlich sein zu können, schafft eine gesunde Distanz zu seinen Rollen. Es geht nicht darum, immer zwanghaft authentisch zu sein. Sondern mehr um die Wahlfreiheit, sowohl authentisch sein zu können als auch in das Kostüm einer Rolle zu schlüpfen, wenn es für den jeweiligen Moment oder einen bestimmten Anlass Sinn macht. Danach können wir die Maske wieder in den Theaterkoffer legen und wissen weiterhin, wer wir wirklich sind. Maske bleibt Maske und Mensch ist Mensch!

Vom Jemand zum Niemand zum Jedermann

Der Jemand: In der Regel spricht ein Mensch ausgehend von seinen Identifikationen über richtig und falsch. Wer sich als Mann definiert, wird vielleicht davon sprechen, dass es nur richtig ist, sich in eine Frau zu verlieben, und falsch, sich in einen Mann zu verlieben. Ein Vegetarier könnte es als falsch ansehen, Fleisch zu essen. Ein Stadtmensch könnte stolz darauf sein, aus einer bestimmten Stadt zu kommen. Ein Christ könnte das Christentum als einzig wahren Weg ansehen und ein Doktor könnte alternative Medizin als falsch betrachten.

Bei solchen Urteilen sprechen Menschen vom Standpunkt ihrer Rolle und identifizieren sich sehr stark mit dem, was sie tun. An dieser Stelle lade ich dich dazu ein, dich nicht mehr mit dem zu identifizieren, was du tust, sondern das zu sein, was du tust. Bist du ein Tänzer oder der Tanz? Der Tänzer braucht Leute um sich herum, um als Tänzer wahrgenommen zu werden, und glaubt unterbewusst „ich bin jemand!" Er möchte als Tänzer gesehen und dafür auch anerkannt werden. Wer zum Tanz wird und mit dem, was er tut, eins wird, braucht niemanden mehr, um zu tanzen!

Unterbewusst hat fast jeder Mensch alle möglichen Meinungen darüber, was er ist und was er nicht ist. Also glaubt er „Ich bin ein Jemand" und gibt diesem Jemand gedankliche Rollenkostüme. Je mehr Rollen, Vorlieben und Abneigungen ein Jemand hat, desto mehr Aufwand muss er betreiben, um diese Vorstellungen von sich selbst in andere zu exportieren. Die Art, wie er sich kleidet, bewegt, verhält, aussieht, was er macht, isst, tut oder nicht tut – mit all diesen Dingen drückt er diesen „Jemand" aus und glaubt: „Das bin ich".

Wer sich überwiegend in solchen Begrenzungen bewegt, erschafft früher oder später seine eigene innere Armut. Denn ein „Jemand" ist wie ein Eiswürfel, er kann nicht fließen und fühlt sich stets von allen Seiten konfrontiert. Konflikt ist damit vorprogrammiert. Ein Eiswürfel ist nicht fähig, mit dem Leben zu fließen. Er ist nicht flexibel, sondern starr.

Der Niemand: Ein Niemand braucht niemanden mehr, um ein Jemand zu sein. Er hat seine Masken und Rollenbilder weitestgehend abgelegt und versucht bewusst, seinem authentischen Sein wieder näher zu kommen. Er weiß, dass er vollkommen in Ordnung ist, so, wie er ist, und braucht keine Akzeptanz anderer, um sich in seinen Identifikationen bestätigt zu fühlen.
Dadurch ist er auch durch äußere Geschehnisse und Veränderungen nicht mehr so leicht aus der Ruhe zu bringen. Vielleicht hat er immer noch Dinge, die er bevorzugt mag, doch stört es ihn nicht, wenn es diese gerade einmal nicht gibt. Insgesamt hat er auch weniger Ansprüche an seine Umwelt, und es fällt ihm leichter, auf andere Menschen einzugehen. Ein Niemand hat gelernt, in angespannten Situationen weniger zu reagieren als vielmehr zu agieren. Er erschafft weniger Gegenpole und ist alles in allem recht flexibel.
Ein Niemand hat weniger Erwartungen, wie die Dinge im Leben zu sein haben, und nimmt sich selbst nicht zu ernst. Das klassische Bild eines weisen Indianerältesten ist ein gutes Beispiel für einen Niemand. Auf der einen Seite weiß er genau, wer er wirklich ist und was er kann, und auf der anderen Seite besitzt er eine gesunde Portion Eigenhumor.
In der Regel meidet ein Niemand jegliche Form unauthentischer Rollenbilder.

Der Jedermann: Für den Jedermann ist der Zustand des Niemand kein Endziel, sondern eine gute Grundlage. Ein Jedermann empfindet keinen kategorischen Unterschied mehr zwischen sich selbst und anderen Menschen. Zur gleichen Zeit kennt er seine Fähigkeiten und weiß um seine Einzigartigkeit. Ein Jedermann ist nicht nur flexibel, sondern auch sehr präsent, und weiß dadurch, wie er in herausfordernden Situationen selbst die Lösung sein kann! Er hat gelernt, aus emotionalen

Dramen schnell auszusteigen, und nimmt die Spielchen anderer Menschen ohne Urteil, doch mit Humor.
Ein Jemand ist nicht wirklich glücklich. Ein Niemand ist zwar glücklich, doch oft nur für sich selbst. Und ein Jedermann verbreitet Glück. Er stellt sicher, dass es auch anderen gut geht, und kann sich selbst in ihnen sehen. Er strahlt Inspiration und Lebensfreude aus und ist fähig, jenseits seiner persönlichen Interessen oder Begrenzungen von Herzen zu geben.
Ein Jedermann lässt sich innerlich in keine Schublade mehr stecken. Doch kann er nach Belieben eine Rolle annehmen, wenn es ihm sinnvoll erscheint. Er identifiziert sich nicht einmal damit, ein Niemand zu sein. Dadurch lässt er selbst zwanghafte Authentizität außen vor.

Eine scherzhafte Geschichte: Ein Jemand, ein Niemand und ein Jedermann sitzen auf einer Parkbank. Plötzlich läuft eine sehr attraktive und äußerst hübsche Frau an ihnen vorbei. Noch bevor sie wirklich vorbeigelaufen ist, hat der Jemand sie bereits von oben bis unten abgescannt. Die dabei aufkommende Erregung befähigt ihn sogar, seinen Kopf um mindestens hundertachtzig Grad zu verdrehen. Daraufhin sagt er zu den anderen beiden „Wow, ist die schön!"
Der Niemand, der regungslos zwischen dem Jemand und dem Jedermann im Schneidersitz weilt, sagt daraufhin „Wer denn?"
Und der Jedermann, der die Frau in genau dem Moment betrachtet, als sie direkt vor ihm vorbeiläuft, sagt „Ja, so schön bin ich!"

Freiheitsdrang

Wir Menschen tragen einen natürlichen Sinn in uns, der genau weiß, dass wir nicht die Summe unserer eingebildeten Rollen sind. In manchen Menschen erwacht dieser Sinn später wieder zum Leben, und sie stellen die Umstände unserer Gesellschaft in Frage. Der innere Drang, aus dem künstlichen System, unserem glitzernden Käfig, auszubrechen, kann entweder stetig betäubt und unterdrückt werden – oder aber wir brechen aus!

Oft ist es der innige Kontakt mit der wilden Natur, der manche Menschen wieder daran erinnert, wirkliche Freiheit zu suchen. Zumeist sind es die freiheitsliebenden, die eigensinnigen und die sensiblen Menschen, die sich im Gesellschaftssystem wie Außerirdische fühlen. Manchmal schon in Kinderjahren, doch spätestens als Teenager rebellieren sie gegen etwas, von dem sie lediglich fühlen, dass es nicht echt ist und nicht dem natürlichen Leben entspricht. Ich nenne sie gerne die „Ich - bin - anders - Menschen". Ihr Drang nach Freiheit und ein gut ausgeprägtes Gespür für Echtheit wird sie nie in Ruhe lassen, bis sie entweder diversen Süchten verfallen oder sich von dem loslösen, was ihrer inneren Natur zuwider ist. Dieser leidvolle, aber segensreiche Prozess wird sie früher oder später dort hinführen, wo sie sich geborgener fühlen und so sein können, wie sie sind – natürlich, anders und kreativ.
Viele von ihnen formen mittlerweile eine alternative Bewegung weltweit. Ihre Haltung ist nachhaltig, natürlich, offenherzig, oftmals spirituell ausgerichtet und tendenziell künstlerisch-kreativ.

An dieser Stelle möchte ich jedoch auch das Nebenprodukt der Haltung dieser „Ich - bin - anders - Menschen" beleuchten. Denn sobald der neugewonnene Lebensstil zur schleichenden Identifikation geworden ist, ist auch diese Art von Freiheit nur illusionär. Da nämlich nun alles, was nicht nachhaltig, natürlich, liebevoll usw. ist, innerlich ausgeschlossen wird. Bei dieser Betrachtung ist es wichtig, sich vor Augen zu halten, dass es um eine innere Haltung geht und nicht darum, allem zuzustimmen. Es ist durchaus sinnvoll, das Leben auf dem Planeten in Balance zu halten. Doch wenn ein Mensch unbewusst in seiner „Ich-bin-anders-Rolle" feststeckt, wird er zwangsläufig immer wieder im Konflikt mit den äußeren Umständen sein. Dann werden Freiheitsdrang, Eigensinn und Sensibilität plötzlich zum Fluch, und die daraus resultierenden Widerstände bringen emotionales Leid mit sich.

Doch was hält einen Menschen davon ab, tatsächlich frei zu sein – nämlich frei und unabhängig von äußeren Umständen? Viele Menschen wünschen sich, dass ihr freiheitliches Leben nicht immer wieder zu Konfrontationen und emotionalen Tumulten führt. Doch wer zu klare Vorstellungen darüber hat, wie Freiheit auszusehen hat, muss zwangsläufig immer wieder gegen Dinge ankämpfen oder vor ihnen davonlaufen. Das muss nicht so sein, oftmals gibt es nämlich ganz praktische Lösungen, wie der Wunsch nach Freiheit inmitten unserer Gesellschaft möglich ist. Dafür bedarf es jedoch eines gewissen Maßes an Offenheit und Toleranz.
Ein „Ich-bin-anders-Mensch" geht hauptsächlich nach seinem Gefühl. Seine Intuition ist meist ein guter Anzeiger dafür, was natürlich, harmonisch und echt ist. Und alles, was dem nicht entspricht, löst in ihm eventuell innere Widerstände aus. Sein Freiheitsdrang hat ihn zwar in der Vergangenheit aus unangenehmen Lebensum-

ständen befreit, doch ist er nicht emotional davon frei. Nun hat er zwei Möglichkeiten: Entweder er bleibt im Widerstand gegen die Dinge, wie sie sind, oder er wird selbst zur Lösung und nimmt die Dinge in die Hand. Von diesem Standpunkt aus kann ein Mensch dann bewusst entscheiden, was äußerlich gerade notwendig ist, damit das innere Gefühl sich konstruktiv manifestieren kann. Zur gleichen Zeit wird der Mensch dadurch tatsächlich frei, und seine emotionalen Widerstände stehen ihm nicht mehr im Weg, sondern dienen ihm als Lebenswegnavigatoren. Diese Art von Freiheit ist jenseits dessen, was das „Ich-bin-aber-anders-Ego" möchte, und auch diese, sehr moralische Identifikation löst sich in Wohlgefallen auf.

Geschichte „Der Michael-Jackson-Affe"

Stelle dir einen wildlebenden Affen vor: wie er von Baum zu Baum klettert und genüsslich, im Schatten der üppigen Natur um ihn herum, seine Banane isst. Es gibt keinen Zweifel in ihm, dass er wundervoll ist. Seine innere Wahrheit bringt er direkt zum Ausdruck, weil ihm Scham und Schuld fremd sind, und er weiß das Leben in vollen Zügen zu genießen. Was gestern war, hat er bereits vergessen, und auf natürliche Art und Weise herrscht in ihm das Urvertrauen, dass auch morgen gut für ihn gesorgt sein wird – genauer gesagt: Er denkt erst gar nicht über seine Zukunft nach.

Nun wird dieser wildlebende Affe jedoch eingefangen und in einen Käfig gesteckt. Er wird für den Zirkus benötigt und soll lernen, als verkleideter Michael Jackson zum Lied Thriller zu tanzen. Kurz nachdem der Affe ge-

fangen worden ist, tobt er natürlich verärgert im Käfig herum, schreit laut und versucht einen Ausgang aus seinem Gefängnis zu finden. Sein natürliches ihm innewohnendes Lebensprogramm rebelliert, und er reagiert intuitiv auf seine unfreie Situation. Beim Versuch, den Affen zu dressieren, weigert er sich sehr emotional. Noch nicht einmal die Banane, die ihm als Belohnung für eine „richtige Bewegung" angeboten wird, kann ihn zum Tanzen bringen. Alles was er möchte, ist aus dem Käfig zu gelangen. Doch nach ungefähr einer Woche in seinem ungewollten Zuhause und jeder Menge nervenaufreibender Emotionen schwinden seine Kräfte. Der Hunger nach Leben treibt ihn an, sich für ein paar Bananen, widerwillig wie gewünscht zu verhalten. Dabei guckt er grimmig und macht nur die nötigsten Bewegungen.

So vergehen die Wochen, und nach einer gewissen Zeit werden dann auch die inneren Widerstände des Affen überdeckt, und er gewöhnt sich daran, täglich seinen Zirkustanz zu trainieren, um Bananen zu bekommen. Nach ein paar Monaten hat er bereits vergessen, dass er einmal ein wildlebender Affe war, und nach wenigen Jahren beginnt er sogar, sich als Michael-Jackson-Affe zu identifizieren. Sobald dann die Thrillermusik angeht, schwingt er sich in seinem roten Glitzeranzug auf die Bühne, zieht gekonnt seinen Hut ins Gesicht, läuft elegant einen Moonwalk und greift sich nach einer Drehung provokant in den Schritt. Der Affe glaubt mittlerweile so sehr an seine Michael-Jackson-Rolle, dass seine einst bedingungslose Freude am Sein nun von der Bewunderung des Publikums und seinem Erfolg abhängt.

Nach mehreren Jahren Zirkusgeschäft fragt der Affe den Zirkusdirektor, ob er etwas mehr Komfort in seinem Käfig haben könne. Schließlich sei er ja zu einem der besten

Michael-Jackson-Affen des ganzen Zirkus geworden. Das sollte nicht das Problem sein, und prompt bekommt er eine bequeme Couch, hochwertige Bio-Bananen, einen Fernseher, sechs Wochen Urlaub im Jahr, und seinen Käfig bemalt er in seiner Lieblingsfarbe – Glitzerrot. Doch seit wann hat der Affe eine Lieblingsfarbe? Nun hat er allen Komfort, den man für einen harten Bühnenalltag braucht – man sollte eigentlich meinen, der Affe sei nun restlos zufrieden. Doch eines Tages überkommen ihn unangenehme Gefühle, als er den neuen XXL-Käfig seines Nachbaraffen erblickt! Nicht nur die Größe, sondern auch die gold-strahlenden Käfigstangen des Bühnenkonkurrenten lassen neidvolle Emotionen in ihm aufbrausen. Das lässt ihm keine Ruhe mehr, und er arbeitet noch härter und engagierter, um sich auch in absehbarer Zeit einen noch größeren, neuen XXXL-Käfig leisten zu können. Dafür ist er sogar bereit, auf einen Teil seines Urlaubs zu verzichten und sich diesen ausbezahlen zu lassen.
Und dann ist es soweit – der neue Käfig ist angekommen! Es ist dem Affen eine Wohltat, als er die Blicke seiner Nachbaraffen sieht. Denn sein neuer, modernisierter Highend-Käfig mit integriertem Bananenschäler und Dschungelpanoramawand ist wirklich nur noch schwer zu toppen!
Nun kann sein glückliches Affenleben endlich beginnen, oder? Doch dem ist nicht so, denn zu seinem Ärger stellt er fest, dass die zehrenden Arbeitsmonate ihren Preis gefordert haben und seine Gesundheit aus der Balance geraten ist. „Immer diese ungewollten Zufälle“ lauten seine Gedanken, und er schließt kurzerhand eine Krankenversicherung und eine Altersvorsorgeversicherung ab. „Man weiß ja nie, was das Leben noch so an bedrohlichen Tücken bereithält!“ denkt er sich.
Natürlich hat er mit der Zeit auch eine Affenpartnerin gefunden, und wie alle Affen im Zirkus haben sie Kinder.

Stolz sieht er zu, wie sein Nachwuchs größer wird – und doch sind ihm die kleinen Bananenfresserchen zu wild. Das gehört sich nicht, und bald schon schickt er sie in die Michael-Jackson-Affen-Tanzschule. Er erwartet von ihnen einen guten Abschluss und sorgt sich dabei um die Zukunft seiner kleinen Affen. Schließlich will er, dass auch sie einmal einen bequemen Käfig und mindestens sechs Wochen Urlaub im Jahr haben! Anfangs haben sich die kleinen Äffchen noch geweigert – doch, wenn du dich an den Beginn der Geschichte erinnerst, kannst du dir denken, wie es mit ihnen weitergeht.

Was würde passieren, wenn man diesen Affen nun wieder zurück in die Wildnis brächte? Er würde sich wahrscheinlich wie ein Außerirdischer fühlen! Es gäbe niemanden, den er mit seinem Tanz und Getue beeindrucken könnte. Sogar seine Illusion der Zukunftssicherheit wäre weg, und das würde ihm wohl gewaltig Angst machen. Wo bekäme er nun seine Bananen her? Die Bananenstaude ist mindestens vier Meter hoch, und man könnte bei einem Kletterversuch stürzen und sich schwer verletzen! Ob seine Affentanz-Krankenversicherung in diesem Fall wohl gültig wäre? Außerdem fände er im Wald nicht seinen gewohnten Komfort. All die Krabbeltiere am Boden, und niemand, der ihm Futter vor den Käfig stellt. Die Bananen wären nicht einmal mit einem Bio-Aufkleber verifiziert und hätten hier und da dunkle Flecken. Außerdem wäre ihm ohne seine hochwertigen Wollsocken gewiss kalt an den Füßen!

Nachvollziehbar? Doch wo war der kritischste Punkt der Geschichte? Denk gerne kurz darüber nach, bevor du weiterliest…
…richtig! An dem Punkt, an dem der Affe den Durst zu entkommen verlor und begann, sich im Käfig „wohlzufühlen“! Dann, als die Akzeptanz gegenüber dem, was

er nicht mochte und was auch nicht seiner Natur entsprach, sich in ihm breitmachte und er seine eigentliche Herkunft vergaß. Als er seine ihm innewohnende Natur leugnete! Klappe zu, Affe tot!

6a. – Übung

Vielleicht hast du nun deine persönlichen, über die Jahre angehäuften Identifikationen bewusst vor Augen. Betrachte in der kommenden Zeit aufkommende unangenehme Emotionen, die mit deinen Rollen verbunden sind. Sieh einmal, welche Rolle sich eventuell mit anderen konfrontiert fühlt, und erinnere dich immer wieder daran, dass jede deiner Rollen einen eigenen Plan hat, um sich zu verwirklichen.

6b. – Übung

Nimm deine Liste mit den von dir notierten Abneigungen zur Hand und wähle drei Dinge daraus aus, die du in der kommenden Zeit ganz bewusst erleben möchtest. Lasse zumindest eines der drei Dinge eine größere Herausforderung sein und versuche dabei, die Schönheit dieser Abneigungen zu erforschen. Wenn dir das nicht gelingt, so übe dich zumindest darin, Akzeptanz dafür zu entwickeln, dass es dir nicht gelingt.

7. KAPITEL

DEINE KOMMUNIKATION

Unabhängig von der rational verständlichen Sprache passiert Kommunikation auf sehr vielen Ebenen. Umso wichtiger ist es, sich dessen bewusst zu sein, wie und was man mit seinem gesamten Wesen kommuniziert. Unbewusste Kommunikation ist die Fallgrube unserer Beziehungen, und eine bewusste Kommunikation kann der Schlüssel zu mehr Dramenfreiheit und einem humorvollen Lebensansatz werden.

7. – Frage

Was bedeutet für dich eine bewusste und achtsame Kommunikation mit deiner Außenwelt? Zähle gerne mehrere Dinge auf. Welche dieser Dinge beherzigst du bereits überwiegend?

Wer spricht eigentlich?

Neben unseren Worten kommunizieren wir vor allem auch mit Gesten und unserer Mimik. Aber auch unsere Kleidung, unser Haarstil, Schmuck und andere Accessoires sind ein Ausdruck unserer Innenwelt. In erster Linie geht es darum, sich darüber bewusst zu sein, welche Dinge an unserem Äußeren auf welche Art und Weise mit unseren Mitmenschen kommunizieren. Denn oftmals werden wir aufgrund unseres Aussehens in bestimmte Gedankenschubladen gesteckt, und dies kann zur Folge haben, dass Menschen auf eine bestimmte Weise auf uns reagieren. Gerade in den Momenten, in denen unsere Mitmenschen wie aus dem Nichts komische Reaktionen uns gegenüber zeigen, gilt es emotional klar zu bleiben. Wir wissen nie, an wen wir unser Gegenüber gerade erinnern oder was unser Äußeres in seinen Augen bedeutet.
Zur gleichen Zeit können wir bei bestimmten sozialen Zusammenkünften gezielt durch unser Äußeres kommunizieren. Natürlich ist es authentisch, wenn wir in unserer Lieblingsindienhose, die vier Nummern zu groß ist, zu einer Wohnungsbesichtigung gehen. Doch kann es sein, dass wir dadurch eventuell Vorurteile in den Vermietern hervorrufen, die Wohnung nicht bekommen und uns damit selbst einen Stein in den Weg legen. Es ist also stets gut zu wissen, an welchem Ort dein Äußeres, auf welche Art kommuniziert, sodass du bewusste Entscheidungen treffen kannst, welche eventuellen Folgen du in Kauf nimmst und welche nicht.

Gerade beim Thema der Opferhaltung geht es sehr stark um Prävention. Auch bezüglich deiner Wortwahl. Ein Mensch der breiten Bevölkerungsmasse könnte von deinen spirituellen Einstellungen und esoterischen Ausführungen über unsichtbare Dimensionen vielleicht nicht sonderlich begeistert sein. Wundere dich also nicht, wenn seine ablehnende Reaktion Gefühle in dir hervorruft, die an Zurückweisung erinnern. Genauso reagiert ein besonders spiritueller oder alternativdenkender Mensch vielleicht auf deine Wortwahl bezüglich Geld und Business. In beiden Fällen ist es vollkommen in Ordnung, wenn du ganz zu dem stehst, wer du bist und was du machst. Sei dir lediglich im Klaren, welche Auswirkungen deine Worte in eurem weiteren Verhältnis haben können. Vor allem dann, wenn ihr gemeinsam in einem Projekt seid oder eine gewisse Zeit miteinander verbringen werdet.

Sobald du beginnst, zu wählen, wie du durch dein Äußeres und deine Worte kommunizierst, beginnst du auch, mehr Verantwortung für deine Emotionen zu übernehmen. Zudem ist es gut zu wissen, dass lockere Kleidung eher eine entspannte Haltung und Kreativität unterstützt und eine straffere oder geradlinigere Kleidung eher für ein strukturierteres und klareres Auftreten steht. Wenn du überwiegend einem der beiden eben genannten Typen angehörst, gehe einmal in ein Kleidungsgeschäft und probiere in der Umkleidekabine eine Kleidung an, die du sonst nicht tragen würdest. Du wirst erstaunt sein, was dies mit deiner gesamten Haltung und Ausstrahlung macht. Aber auch, wie sich diese auf deine Gefühle auswirken kann.
Eines meiner Erlebnisse, das ich als sehr schön und befreiend empfand, war, für fast fünf Monate in eine Ashramrobe gekleidet zu sein. Das war ein ganz neues Körpergefühl, und es unterstützte den Prozess, tiefer in mich zu gehen und mich am ganzen Körper luftig entspannt zu fühlen. Gerade Männern bleibt dieses Tragegefühl aufgrund gesellschaftlicher Normen meist verwehrt.

Verbale Schwingung

In unserer Gesellschaft finden wir häufig zwei Formen der Kommunikation: Entweder unpersönlich, distanziert und genormt freundlich – oder sehr direkt, rau, unachtsam und grenzüberschreitend. Ersteres wird als höflich und Letzteres als offen bezeichnet. Doch ist es nicht so, dass die Höflichkeit manchmal ein Ausdruck zurückgehaltener Emotionen und die Offenheit ein Ausdruck unkontrollierter Emotionen sein kann? Interessanterweise wird die sogenannte höfliche Variante eher im Gespräch mit fremden Menschen und die eher unachtsame Sprache tendenziell eher mit nahestehenden Menschen angewandt. Und oftmals ist es gar nicht der Inhalt des von uns Gesagten, der einen Mitmenschen vielleicht anstößt, sondern die Art und Weise, wie wir es gesagt haben. Denn Gefühle werden sehr schnell in einer bestimmten Energie durch unsere Worte übertragen, und diese Schwingung nimmt unser Gegenüber vielleicht bewusst, aber zumindest immer unbewusst, mit seinem Energiekörper auf. Das ist eine Art subtile Kommunikation, mit der wir unserer Absicht Ausdruck verleihen oder mit der wir sogar neben dem gesagten Inhalt manipulieren können. Vor allem unterschwellige Wut und Trauer schwingen sehr unangenehm in den Ohren anderer Menschen.

Cool bleiben

Wer in der Kommunikation mit anderen Menschen einen Schritt in Richtung Freiheit machen möchte, der wird nicht darum herumkommen, zu lernen, die empfundenen Gefühle von dem gesagten sachlichen Inhalt zu trennen. Wie das gehen soll? Indem du mit einer inneren, erwartungsfreien Haltung zuhörst, vor allem

in Konfliktsituationen, und dich nicht durch die unangenehmen Schwingungen der Worte deiner Mitmenschen beeinflussen lässt. Bleibe lieber locker und gehe bloß auf den konkreten Inhalt der Worte ein. Das könnte deine Mitmenschen im ersten Moment eventuell etwas verwundern, da sie es gewohnt sind, dass andere auf ihre unterbewussten Manipulationen reagieren, doch stellst du damit klar, dass das bei dir nicht funktioniert. Zudem ermöglicht dir eine emotionsfreie Haltung in einem Konfliktgespräch, dass du sachlich und liebevoll bleiben kannst, ohne dich in unnötige Dramen zu verwickeln. Sowohl bei dir selbst als auch bei deinem Gegenüber: Die Emotionen von der Sachlage zu trennen ist bereits die halbe Miete. Wenn du es nun auch noch schaffst, humorvoll, entspannt und locker zu bleiben, egal wie hitzig die Debatte wird, kann dir nicht mehr viel passieren. Sehr wahrscheinlich wirst du sogar Zeuge werden, wie die aufbrausende Person sich selbst ihre inneren Dramen schafft und sämtliche Energie durch die unkontrollierte Emotionalhaltung verloren geht.
Beobachte einmal andere Leute ganz genau, wenn sie emotional reagieren. Achte genau auf deren Energielevel und wie sich dabei ihre gesamte Aura verändert. Ganz ohne Urteil, jedoch als Student des Lebens, kannst du an ihnen erkennen, was in Vergangenheit vielleicht auch immer wieder mit dir passiert ist und wie zwanghaft und wenig eigenmächtig dieser Zustand ist. Je tiefer ein Mensch darin versinkt, desto ohnmächtiger ist er nämlich. Sei dir bei jedem angespannten Gespräch von Anfang an dessen bewusst, dass es wesentlich einfacher ist, gleich zu Beginn deine innere Haltung von Achtsamkeit mit dir und deinen Mitmenschen zu bewahren, als es erst später zu versuchen, wenn deine Emotionen bereits herausgebrochen sind. Und sollte eine Diskussion zwischen dir und einer anderen Person einmal in unkontrollierte Bahnen laufen, schaffe eine Pause, geh auf

die Toilette oder an die frische Luft. Ermögliche euch beiden zu atmen. Denn mit neuer Energie kommen auch neue Gefühle und damit neue Klarheit.

Ganz besonders dann, wenn du etwas sagen möchtest, das die andere Person betrifft und wahrscheinlich nicht angenehm für diesen Menschen ist, sprich von dir. Anstatt zu beschuldigen, was die andere Person falsch gemacht hat, erkläre, wie du dich gefühlt hast, als die andere Person dieses oder jenes gemacht hat. Direkte oder energetische Schuldzuweisung ist wie extra Spiritus in eurem Diskussionsfeuer. Zur gleichen Zeit ist es vollkommen in Ordnung, zu dir und deinen Gefühlen zu stehen. Stelle jedoch am besten innerlich klar, dass du dich nicht als Opfer einer Situation fühlst – damit schaffst du den Boden für Klärung, Dramenfreiheit und echte Liebe. Selbst wenn das manchmal schwerfällt, weil dein Ego sich absolut im Recht vorkommt. Vielleicht stimmt das sogar sachlich, jedoch existiert kein einziger Rechtfertigungsgrund, sich als Opfer zu fühlen und die eigenen Emotionen auf andere zu projizieren. Jedes Mal wenn du den Mund öffnest und kommunizierst, bist du für all deine potenziellen Emotionen verantwortlich, sei dir dessen am besten stets bewusst und mache das Ganze zu einer Art Spiel! Ein Aufmerksamkeitsspiel, bei dem deine Mitmenschen dich testen, wie gut du bereits emotional klar bleiben und deine liebevolle, aber klare Haltung beibehalten kannst. Wer einmal die Kraft und Macht von Worten erkannt hat, wird verstehen, wieso eine bewusste Kommunikation ein Schlüssel zu emotionaler Klarheit und vielem mehr ist!

Ein weiteres essenzielles Kommunikationswerkzeug ist das Ausredenlassen. Selbst dann, wenn deine innere Hitze groß ist. Erst den Worten des Anderen zu folgen und dann zu sprechen, wenn dieser geendet hat, kann einen ganz neuen Kommunikationsraum für euch schaffen. Wenn der andere Mensch jedoch kein Ende findet, hebe eventuell deine Hand und gib ein freundliches Zeichen, dass du gerne etwas sagen möchtest. Falls du immer wieder unterbrochen wirst, bleibe cool und spreche aus, dass du gerne zu Ende reden möchtest und dann deinem Gegenüber wieder die Möglichkeit geben wirst, sich auszudrücken. Wenn du weiterhin nicht zu Wort kommst, schlage einfach vor, zu einem anderen Zeitpunkt, wenn die Emotionen etwas abgekühlt sind, erneut miteinander zu sprechen. Spätestens jetzt bekommst du Gehör, doch falls nicht, ist es wohl besser zu gehen und dich nicht weiter durch auf dich einstürmende Emotionen beeinflussen zu lassen. Sobald du verstanden hast, dass all diese unangenehmen Emotionen des anderen nichts mit dir persönlich zu tun haben, sondern mit der Vergangenheit des anderen Menschen, hast du auch keinen Grund mehr, dich angegriffen zu fühlen. Werde zum Herr deiner Gefühle und kümmere dich lediglich um diese, das alleine reicht bereits und birgt wahre innere Freiheit.

Kommuniziere gerne auch Dankbarkeit. Egal ob dir Freude, Kritik oder Wut entgegenkommen, antworte dem anderen mit Dank. Denn dein Dank gegenüber diesem Menschen ist in Wirklichkeit der Dank an das Leben selbst und überträgt eine Schwingung, die dein Gemüt und eventuell auch das des anderen Menschen ausgleicht. Wer immer wieder bedingungslose Dankbarkeit in seine Kommunikation einbaut, wird sich selbst den größten Gefallen tun.

Kommunikationstypen

Wahrscheinlich ist dir bereits aufgefallen, dass alle Menschen anders kommunizieren, aber auch Gesprochenes verschieden aufnehmen. Da ich kein Freund von zu vielen Kategorien bin, möchte ich dir hier lediglich einen ganz groben Orientierungsleitfaden geben, um deine Wortqualität und deine Wortquantität besser auf deine Mitmenschen abstimmen zu können und somit eure Verständigung aufzupeppen. Gleichzeitig kannst du hierbei auch herausfinden, auf welche Art und Weise es für dich am angenehmsten ist, ein Gespräch zu führen. Gehe bei den folgenden Erläuterungen bitte von keinem Spezialfall aus, sondern von alltäglicher zwischenmenschlicher Kommunikation.

Wortquantität: Sind viele ausführliche Worte für dich wichtig, da du genau verstehen und wissen möchtest, was dein Gegenüber meint, oder sind viele Worte für dich anstrengend und überfordernd?

Wortqualität: Wünschst du dir eine klare und strukturierte Wortwahl, um gut nachvollziehen zu können, was dein Mitmensch meint, oder ist es dir angenehmer, wenn dieser Mensch eher bildhaft, symbolisch und kreativ spricht und du eher fühlen kannst, was gemeint ist?

Nachdem du deine ungefähren oder deutlichen Tendenzen festgestellt hast, kannst du in Zukunft darauf achten, was mit deinen Gefühlen passiert, wenn ein Mensch mit dir so kommuniziert, wie es dir nicht angenehm ist. Da ich ein großer Freund von Eigeninitiative bin und meine Energien gerne selbst in der Hand habe, lade ich dich ein, trotz der für dich erschwerten Kommunikationsweise deines Mitmenschen, bewusst dran zu bleiben und ganz präsent alles aufzufassen, was dieser Mensch meint. Denn am Ende kannst du ohnehin über die Hälfte der ausgedrückten Absicht in seiner Gesamterscheinung lesen. Mach das gerne zu einem Spiel – wenn du strukturiert bist, betrachte einmal die durch Worte entstehenden Bilder, und wenn du bildhaft bist, lupfe einmal den Hintern und begegne der Struktur mit deiner gesunden und liebevollen Klarheit.

Doch nun kommt der eigentliche Trick für deine emotionale Klarheit in Sachen Kommunikation: Beobachte andere Menschen und finde heraus, welche Kommunikation ihrem Typ entspricht!

– Wenn du einen Menschen vor dir hast, der die Dinge eher symbolisch und mit wenigen Worten versteht, fasse dich lieber kurz und spreche in Bildern, denn solch ein Mensch fühlt mehr als er rational aufnehmen kann.

– Ein Mensch, der mit symbolischer Sprache und vielen Worten besser klarkommt, mag Geschichten. Erzähle alles von Anfang an und kreiere mit deinen Worten fühlbare Szenen.

– Ein Mensch, der eine klare und strukturierte Wortwahl vorzieht und sofort abschaltet, wenn die Sprache mit zu vielen Worten überladen ist, wird es zu schätzen wissen, wenn du schnell zur Sache kommst und nicht zu emotional sprichst.

– Und ein Mensch, der mit vielen, gut strukturierten Worten am besten klarkommt, wird mit deinem Anliegen sehr gut zurechtkommen, wenn du ähnlich wie in einer Bedienungsanleitung alles ganz genau und ordentlich nacheinander erklärst.

Studiere deine Mitmenschen, und du kannst euch jede Menge Konflikte ersparen, indem du lernst, im Qualitativen wie im Quantitativen die Sprache der anderen zu sprechen. Damit schaffst du eine gute Grundlage für eure gemeinsame emotionale Klarheit!

Struktur oder freies Fließen?

Die gesamte Schöpfung kommuniziert auf eine ganz besondere Art und Weise. Der Wechsel zwischen entspannender Stille und gesunder Anspannung sorgt dafür, dass Leben passiert. Alles enthält intelligente Struktur, liebvolle Kreativität und Schönheit. Die beiden Aspekte der Struktur und des freien Fließens sind auf der einen Seite ein wundervolles Zusammenspiel des Lebens und zugleich Grund für einen menschlichen Hauptkonflikt.
Bezogen auf das Sozialleben von uns Menschen stehen sich diese beiden Gesichter des Lebens immer wieder gegenüber. Zumeist beginnt es damit, dass irgendwo Chaos herrscht. Dieser Zustand bringt Kreativität, Freiheit und unkontrolliertes Verhalten mit sich. Also führen Menschen irgendwann eine Struktur ein. In aller Regel ist diese Struktur erst einmal dienlich und schafft überschaubare Ordnung. Diese oberflächliche Erscheinung gefällt manchen Menschen sogar so sehr, dass die Ordnung immer detaillierter und größer wird. Das geht so lange weiter, bis andere sich unterdrückt und gefangen fühlen. Kalte Ordnung ist nämlich eine Art Tablette: Es wird aller Unfug aufgeräumt, doch die ganzen nützlichen und schönen Dinge gleich mit. Nun wirkt das Leben irgendwie roboterartig und kühl. Die Kreativität und der einzigartige Ausdruck des Lebens fehlen. Extreme, monotone Ordnung führt zwangsweise in Richtung Tod, also Mangel an Lebendigkeit. Militär und Kriegsführung sind dafür das beste Beispiel. Bekleide Soldaten

mit bunten Gewändern und Perlenschmuck und lasse Freudenklänge ertönen – wer kann da noch ordentlich Krieg führen?

Einige Menschen unserer zivilisierten Gesellschaft sind mehr oder weniger strukturgeschändet. Entweder sie nehmen nur noch halbherzig am Gesellschaftsgeschehen teil oder sie suchen und finden einen Ausstieg. Da sie das freie Fließen und einfache Sein wiederentdeckt haben, fühlen sie sich zumeist der Natur sehr verbunden. Die Natur zelebriert Freiheit nämlich in Höchstform. Doch ist Natur lediglich verspielt, frei, schön und ungezähmt wild? Jeder, der einmal einen genauen Blick auf die Tier- und Pflanzenwelt wirft, wird bemerken, dass dort genauso eine sehr präzise Ordnung vorzufinden ist! Allein der Zellaufbau von allen Lebewesen folgt bestimmten Gesetzen, aber auch im Sozialverhalten von Tieren gibt es alle möglichen Ordnungen. Alles spielt perfekt zusammen, und doch geht das Schöne, Wilde und Freie nicht verloren. Je nachdem, mit welcher Brille man gerade auf die Natur blickt, wird man sowohl ganz genaue Struktur als auch den freien Fluss des Lebens entdecken. Würde man der Natur das Wilde nehmen, wäre das wie ein Rahmen ohne Bild – leer und trostlos. Nimmt man dem Bild den Rahmen, zerfließen seine Farben wahllos in alle Richtungen. Der Tanz zwischen Struktur und freiem Fließen ist es, was Leben schafft und auf wundervolle Weise erhält. Ein Übergewicht einer der beiden Komponenten kann zeitweise sinnvolle Relevanz haben, doch wird solch ein Dauerzustand stets zu Leid führen.

Von daher können wir Menschen nicht leugnen, dass wir Struktur zum Leben brauchen. Und zur gleichen Zeit ist es wohl sinnvoll, wenn unser modernes Leben wieder mehr Schönheit und freie Kreativität zulässt, sodass der ewig währende Streit zwischen konservativ und liberal als ein und dieselbe Sache erkannt und mit Verständnis für die größeren Zusammenhänge in Balance gebracht wird.

7. – Übung

Beobachte ganz genau deine Gefühle und wie du reagierst, wenn Menschen dich ansprechen. Welche Art, ein Gespräch zu führen, fällt dir leichter und welche Gesprächsart stellt dich vor Herausforderungen?
Übe in deinen Gesprächen und Begegnungen, bewusst weiter zu atmen, ganz gleich welche Gefühle in dir aufkommen. Erinnere dich, dass der bewusste Atem dein Rettungsanker in jeder Diskussions- und Emotionslage ist!

8. KAPITEL

DEINE WAHRNEHMUNG

Jeder Mensch hat einen anderen Blick auf diese Welt. Dadurch entstehen viele verschiedene Wahrnehmungen ein und derselben Sache. Dieser Umstand macht es unter Umständen sehr interessant, gemeinsam einen Planeten zu bevölkern.

8a. – Frage

Was siehst du, wenn du auf diese Welt und ihren Zustand blickst? Schreibe ganz frei und ohne viel darüber nachzudenken mindestens zwei DIN-A4-Seiten dazu.

8b. – Frage

Wie funktionieren Gebete? Existieren Engel, Dämonen, Geister, und was ist in deinen Augen Magie?
Welche Rolle spielen diese Dinge in deinem Leben?

Richtig oder Falsch

Im Großen und Ganzen wird die persönliche Welt eines jeden Menschen durch seine Gefühle erschaffen – wir sehen, was wir fühlen. Und unsere Gefühle sind eine breite Mischung, die durch Körperempfindungen, Energiekörperempfindungen und rationale Einflüsse geprägt ist. Der einzige Grund, warum es Konflikte auf dieser Welt gibt, sind all die unterschiedlichen Wahrnehmungen einzelner Menschen. Doch in genau diesen verschiedenen Sichtweisen liegt auch Schönheit und jede Menge Potenzial.

Der rationale Verstand liebt es, Dinge auseinanderzunehmen und in Kategorien zu unterteilen. Seine bevorzugten Kategorien sind richtig und falsch. Denn diese braucht unser Verstand, um überlebenssichernde Muster zu erzeugen. Das ist für lebensbedrohliche Situationen genau das Richtige, doch wie steht es um all die anderen Situationen? Nahezu unweigerlich passiert es uns, dass wir auf Menschen treffen, mit denen wir nicht einer Meinung sind und von denen jeder eine andere Ansicht hat. Das ist auch vollkommen in Ordnung so.
Ein Problem entsteht erst dann, wenn einer von beiden oder sogar beide eine Meinung haben, die innerlich an ein unangenehmes Gefühl geknüpft ist. Solch ein Empfinden ruft schnell einen Überlebenszustand hervor, und alles, was dann einer bestimmten Meinung entgegengesetzt ist, wird Überlebensängste auslösen. Diese Ängste können sogar so heftig sein, dass Menschen aufgrund banaler Dinge beginnen, zu streiten oder einander zu bedrohen. Im Extremfall kommt es zu einem Kampf, und auf Menschenmassen bezogen kommt es zum Krieg. Es gibt keinen Krieg auf dieser Welt, der nicht auf ignoranter Meinungsverschiedenheit basiert. Somit finden wir uns mit allen möglichen Lebensthemen stän-

dig zwischen den Fronten. Welche Religion? Überhaupt Glauben? Was essen? Welchen Lebensweg? Welchen Partner? Kinder? Ist Geld gut oder schlecht? Welche Medizin? Überhaupt Medizin? Und so könnte die Liste ewig weitergehen. Doch solange die Grundlage all dieser Fragen jene ist, dass wir glauben, es gäbe das Richtige oder den richtigen Weg, ist unser Leiden bereits vorprogrammiert!
Es gibt so viele Möglichkeiten, sein Leben auf dieser Erde zu verbringen, besonders für materiell privilegierte Menschen unserer westlichen Welt. Und all unsere zivilisierten Prägungen und Analysen versuchen ständig einen Weg zu finden, welcher der Richtige ist, sodass wir einfach nur noch blind unserem Glauben folgen müssen und die spontane Intuition gegen ein Roboterleben eintauschen. Doch ist dir schon einmal aufgefallen, dass, egal wie richtig und gut ein Weg dir heute noch erscheint, dieser dir morgen bereits wieder unsinnig vorkommen kann? Also geht die Suche wieder weiter und wir sammeln erneut äußerlichen Input, um irgendwie den Weg zu finden, der unseren Körper komfortabel sein lässt. Einen Weg, der unserem Umfeld genügt und auf dem wir uns einigermaßen geborgen und für die Zukunft abgesichert fühlen. Manche finden das in einer Religion, andere in ihrer Familie, in Hobbies, im Beruf oder irgendetwas anderem, an dem man sich festhalten kann.

Ich möchte dich einladen loszulassen. Wie? Stell dir vor, es gäbe so etwas wie den Strom des Lebens. Einen Fluss, der alles mit sich zieht, was in ihm schwimmt. Doch ist es recht ungewiss, wohin die Reise geht. Also halten die meisten Leute sich irgendwo am Ufer, an Ästen oder Felsen fest – aus Angst, von diesem Leben mitgerissen zu werden. Und dieses Festhalten kostet tagtäglich so viel Energie, dass wir uns ständig in einem Überle-

benskampfmodus befinden. In unserer westlichen Welt haben wir es zwar geschafft, einen recht bequemen Überlebenskampf zu gestalten, doch ist da ständig der veränderung-bringende Lebensstrom, der an uns zerrt, und wir versuchen, all die Ungewissheit und Zukunftsangst zu bekämpfen. Nun stell dir vor, du würdest einfach loslassen, was wäre dann? Was wäre, wenn du zumindest innerlich alle Dinge deines Lebens gehen lassen würdest, all den Besitz, all die Beziehungen, sogar deine Kinder – alles. Wer bist du dann?
Sagen wir, du hättest dich dafür entschieden, mit dem Lebensstrom zu schwimmen. Diese subtile Energie in unserem Leben – manchmal ein Gefühl, manchmal sogar eine Stimme in deinem Ohr – die genau weiß, welche Richtung für dich gut ist. Kennst du diese Energie, diesen Strom? In diesem Fluss bist es nicht mehr du, der den Weg vorgibt oder eine Meinung über richtig und falsch hat, sondern der Strom, der stets genau weiß, was es in dem jeweiligen Moment braucht. Und sobald du dich völlig dem Weg des Stromes hingegeben hast, wirst du dich das erste Mal in deinem Leben vollends entspannen können. Das heißt nicht, dass ab sofort alles ganz einfach wird, jedoch kennt dein Leben den Stress nicht mehr, voller Ungewissheit von der einen Meinung zur anderen zu hüpfen. Du beginnst dann darüber zu lachen, weil du erkennst, dass am Ende nur der Fluss den Weg jedes Einzelnen kennt.

Die Frage von richtig und falsch wird auf einmal zur Frage: Kannst du dem Fluss des Lebens vertrauen und dich hingeben? Bist du bereit, deine überlebenssichernden Meinungen über Bord zu werfen und ganz präsent dem zu begegnen, wohin der Fluss des Lebens dich trägt?
Sollst du dabei aufhören zu denken? Bitte nicht, doch achte darauf, worüber du nachdenkst. Ist es der Kampf zwischen richtig und falsch oder triffst du Entscheidun-

gen basierend auf deiner inneren Navigation – losgelöst und mit dem Vertrauen in das Leben selbst?

Es ist immer alles da

Wie gesagt nehmen wir durch unsere Gefühle diese Welt wahr. Chronischer innerer Überlebenskampf sieht auch überall Überlebenskampf, und das innere Empfinden unseres Urzustandes sieht im Gegenzug überall Harmonie und Schönheit. Wahrscheinlich kennst du die klassische Situation, wenn zwei Menschen in ein Land reisen, das nicht in der Überfülle lebt wie wir sie aus unserer westlichen Welt kennen. Der eine wird eventuell überall Bedrohung, Dreck, Unfreundlichkeit usw. wahrnehmen. Und der andere sieht vielleicht überall wundervolle Natur, glückliche Einfachheit, Gastfreundschaft usw. Wie kann das sein? Das liegt lediglich daran, dass wir unsere eigene kleine Welt konstant dort erschaffen, wo wir sind. Wer die Dinge negativ sehen will, wird stets Bedrohung wahrnehmen. Wer die Dinge positiv sehen will, wird sich stets zur richtigen Zeit am richtigen Ort fühlen. Wer hat nun Recht? Niemand! Es ist immer alles da, man kann die unangenehmen Fakten nicht leugnen, doch auch nicht die Angenehmen! Entscheidend ist erneut: Was fühle ich im Inneren, wenn ich auf diese Welt blicke? Ist es nicht möglich, die Fülle und Schönheit in jedem Augenblick, an jedem Ort sehen zu können und zur gleichen Zeit seinen klaren Verstand zu behalten? Es ist erneut genau diese innere Wahlfreiheit und äußere Klarheit, die uns alle Türen offenhält. Ein Zustand, der einem ermöglicht, überall sein zu können, ohne in Widerständen oder inneren Konflikten zu versinken.

Was ist Magie?

Magie ist für die einen etwas Besonderes, für andere nichts Besonderes, und für viele Menschen nicht existent. In diesem Buch wird der Begriff der Magie für Dinge verwendet, die nicht sichtbar, jedoch existent sind. Also alle möglichen Gegebenheiten auf energetischer Ebene. Wie und wo nehmen wir Magie wahr? Durch unseren Energiekörper. Sind Gefühle an sich nicht bereits magisch? Genau hier liegt der Zaubertrick: Ändere aktiv und bewusst deine Gefühle, und du wirst zum Magier deines Lebens! Nur wie? Über einige Ansätze, mit unseren Gefühlen umzugehen, haben wir ja bereits in früheren Kapiteln gesprochen. Das waren sehr handfeste Dinge wie unsere Identitäten oder soziale Verhältnisse. Doch wie können wir auch unseren unsichtbaren Energiekörper beeinflussen? Bei dieser Frage kommen wir sehr schnell zu den Themen des Betens und des Wünschens. Warum gibt es Menschen, die beten, was passiert dabei, und bringt das überhaupt etwas? Ich war einst der Meinung, dass Beten unnütz sei. Doch dann probierte ich es eine Weile aus und entdeckte die Magie dahinter. Und so, wie viele Menschen, interpretierte ich dann alle möglichen Geschichten in das Thema. An dieser Stelle möchte ich dir jedoch noch eine andere Sicht auf das Beten geben. Eine etwas unromantisch-entmystifizierte Sicht, logisch nachvollziehbar, jedoch dadurch nicht weniger magisch!

Bei einem Gebet passieren folgende Dinge: Wir beginnen den Fokus von unserem physischen Körper auf unseren Energiekörper zu lenken. Also auf den unsichtbaren Teil von uns, der mit allen Dingen in Verbindung steht. Beten ist ein Vorgang, der nach innen führt. Die dabei gesprochenen Worte dienen lediglich der Ablenkung und Unterhaltung des Verstandes. Der Grund,

warum positive Worte besser funktionieren als negative Worte oder irgendein Gerede, ist der, dass harmonische Worte dem Verstand aus dem Überlebensmodus helfen. Wir entspannen uns, und Energie fließt wieder freier durch uns hindurch. Ein wahres Gebet hat stets damit zu tun, dass wir etwas geben. Und was? Uns selbst, wir geben uns hin. Dank, Aufrichtigkeit und ehrliche Demut sind beispielsweise gebende Haltungen.
Tiefes Erkennen und eine Vision passieren nur dann, wenn wir bereit sind, uns hinzugeben. Allgemein wird zwar davon gesprochen, dass wir eine Vision, also eine höhere Lebensaufgabe bekommen, doch verhält es sich genau andersherum – die Vision bekommt uns! Erkennen, Eingebung und Vision stehen immer bereit, nur hat ein Mensch eventuell zu viele persönliche Pläne und ist nicht bereit, sich einfach hinzugeben. Ein tiefes Gebet ist jenseits des rationalen Verstandes oder eigener Interessen. Ein Gebet ist weniger eine Handlung als vielmehr ein Eintauchen in unseren Urzustand, absichtslos und ohne Erwartungen.

Doch warte – geht es beim Beten nicht um Bitten? Hierbei handelt es sich um Wünschen! Das funktioniert ganz anders und entspringt dem Verstand. Während ein Gebet nur eine Richtung kennt, nämlich zu unserem ursprünglichen Sein, kann ein Wunsch in jegliche Richtung gelenkt werden. Dies verleiht einem Menschen gewissermaßen Macht. Doch was passiert beim Wünschen, nutzen wir irgendwelche magischen Superkräfte, oder sind es vielleicht sogar gute oder böse Geister, die wir dabei herbeirufen? Ganz ehrlich: weder noch. Bei einem Wunsch passiert folgendes: Wir fokussieren in erster Linie unsere äußeren Sinne, aber auch unsere energetische Wahrnehmung. Denn zumeist laufen wir relativ zerstreut oder wenig präsent durch die Gegend. Die Gedanken sind irgendwo, der Sehsinn hier,

unser Gehörsinn dort, der Geschmackssinn voll stimuliert usw. Dass hier keine Magie passieren kann, sollte logisch nachvollziehbar sein! Doch sobald ein Mensch sich konzentriert und einen Wunsch ausspricht, fokussiert er all seine Sinne und inneren Wahrnehmungen. Wünschen ist im Gegensatz zum Beten eine extrovertierte Handlung. Die dadurch gewonnene Präsenz lässt uns dann auch entsprechend mehr wahrnehmen. Ein Beispiel: Wer gerne mehr materielle Fülle für sein Leben hätte, doch nicht fokussiert ist, wird die Möglichkeiten für mehr Fülle auch nicht sehen. Vielleicht läufst du an dem Geldschein am Boden vorbei, weil du in Gedanken so sehr damit beschäftigt bist, über dein Problem, keine Fülle zu haben, nachzudenken. Und die Gespräche von Leuten um dich herum hörst du dann auch nicht, denn vielleicht sprechen sie über Möglichkeiten, mehr materielle Fülle zu bekommen. Auch siehst du die große Anzeige auf dem Plakat nicht und verpasst eine weitere Chance, deine Fülle zu manifestieren. Erneut: Es ist immer alles da!
Doch sagen wir, du sprichst nun deinen Wunsch nach materieller Fülle aus. Was passiert dann? Wer hört deine Wünsche? Weder sind es Engel, noch Geister oder irgendein Gott über den Wolken, denn der einzige, der den Wunsch nun ganz bewusst wahrnimmt, bist du selbst! Nun bist du wieder bei allen Sinnen und offen für das, was ohnehin schon immer da war, bloß siehst du es jetzt. Niemand hat etwas hinzugefügt, keine mystische Kraft hat dir die richtigen Leute zur richtigen Zeit geschickt, du bist jetzt lediglich fähig, das wahrzunehmen, was immer da war. Ist das nicht genial?

Während Gebete wie gesagt nur eine Richtung kennen – zu unserem wahren Selbst –, können Wünsche eben für alles verwendet werden. Das, was wir uns wünschen, fokussieren wir, werden es dann bald überall wahrnehmen und können es in einem nächsten Schritt durch unsere Handlungen manifestieren. Da unsere inneren Fühler, also die Wahrnehmungen unseres Energiekörpers, extrem fein sind, können wir in einem fokussierten Zustand sogar Dinge wahrnehmen, die wir erst einmal mit dem Verstand nicht erklären können. Beispielsweise auf Reisen genau „die richtigen Leute" angesprochen zu haben, die einem dann nicht nur den Weg sagen, sondern auch noch ein Zimmer für die Nacht anbieten! Rationale Schlussfolgerungen sind hier oftmals magische Interpretationen. Doch wer seine Intuition einmal genauer studiert, bemerkt, dass dieser Prozess auch ganz bewusst ablaufen kann und hinter der unerklärlichen Magie in Wirklichkeit eine natürliche Menschenfähigkeit verborgen liegt.

An dieser Stelle des Buches möchte ich dich einladen, die Verantwortung für dein Unglück – aber auch für dein Glück – nicht an irgendwelche externen Kräfte abzugeben. Die einen Menschen lassen feinstoffliche Ebenen ganz außer Acht, und andere brauchen sämtliche Geschichten über Wesenheiten und äußere Kräfte, um sich ihr Glück erklären zu können. Der Verstand sucht ständig nach Dingen, an denen er sich festhalten kann, sogar Geister! Und wenn der Verstand keine Erklärung hat, muss er aus überlebenstechnischen Gründen welche Erfinden. Warum er das macht? Weil er sonst keine Relevanz mehr hat. Sowohl rationale Wissenschaft als auch magische Märchen bedienen überwiegend den Verstand. Beides hat seine schönen, unterhaltsamen Seiten, doch wer die Dinge einmal ganz praktisch nutzt, ohne sie erklären zu wollen, wird feststellen, dass sie einfach funktionieren, auch ohne Hokuspokus oder beweisführende Statistiken. Denn am Ende war und ist bereits immer alles da!

Ein Mensch, der seine eigene innere Macht kennt, wird keine Projektionsflächen mehr brauchen, um diese Kraft nutzen zu können. Doch vielleicht wird er weiterhin projizieren, weil es einfacher ist, wenn der Verstand sich an etwas festhalten kann – und funktionieren tut es ja ohnehin. Jedoch kann es sein, dass wir mit unseren Geschichten manche Menschen um uns herum erschrecken und bald Zurückweisung erfahren. Die Leute reagieren in der Regel nämlich nicht auf unsere Art und Weise, Energie lenken zu können, als vielmehr auf unsere wundersamen Erklärungen!
Hinzu kommt, dass wir Menschen das glauben, was wir glauben wollen. Ich beobachte seit einigen Jahren ein interessantes Phänomen: Sagen wir, eine kleine Menschenrunde sitzt am Lagerfeuer. Das Feuer brennt und der Geruch von Fichtenrauch liegt in der Luft. Die Leute unterhalten sich angenehm über Gott, die Welt und Lebensweisheiten. Und genau kurz nachdem einer der Leute etwas besonders gut Klingendes oder Weises gesagt hat, knallt das Feuer, da etwas vom Fichtenharz explodiert ist. In spirituell angehauchten Kreisen würde man dies eventuell als ein Zeichen ansehen und eine Kommunikation des Feuers oder der geistigen Welt, die über das Feuer sprach, hineininterpretieren. Doch nun versetze dich einmal an den Anfang der Situation zurück und achte bewusst darauf, wie oft das Feuer einen Knall von sich gibt, obwohl die Leute nur Quatsch gesagt haben – auch ein Zeichen, nur von wirren Geistern?
Noch ein Beispiel, und danach kannst du selbst Tests machen: Ich dachte mir einmal, als ich gerade Auto fuhr, ob es wohl möglich sei, sich ein violettfarbenes Auto „herbeizuwünschen", also solch ein seltenes Fahrzeug auf der Straße zu sehen. Ich hatte nur noch drei Kilometer zu fahren und dachte mir, dass ich ohnehin keines sehen würde, da es das kaum gibt. Doch fokus-

sierte ich ganz bewusst all meine Sinne und ließ mich durch nichts ablenken. Meine Augen schwenkten bei jeder Kreuzung zur Seite, und ich war ganz präsent. Und kaum zu glauben – da fuhr doch, als ich an einer roten Ampel stand, genau solch ein fliederviolettfarbenes Auto über die Kreuzung! Hätte ich es gesehen, wenn ich in Gedanken beim Lied des Radios oder bereits bei den Tätigkeiten nach meiner Autofahrt gewesen wäre? Oder war es ein netter Geist, der kurzerhand einem Menschen ins Ohr geflüstert hat, er solle mit seinem violetten Auto mir vor die Nase fahren?
Gleichermaßen „bitte" ich auch nicht mehr um einen Parkplatz vor der Haustüre, sondern fokussiere mich einfach darauf, und interessanterweise bekomme ich ihn dann oft. Doch bekomme ich ihn tatsächlich öfter als andere? Gewiss nicht – der Unterschied liegt darin, dass meine Haltung, wenn ich den begehrten Parkplatz bekomme, eine freudig dankende ist. Dieses Gefühl speichert sich, an die erlebte Situation geknüpft, in mir ab. Und wenn ich länger suchen muss, um einen Parkplatz zu finden, lasse ich in mir kein Drama aufkommen. Also speichert sich kein unangenehmes Gefühl in mir ab. Demnach ist alles, was mein Verstand bezüglich dem Parkplatz abgespeichert hat, etwas Positives. Meine Erinnerung wird so sein, dass ich glaube, fast immer einen guten Parkplatz bekommen zu haben. Wenn ich mir dessen jedoch nicht bewusst bin, könnte es passieren, dass ich die subjektiven Gegebenheiten auf meine magischen Kräfte oder meine interpretierten Geisthelfer projiziere. Die meisten Leute, die nicht an Geister glauben, sondern an den Zufall, speichern in der Regel eher ab, wenn sie keinen Parkplatz an ihrem bevorzugten Platz bekommen, und fühlen sich demnach immer wieder vom Leben benachteiligt! Doch am Ende ist alles, wie es ist, ob wir es sehen wollen oder nicht – oder ob wir es bildhaft und bunt ausschmücken.

Als letztes achte einmal darauf, wie oft ein Wunsch an die sogenannte Geisterwelt nicht funktioniert. Wenn es klappt, wird das Wunder in die Situation hineininterpretiert, klappt es nicht, wird die Situation entweder ignoriert oder neu interpretiert. Beispielsweise mit den Worten: „Es hat nicht sollen sein, die Geistwelt wird schon wissen warum." Auch das funktioniert, weil solch eine Haltung lediglich einen sich hingebenden Zustand im Menschen erzeugt und dadurch ein angenehmes Gefühl verbleibt. Aus Erfahrung kann ich dir sagen, dass es auch ohne mystische Interpretation der Situation funktioniert. Einfach cool zu bleiben und die Dinge so zu nehmen, wie sie kommen, hat zumeist auch eine weniger erschreckende Wirkung auf unsere unesoterischen Mitmenschen. Existieren Geister nun oder nicht? Das überlasse ich ganz dir, mich interessiert nämlich in erster Linie, wie die Dinge ganz objektiv funktionieren und für was ein Mensch die Fähigkeit des Fokussierens nutzt. Schließlich können wir unsere Wünsche, also unsere Sinnesfühler, auf Dinge ausrichten, die nur uns selbst dienen – oder aber auch immer wieder auf etwas, das auch anderen Menschen nützlich ist.

Was sind Rituale?

Rituale und Zeremonien sind intensivere Formen von nach innen oder nach außen fokussierten Haltungen. Eine Art verlängertes Gebet oder verlängerter Wunsch. Durch das gezielte Bedienen der Sinne und Beschäftigen des Verstandes bringen wir unseren Körper in einen Zustand zwischen angenehmer Entspannung und lebendiger Anspannung. Doch in erster Linie dient der Rahmen eines Rituals dem Bedienen unserer Sinne, sodass wir uns leichter hingeben können.

Zudem der Unterhaltung des Verstandes, sodass wir möglichst wenig Widerstände in uns haben und offen sind für das, was immer um uns herum ist: freifließende Energie.

In der Vergangenheit wurden viele Rituale geschaffen und dazugehörige Geschichten erfunden, um die Menschen davor zu bewahren, in ihren unangenehmen Zuständen zu versinken, sodass sie sich beispielsweise nicht gegenseitig bekämpften. Denn durch das Erfahren des ursprünglichen Zustandes kann ein Mensch Wohlergehen finden und wahrhaft transformieren. Gerade in einem rituellen Ausnahmezustand, z. B. Schmerz, Schwitzen, viel Atmen, Bewegen, wohlriechende Kräuter, Ekstase usw. wird der Verstand überwunden und wir tauchen wieder teilweise in einen außerkörperlichen Zustand ein. In diesem Zustand sind wir, je nach Intensität des Rituals, dem neugeborenen Baby wieder ähnlich und besser mit unserem Energiekörper in Kontakt. Folge: Wir fühlen intensiver. Das bedeutet jedoch auch, dass wir beeinflussbarer und verletzlicher sind. Das ist der Grund, warum gerade bei Ritualen ein Mindestmaß an Achtsamkeit eine große Rolle spielt. Wenn es Menschen gibt, die das Ritual leiten und dafür den Rahmen halten, können diese mit ihrer Erfahrung und ihrer Weisheit gezielt Worte oder Handlungen platzieren, um den Weg eines Menschen in Richtung seines Urzustandes zu unterstützen.

Nun können Rituale aber auch anders verwendet werden. Nämlich um Menschen gläubig zu machen und dazu zu bringen, einem bestimmten Pfad blind zu folgen. In unserer Geschichte wurde das bestimmt hier und da ausgenutzt. Doch manche Glaubensrichtungen hatten tatsächlich die Absicht, den Menschen so zu beeinflussen, dass er sich friedvoller verhält. Mit Ritualen ist es ähnlich wie bei der heutigen Werbung, bei der man kaum noch ein Auto verkaufen kann, ohne eine halbnackte Frau daneben abzubilden. An sich hat die Frau nichts mit dem Auto zu tun, doch fängt sie die Aufmerksamkeit ein, um dann das Auto zu präsentieren. Genauso fangen Rituale die Aufmerksamkeit unseres Verstandes ein, um dann etwas Bestimmtes gezielt zu präsentieren.

Oftmals wird auch davon gesprochen, dass bei Ritualen bestimmte Wesenheiten anwesend sind. Oder sie werden vor dem Ritual herbeigerufen. Auch diese einfache Funktionalität dient dazu, bestimmte Gefühle im Menschen zu erzeugen. Denn wenn beispielsweise ein Engel mit der Qualität der Liebe und Freude herbeigerufen wird, beginnt der Verstand sofort, sich die Szene vorzustellen, vorausgesetzt er empfindet keine Abneigung gegenüber solch einem Bild. Je intensiver wir uns etwas vorstellen, desto realer wird es innerlich für uns werden. Was ich mit real meine? Wir beginnen intensiver zu fühlen, da positive Gedanken angenehme Gefühle hervorrufen können. Angenehme Gefühle bringen uns wiederum unserem Zustand des tiefen Vertrauens näher. Um sich erneut irgendwo festhalten zu können, um existent zu bleiben, muss der Verstand also irgendetwas glauben, beispielsweise, dass positive Wesenheiten anwesend sind – schließlich fühlen wir in diesem Moment etwas Angenehmes.
Im Großen und Ganzen kennt unser Verstand nur zwei Möglichkeiten, auf einen nach innen gerichteten Fokus zu reagieren: Entweder er zerstückelt alles rational und leugnet den ursprünglichen Zustand, oder er braucht einigermaßen glaubhafte Geschichten, sonst hat er keine Bedeutung mehr, und das gefährdet die illusionäre Existenz des Egos. Das Schöne an den Geschichten ist zumindest, dass sie funktionieren! Menschen lassen sich somit wenigstens auf ein Ritual ein und kommen eventuell ihrer wahren Natur näher. Ich möchte dich

einladen, auch hier einmal loszulassen und einfach da zu sein. Keine Resistenz, keine Märchen, einfach nur du und der Moment jetzt. Was ab diesem Zeitpunkt passiert, ist eine ungewisse Reise, ähnlich dem Strom des Flusses, und es ist sehr wahrscheinlich, dass du in dir, dem, was tatsächlich wahr ist, ein Stück näherkommst. Wer gelernt hat, loszulassen, benötigt nicht einmal mehr die den Verstand beschäftigenden Inputs des Ritualleiters. Wofür werden Ritualleiter in Wirklichkeit bezahlt? Um deinen Verstand zu beschäftigen. Und je besser der Clown, desto besser der Zirkus!

Sind Rituale für unser Leben zwingend notwendig? Weder ja noch nein. Rituale können Werkzeuge sein, um dich leichter deine eigentliche Natur wieder erfahren zu lassen. Vor allem dann, wenn ein Mensch tagtäglich viele Verstandesinformationen verarbeitet, kann ein bewusst erlebtes und liebevoll gehaltenes Ritual die Erinnerung an das sein, was sich lebendig anfühlt – jenseits der weltlichen Dramen und Geschäftigkeiten.

Ein Mensch, der zum Beispiel sein Leben lang in einem Wald gelebt hat und für den übermäßige Verstandesarbeit nahezu fremd ist, wird nicht oder kaum aus seinem ursprünglichen Zustand herausgefallen sein. Seine zu verarbeitenden Verstandesinformationen sind sehr wahrscheinlich extrem gering und sein Denkapparat somit ein reines Werkzeug, das kaum eigene Interessen hat. Sehr ähnlich einem Tier könnte solch ein Mensch vielleicht sogar mit einem Ritual nichts anfangen. Im Gegenteil, die Geschichten des Ritualleiters würden ihn wahrscheinlich eher aus seinem natürlichen Zustand herausholen. Bloß weiß so ein Mensch nicht, dass er in dem stetig angebundenen Zustand ist. Deshalb muss er erst erfahren, aus diesem Zustand herausgefallen zu sein, um dann in einer unangebundenen Verstandes-

welt zu versinken und den Rettungsanker der Rituale und Zeremonien zu benötigen.
Und was, wenn ein ängstlicher Verstand lieber weiter versinkt, als sich diesem komischen und eventuell unangenehmen Ritual hinzugeben? Dann hilft wohl nur noch eine richtig mitreißende und gut ausgeschmückte Geschichte, um seinen Verstand in sichere Gefilde zu bewegen!

Der Grund, warum manche Rituale leer und bedeutungslos wirken, ist der, dass sie einst mit klarer Absicht und Wissen um die Gegebenheiten von Körper, Energiekörper und Verstand geschaffen, jedoch mit der Zeit nur kopiert oder unsinnig verändert wurden. Hier eine kleine Geschichte dazu:
Ein weiser Ritualleiter vollführte einmal ein Ritual, um seine Schüler ihrem eigentlichen Urzustand näherzubringen. Das wunderbar wirkende Ritual fand unter einem großen Baum mit langen, ausladenden Ästen und aus dem Boden ragenden Wurzeln statt. Doch mitten im Ritual stolperte der Ritualleiter über eine der Wurzeln. Er stand einfach wieder auf und führte wortlos das Ritual fort.
Ein paar Wochen später verstarb der Ritualleiter, und seine Schüler wollten seine weisen Lehren natürlich weiterleben. Also vollführten auch sie regelmäßig das eben erwähnte Ritual. Und jedes Mal, in der Mitte des Rituals, ließ sich der neuerwählte Ritualleiter, genau nach Protokoll, stolpernd zu Boden fallen.
Stolpernder Ritualleiter = Stolperndes Ritual!

Zumeist wurde die Sinnhaftigkeit alter Rituale vergessen, doch werden sie teils aus konservativer Tradition, teils aus Unwissenheit fortgeführt. Hier ein weiteres Beispiel: das von Jesus, als er den Jüngern die Füße wusch. Dies war, neben dem hygienischen Zweck, ein Symbol für das Waschen des alten Weges, der Vergangenheit eines Menschen. Ein Ritual für den bewussten Beginn eines neuen Weges. Doch nach dem Ritual ist auch die bereitwillige Transformation des Menschen notwendig. Einfach nur ein Ritual zu vollziehen, wird gar nichts bewirken, außer wohlriechende Füße! Doch die klare Kraft und Inspiration, die aus einem tiefgehenden Ritual hervorgehen können, sind der Startschuss für einen neuen, lebensbejahenden Weg!

Wenn ich heute an einem Ritual teilnehme und der Ritualleiter während des Rituals beispielsweise eine Gedankenreise anbietet, dann lasse ich mich voll auf die in meinem Kopf auftauchenden Bilder ein. Warum das, wenn ich doch der Meinung bin, dass es bloß Geschichten sind? Ganz einfach da ich um die Natur meines Verstandes weiß und imaginäre Bilder wesentlich leichter Gefühle hervorrufen. Und erst das Fühlen hat Wirkung auf unser gesamtes Wesen und kann uns zu unserem Urzustand zurückführen. Immer dann, wenn ich gerade besonders leicht und freifühlend bin, brauche ich die Bilder nicht. Doch zumeist komme auch ich aus einer gedanken- und informationslastigen Welt. Wenn mein Verstand dann keinen Anker bekommt, wirkt das Ritual nicht! Wie gesagt: Geschichten, Engel, Geister und alle anderen Vorstellungen funktionieren, denn am Ende zählt, ob wir entspannt sein können, um zu fühlen.
Und auch wenn alle eben geschilderten Ansichten deine bisherigen Vorstellungen über unsichtbare Welten provozieren, so frage ich dich lediglich: „Denkst du noch oder fühlst du schon?“

Zufälliges Schicksal oder schicker Zufall?

Auch das Thema von Zufall oder Schicksal beschäftigt die Menschheit seit jeher. Die einen wälzen sich in unzähligen Geschichten und abenteuerlichen Erzählungen über die vorgeburtliche Vergangenheit und zukünftige Sinnhaftigkeit des Menschen, und die anderen können und wollen diese Geschichten nicht glauben, also beten sie passiv den Zufall an. Wieder sind wir beim Glücksspiel richtig oder falsch angekommen, und letzten Endes geht es erneut darum, dass der Verstand versucht zu erklären, was außerhalb seines Bereichs liegt. Es gibt nahezu unzählige Theorien über die Zeit vor unserer aktuellen Geburt und darüber, in welche Richtung sich die Menschheit bewegt. Und es ist unerträglich für den menschlichen Verstand, sich in einem Zustand zu befinden, in dem er keinen Halt und keine Erklärung hat. Ein Zustand, in dem Zufall und Schicksal wie bunte Blumen um ihn herumwandern und hämisch lächeln. Dieser Zustand wäre nämlich der Niedergang des Egos und die Auferstehung unserer Hingabe zum Leben, wie es ist. Das einzige, von dem wir am Ende sprechen können, ist dieser jetzige Moment. Er ist so real, dass der Verstand in ihm lediglich ein Werkzeug ist – anstatt ein Gegebenheitshäcksler oder Geschichtenerzähler.

Ein Großteil der Menschheit hat den Glauben an ein Leben vor der Geburt und nach dem Tod entweder verloren oder ignoriert diese Möglichkeiten einfach. Eine langsam größer werdende Zahl von Menschen entdeckt immer mehr, dass es neben der materiellen Ebene auch energetische Ebenen gibt, und fragt sich logischerweise auch bald: „Wo komme ich eigentlich her und warum ist alles so, wie es ist?" Sehr bald stoßen wir dabei erneut auf unzählige Geschichten in alten Kulturen und Traditionen. Und ganz unabhängig davon, ob auch nur ein Wort dieser Erzählungen richtig oder falsch ist, so haben die einen davor Angst und die anderen interpretieren mit Freuden ihr heutiges Leben aufgrund vergangener Leben. Am Ende dienen beide Herangehensweisen ein und derselben Sache: Der Verstand möchte überleben und sich an etwas festhalten!

Doch wie könnte es aussehen, loszulassen und zur gleichen Zeit unserem natürlichen Bedürfnis, verstehen zu wollen, nachzugehen? Ich sage nicht, dass alte Geschichten, sogenannte Botschaften aus der geistigen Welt oder astrologische Systeme gar keine Relevanz haben. Doch möchte ich dich einladen, diese Dinge, während du darüber hörst oder dich damit beschäftigst, gerne, so gut du kannst, zu beleuchten. Dein Verstand wird intensiv arbeiten und alles Mögliche in deinem heutigen Leben auf der Basis der neuen Informationen zu verstehen versuchen – bis du ein neues System entdeckst und dort entweder ähnliche Dinge oder sogar gegensätzliche Erklärungen über die Zeit vor deiner Geburt auftauchen. Auch hier lasse dich gerne voll darauf ein. Doch am Ende ist es empfehlenswert, all die gehörten Dinge loszulassen und schmunzelnd darüber zu lächeln. Denn alles, was du in Wirklichkeit bist, liegt jenseits einer Erklärung, die auch nur ansatzweise mit dem Verstand greifbar ist. Selbst dann, wenn du gerade eine Horoskoplesung bekommen hast, bei der du den Eindruck hast, dass dir dein ganzes Leben erklärt wurde. Am besten, du lässt es nach einer Weile alles wieder los und nimmst lediglich die dabei aufgekommenen Gefühle mit. Ich weiß, dein Verstand wird nun vielleicht rebellieren, weil er Gefühle nicht in Schubladen stecken kann. Somit kannst du weder dich selbst noch andere Menschen und schon gar nicht den ge-

samten Verlauf und Sinn der Menschheitsgeschichte erfassen. Und genau hierin versteckt sich das Ego, hinter Geschichten und Erklärungen. Denn das Loslassen all dessen würde bedeuten, das Leben, die Welt und vor allem dich selbst genauso zu akzeptieren, wie du gerade bist. Mit all deinen umherschwirrenden Gefühlen, für die es dann in diesem einzig realen Moment gilt, Verantwortung zu übernehmen!
Es ist wichtig, zu verstehen, dass all jenes, das mit dem Verstand greifbar ist, niemals die allumfassende Wahrheit sein kein. Einzig und allein unser Energiekörper, der in alle Richtungen, mit allem was ist, in Verbindung steht, versteht jenseits des Verstandes.
Verstanden? Fein, dann lass es uns auch fühlen!

8a. – Übung

Setze dich an einem sonnigen Tag, entweder morgens eine Stunde nach Sonnenaufgang oder abends eine Stunde vor Sonnenuntergang, an ein Gewässer. Dann beobachte für eine Weile das Glitzern der Sonnenstrahlen auf der Wasseroberfläche.
Sei ganz da und fühle, ohne eine Erklärung dafür zu suchen, was gerade passiert. Selbst wenn du dabei nichts fühlst, sei einfach ganz da und erfahre diesen einfachen Moment.

8b. – Übung

Wenn du ein Mensch bist, der keinen Bezug zum Thema Magie und Rituale hat, möchte ich dich einladen, einmal auszuprobieren, was passiert, wenn du ganz für dich oder im Rahmen eines von dir gewählten Rituals all deine Kontrolle fallen lässt und einfach mit deinem ganzen Fokus bei dem bist, was gerade geschieht.

Wenn du bereits mit der rituellen Materie vertraut bist, lade ich dich ein, für eine Weile all deinen Glauben an Wesenheiten und Energien außen vor zu lassen und ganz bewusst deinen Fokus einfach nur nach innen zu richten. Ganz mit der Haltung, dass bereits alles in dir ist und es niemanden gibt, der dich negativ beeinflusst oder dessen Unterstützung du brauchst.

9. KAPITEL

DEIN LEBENSFOKUS

Ein Mensch richtet sein Leben möglichst danach ein, was ihm insgesamt am meisten Freude bereitet. Von dieser Freude hängen auch alle Sehnsüchte, Leiden und Ziele eines Menschen ab. Diese Freuden geben auf gewisse Weise die Richtung vor – seinen Lebensfokus.

9a. – Frage

Welche Träume, Ziele, Visionen hast du in Bezug auf folgende Bereiche und was bereitet dir daran Freude?

Überlebenssicherung

Sinnlichkeit und weltlicher Genuss

Unabhängigkeit und Selbstverwirklichung

Familie und liebevolle Sozialkontakte

Selbsterkenntnis und schöpferische Tätigkeiten
für das Allgemeinwohl

9b. – Frage

Zu wieviel Prozent lebst du deine Träume bezüglich der oben beschriebenen Bereiche? Welche Dinge leitest du bereits aktiv in die Wege, sodass sie sich manifestieren?

Höchste Freude

An irgendeinem Punkt in der Menschheitsgeschichte fielen wir aus dem Paradies. Lass uns gerne einmal genauer hinsehen, was das für unseren inneren Komfort bedeutet.
Unabhängig davon, was geschichtlich auf dieser Erde bereits alles passiert ist, lebten wir Menschen wohl irgendwann einmal so, dass wir ohne Zutun von außen körperlich und energetisch in einem Zustand innerer Harmonie waren. Wir waren uns lediglich dessen nicht bewusst, dass es uns in diesem Zustand so gut geht. Den Fall aus dem Paradies könnte man als eine Metapher für den Verlust dieser unbewussten Harmonie sehen. Und genau dieser schmerzvolle Verlust lässt uns nahezu rastlos und vergebens auf die Suche gehen und nach dem verlorengegangenen inneren Komfort Ausschau halten. Also probieren wir wie Kinder alle möglichen Dinge aus, um herauszufinden, was uns wieder in einen wohligen Zustand bringt. Um als Mensch wieder in einem langfristig angenehmen Zustand zu sein, bedarf es der Erfüllung von Bedürfnissen auf verschiedenen Ebenen unseres Seins. Die ersten beiden Ebenen sind grundlegend: das körperliche Überleben und der sinnliche Genuss. Diese beiden Erfahrungsebenen haben wir mit den Tieren gemeinsam. Ein Tier benötigt kaum mehr als die Erfüllung auf diesen Ebenen. Höhere Erfahrungsebenen bleiben den meisten Tieren verwehrt. Doch manche höher entwickelten Säugetiere berühren auch Daseinsebenen oberhalb des Überlebens und der sinnlichen Triebe.

Die beiden ersten Ebenen sind für Tiere in der Regel ihr dominanter Erfahrungsbereich, und das stellt sie auch vollkommen zufrieden.
Doch wo die Erfüllung von Bedürfnissen bei den meisten Tieren schon zu Ende ist, beginnt es beim Menschen erst so richtig! Bei der dritten Erfahrungsebene handelt es sich um die Sicherung des Überlebens und des weltlichen Komforts für die Zukunft. Das bringt folglich eine Art von Unabhängigkeit und schafft Raum für Individualität und Selbstverwirklichung.
Eine weitere und auch sehr bedeutende Erfahrungsebene ist die Liebe zu allen Dingen. Diese Ebene bewirkt, dass wir uns auch um andere Lebewesen kümmern, ihr Überleben sichern und ihnen Komfort bereiten. Viele Menschen dringen mit dem Elternwerden erst so richtig in diese Ebene vor. Auf dieser Ebene knüpfen wir das erste Mal an unsere nicht-weltlichen, kosmischen Qualitäten an.
Die nächste Erfahrungsebene ist bereits sehr feinstofflich und nur noch wenig irdisch. Hier entdecken wir unser eigenes Schöpferpotenzial und beginnen an eine innere Präsenz anzuknüpfen, die jenseits unseres Charakters liegt. Auch dahinter gibt es noch weitere Erfahrungsebenen, die jedoch für die Ausführungen des Themas dieses Buches erst einmal keine Relevanz haben.
Wie gesagt sind wir irgendwann einmal aus unserem angenehmen inneren Zustand herausgefallen. Danach begann eine Reise durch die eben beschriebenen Erfahrungsebenen. Mit dem Fall aus unserem Ursprungszustand wurden wir uns das erste Mal bewusst, dass es sich auch anders anfühlen kann. Damit war der Übergang in ein neues Bewusstsein gemacht. Die Erfahrungsebenen Überleben, Sinnlichkeit, Selbstverwirklichung, Liebe und Schöpferkraft stehen jeweils für ein ganz bestimmtes Bewusstsein. Jeder Mensch hat zwar zu jeder Zeit alle Erfahrungsebenen in sich, doch be-

wegt er sich die meiste Zeit überwiegend auf einer der Ebenen. Jede Erfahrungsebene bringt ganz bestimmte Sehnsüchte und Wünsche mit sich. Diese Sehnsüchte bestimmen dann, was einem Menschen die höchste Freude bereitet. Das, was diesen Menschen in seinem jeweilig dominanten Bewusstsein ultimativ erfüllt. Die Suche nach dieser Freude ist ein Weg, der gleichzeitig ganz bestimmte Erfahrungen mit sich bringt. Das, was einem Menschen also höchste Freude bereitet, entscheidet somit über das Maß seiner Erfüllung und darüber, wie leidvoll sein Leben ist.

Sein Bewusstsein auszudehnen, ist damit gleichzusetzen, eine nächsthöhere Erfahrungsebene des eigenen Seins wieder „freizuschalten" und damit auch erfahrbar zu machen. Es ist zwar immer alles da, doch ist die Frage, ob es auch in unserem Bewusstsein ist. Je mehr Erfahrungsebenen ein Mensch wieder in seinem Bewusstsein hat, desto menschlicher werden auch seine Sehnsüchte sein, sowie das, was ihm die größte Freude bereitet. Es ist wichtig, alle Erfahrungsebenen zu achten und in seinem Leben sinnvoll zu integrieren. Zur gleichen Zeit bestimmt die Erfahrungsebene, in der ein Mensch sich überwiegend bewegt, sein Denken, Sprechen und Handeln. Damit gibt sie die Lebensausrichtung vor und bestimmt darüber, wie nahe er seinem Ursprungszustand ist.

Nachfolgend findest du Beschreibungen der einzelnen Erfahrungsebenen und welche Sehnsüchte, Verhaltensweisen und Freuden diese mit sich bringen.

Erfahrungsebenen

Bei der am Anfang stehenden Erfahrungsebene geht es in erster Linie um das körperliche Überleben eines Menschen. Jemand, dessen Bewusstsein sich überwiegend auf dieser Ebene befindet, fühlt sich zumeist so wie gerade erst aus dem Paradies gefallen. Seine Sehnsüchte haben damit zu tun, sein Überleben zu sichern, und Angst ist sein Hauptantrieb. Das hat natürlich zur Folge, dass er nahezu ausschließlich zuerst auf sich selbst schaut und wahrscheinlich nach dem Grundsatz lebt: „Fressen oder gefressen werden". Auf dieser Erfahrungsebene gilt es mit Traumatisierung, Verletzung und massivem Stress umzugehen.
Solch ein Mensch fühlt sich die meiste Zeit als Zielscheibe und als Opfer des Lebens. Flucht und Kampf sind demnach seine Hauptverhaltensweisen. So etwas wie tatsächliche Entspannung und Harmonie kennt er kaum. Zwangsläufig sucht er auch fast überall den eigenen Vorteil und ist unter Umständen bereit, anderen zu schaden. Wir Menschen erschaffen stets das außerhalb von uns, was wir in uns tragen. Wer in sich akut eine intensive Verletzungserfahrung trägt, neigt auch viel stärker dazu, sich selbst und andere zu misshandeln. Da, wo Wut in Hass übergeht, ist blinde Zerstörung nur eine logische Folge.

Diese menschliche Erfahrungsebene braucht in erster Linie liebevolle Fürsorge. Die Erfüllung körperlicher Bedürfnisse wie Nahrung, Schutz und Wärme ist hier die höchste Freude. Man könnte bei diesem Bewusstsein

auch von einer Abhängigkeitsebene sprechen, bei der ein Mensch nicht in der Lage ist, für seine grundlegenden Bedürfnisse gut zu sorgen. Ein neugeborenes Menschenbaby, das während und nach der Geburt nicht fürsorglich und wärmend empfangen wurde, ist ein gutes Beispiel für den physischen Fall aus dem paradiesischen Mutterbauch.
Diese Bewusstseinsebene verbindet den Menschen am stärksten mit der Erde. Wer hier wieder einen guten Halt findet und seine Angst in tiefwurzelndes Vertrauen wandelt, schafft die Grundlage für das Erfahren aller nachfolgenden Ebenen.

Bei der nächsten Erfahrungsebene geht es um Sinnlichkeit und weltliche Genüsse. Ein Mensch, dessen Bewusstsein sich überwiegend auf dieser Ebene befindet, sucht hauptsächlich nach Essen, Sex und anderen Sinnesstimulationen. Solch ein Mensch nutzt den Hauptteil seiner Energie für sinnliche Freuden. Er ist gerne bereit, dafür viel Geld auszugeben, und konsumiert in der Regel erhebliche Mengen von allem, was ihn stimuliert. Sein chronischer Übergenuss führt im Laufe der Zeit zu körperlichem Verfall und Krankheit. Ein gängiger Glaubenssatz eines Menschen, der hauptsächlich in dieser Erfahrungsebene weilt, lautet „Mit 30 Jahren beginnen die körperlichen Probleme".
Neben dem Überleben ist weltlicher Komfort auf dieser Ebene am wichtigsten und die Zukunft relativ uninteressant.
Die Sucht nach ständig wiederkehrender Stimulierung erinnert immer nur kurzzeitig an die Süße des menschlichen Ursprungszustandes. Langfristig passiert hier jedoch ein Abstumpfen der Körpersinne und dadurch auch eine Distanzierung vom ursprünglichen Zustand. Die Folge daraus ist eine immer höhere Stimulationsdosis.

Diese Erfahrungsebene braucht in erster Linie liebevolle Aufklärung und klare Besinnung. Der Mensch, dem es gelingt, seine Sinne wieder zu schärfen und beim Konsum intensiver Substanzen ein sinnvolles Maß zu finden, wird auch bald wieder Stimulation durch subtile Dinge erfahren. Vor allem der Kontakt mit feinen, natürlichen Dingen kann sehr heilsam sein, um die Süße des Lebens auch wieder befriedigend erfahren zu können.

Bei der nachfolgenden Erfahrungsebene geht es um Unabhängigkeit und Selbstverwirklichung. Ein Mensch, dessen Bewusstsein sich überwiegend auf dieser Ebene befindet, sucht hauptsächlich nach materiellen Dingen und Geld, um sein Überleben und seinen Komfort auch langfristig zu sichern. Das ermöglicht ihm auch, sich individuell auszudrücken und von anderen abzuheben. Zwangsläufig wird es zum Hauptinhalt seines Lebens werden, erfolgreich sein zu wollen. Ein gängiger Glaubenssatz eines Menschen, der hauptsächlich in dieser Erfahrungsebene weilt, lautet „Nach oben streben und nach unten treten". Dafür sind ihm oftmals alle Mittel recht. Da die Anhäufung von materiellem Besitz ihm meistens nicht schnell genug geht, ist er bereit, sowohl seine eigenen Grenzen als auch die, anderer Menschen zu überschreiten. Er hat zudem kein Problem damit, durch Tricks und Manipulation an sein Ziel zu kommen. Solch ein Mensch definiert sich oberflächlich über Besitz, Erfolg und Aussehen. Diese Dinge sind seine höchste Freude. Die Sehnsucht nach mehr führt ihn zwangsläufig hoch hinaus und bereitet damit auch den tiefen Fall vor. Im Volksmund spricht man dann ganz allgemein von Burnout.
Diese Erfahrungsebene braucht in erster Linie liebevolle Selbstwertschätzung und eine entscheidende Erinnerung daran, dass es im Leben nicht darum geht, etwas zu erreichen. Der Mensch, dem es gelingt, wieder Kon-

takt mit seiner inneren Natur aufzunehmen, und der seine unterdrückten Emotionen wieder zulässt, wird einen Reichtum erfahren, den man mit keinem Geld der Welt aufwiegen kann.

Mit dem Eintritt in die nächste Erfahrungsebene beginnt in Wirklichkeit erst das wahre Menschsein! Ein Mensch, dessen Bewusstsein sich überwiegend auf dieser Ebene befindet, sucht nach Natürlichkeit und liebevollem Kontakt. Seine Handlungen werden nun auch andere Menschen und den Planeten berücksichtigen. Er sehnt sich nach Familie und einem nachhaltig sinnvollen Leben. Ein gängiger Glaubenssatz eines Menschen, der hauptsächlich in dieser Erfahrungsebene weilt, lautet „Wir sind alle eins". Er wird sein Leben sehr wahrscheinlich so ausrichten, dass er genügend Zeit hat, seine alten Verletzungen aufzuarbeiten und durch Stressabbau wieder vermehrt angenehme Gefühle zu erfahren. Solch ein Mensch tut sich in aller Regel mit allem schwer, was weniger liebevoll ist. Alle Arten von Unnatürlichkeit, Ungerechtigkeit oder mangelnder Nachhaltigkeit stoßen ihm auf. Dieser Mensch läuft Gefahr, unterschwellig die aktuellen Geschehnisse auf der Erde zu verurteilen, und flüchtet gerne in nichtmaterielle Sphären oder Isolation. Diese Erfahrungsebene braucht in erster Linie liebevolle Klarheit. Der Mensch, dem es gelingt, sich wieder gegenüber allem, was ist und auf dieser Erde passiert, zu öffnen, wird eine wundervolle Kraft in sich entdecken. Die Loslösung von seinen moralischen Urteilen und das Öffnen seines Herzens für alle Dinge wird ihm mehr inneren Frieden und Handlungsfreiheit geben.

Die nächste Erfahrungsebene führt einen Menschen zu seiner Schöpferkraft. Ein Mensch, dessen Bewusstsein sich überwiegend auf dieser Ebene befindet. sucht nach Wahrheit und dem Göttlichen. Er wird die Bereit-

schaft haben, an die Grenze zwischen Materie und nichtmaterieller Realität zu gehen. In der Regel hat er bereits ein tieferes Verständnis darüber, wie Energie fließt, und weiß auch hier und da, wie er sie gezielt nutzen kann. Ein gängiger Glaubenssatz eines Menschen, der hauptsächlich in dieser Erfahrungsebene weilt, lautet: „Ich bin ein Teil von Gott". Seine Handlungen werden sehr wahrscheinlich auf inneren Visionen basieren und auf das Wohl einer größeren Menschenmenge ausgerichtet sein. Es ist seine höchste Freude, seine Vision zu verwirklichen. Da er bereits viel von seinem inneren Potenzial freigelegt hat und kaum noch an sich zweifelt, hält er eine gewisse Macht in Händen. Das Wichtigste für sein Leben ist es, sein Herz offen zu halten, während er seine Vision verwirklicht. Da das Ausmaß seines Wirkungsbereiches eher groß ist, kann es ihm schnell passieren, dass er den Blick für die kleinen Dinge verliert. Folglich wird somit auch die Verbindung zu irdischen Problemen und Freuden schwächer und seine Handlungen könnten das Gegenteil von dem bewirken, was die ursprüngliche Absicht war.
Diese Erfahrungsebene braucht in erster Linie liebevolle Achtsamkeit und Einfühlungsvermögen für jede einzelne Situation und Begegnung. Der Mensch, dem es gelingt, sein Licht und seine Schatten in einen harmonischen Einklang zu bringen, wird dieser Menschheit einen großen Gefallen tun und sein Leben in tiefere Wahrheitssphären führen.

Warte nicht, lebe!

Es ist sinnvoll, immer wieder innezuhalten und sich einen Überblick zu verschaffen, in welche Richtung das eigene Leben gerade läuft. In den Phasen des Innehaltens bekommen wir Abstand zu den Dingen und haben Zeit, uns zu regenerieren. Man könnte das damit vergleichen, wie es ist, für seine nächsten Vorhaben wieder Schwung zu holen. Meditation ist eine sehr schöne Form des Innehaltens und beinhaltet auf subtiler Ebene durch eine wache Präsenz auch Aktivität.
Anders verhält es sich mit dem Warten. Beim Warten holt man nicht Schwung, sondern vermeidet den nächsten Schritt. Dabei handelt es sich um einen Zustand, in dem ein Mensch keine weitere Verantwortung übernehmen möchte. Ich spreche hier von der Verantwortung, das eigene Leben ein Stück weiter in Richtung Erfüllung zu erheben. Solch ein Schritt setzt natürlich immer voraus, dass ein Mensch die Bereitschaft hat, erneut aus seiner Komfortzone herauszutreten und dem inneren Ruf des Lebens zu folgen.

Grob eingeteilt warten die meisten Menschen auf eine der drei folgenden Arten:
Aktuell leben nur sehr wenige Menschen ihren innersten Traum. Das hat zur Folge, dass unsere Gesellschaft mehr Berufe hat als es Menschen gibt, die ihrer Berufung folgen. Das wiederum endet in Arbeit. Arbeit ist ein Zustand, bei dem ich mich nur deshalb in Bewegung setze, um mein Überleben zu sichern. Wer arbeitet, freut sich natürlich über jedes bisschen freie Zeit, die er nicht arbeiten muss. Dadurch entsteht die Dynamik Warten – Euphorie – Enttäuschung. Beispielsweise warten wir gefühlt sehr lange auf das Wochenende, freuen uns dann riesig, wenn es da ist, und sind enttäuscht, weil es so schnell vorbei war. Das Gleiche spielt sich mit dem Jah-

resurlaub ab. Lange warten, kurze Euphorie und eine große Enttäuschung. Und so verhält es sich auch mit der Rente. Da sind wir nach der Euphoriephase dann enttäuscht, dass wir zum einen nicht mehr jung genug und zum anderen nicht mehr gesund genug sind, um unsere wahren Träume zu leben. Denn freie Zeitquantität ist eine Sache. Doch freie Zeitqualität eine ganz andere!

Wiederum andere Menschen warten darauf, Kinder zu bekommen und eine Familie zu gründen. Und sobald die Familie gegründet ist und eine euphorische Hoch-Zeit gefeiert wurde, folgt bei vielen Menschen eine Tief-Zeit. Dann beginnt das Warten darauf, dass die Kinder endlich groß sind.

Doch sind die Kinder dann erwachsen, wünschen sich viele Menschen, dass die Kinder doch wieder klein wären. Damit beginnt das Warten auf die Enkelkinder.

Die dritte Art des gängigen Wartens betrifft eher Menschen, die einen spirituellen Zugang zu ihrem Leben kultiviert haben. Die klassischen Verhaltensweisen eines Menschen, der bemerkt, dass es noch mehr gibt als Arbeiten, Essen und Schlafen, spiegeln sich zumeist wie folgt: in einer Ernährungsumstellung und eventuell verschiedenen Formen des Ausstiegs aus der Gesellschaft. Bei manchen äußert sich das stärker und bei anderen nicht so stark. Auf jeden Fall sucht so ein Mensch nach sämtlichen Alternativen für seine Lebensweise. Ob nun ein klassischer Ausstieg im Sinne eines Umzugs in ein anderes Land oder ein Ausstieg innerhalb des Rechtssystems.
Bei manchen Menschen passiert im Zuge des Ausstiegs noch etwas sehr Interessantes. Aus einer inneren Verletzung und Rebellion heraus wünschen sie sich den Zu-

sammenbruch des vorherrschenden Gesellschaftssystems. Es sei dahingestellt, ob so etwas jemals passieren wird oder nur Fiktion bleibt. Doch kann es durch solch eine innere Haltung dazu kommen, dass mit dem Ausstieg dieser Menschen aus dem normalen Leben in ihrer Gesellschaft, innerlich ein Zustand des Wartens eintritt. Wie bereits erwähnt bedeutet Warten das Abgeben von Verantwortung. In dem eben beschriebenen Fall sehe ich in erster Linie die Abgabe der Verantwortung für das eigene innere Wohlbefinden. Es kann nämlich sehr schnell passieren, dass sich im Zuge des Wartens auf eine „bessere Zeit" Emotionen anstauen und der Ausstieg dieser Menschen nicht mehr konstruktiv verläuft. Denn solange ein System nicht zusammengebrochen ist, kann man sich an ihm ereifern und sich daran stoßen. Die Folge daraus ist dann, dass der eigentlich innere Konflikt zwischen Struktur und Freiheit eine äußerliche Form annimmt. Was letzten Endes zum Leidwesen des Wartenden wird.

Ganz gleich, ob es darum geht, seiner Berufung zu folgen, die Schönheit des Begleitens von Kindern zu erfahren oder in einem liebevollen Zeitalter zu leben, das Prinzip ist immer das Gleiche: Lebe Deinen Traum!
Ein Mensch, der wirklich seinen Traum lebt, wird herausfinden, was er kann, und früher oder später mit vollem Herzen seiner Berufung folgen.
Ein Mensch, der seinen Traum lebt und sich von Herzen eine Familie wünscht, wird sich bereits, bevor es soweit ist, ein erfüllendes Leben kreieren. Dadurch bereichert er dann die jungen Menschen, die in seiner Verantwortung heranwachsen dürfen, und diese werden seine Erfüllung vollkommen machen.
Ein Mensch, der seinen Traum lebt und nicht mit allem einverstanden ist, was in unserer Gesellschaft passiert, wird aufhören, sich zu beschweren. Solch ein Mensch

wird selbst die Lösung auf zwei Beinen und bietet sinnvolle Alternativen, ohne dogmatisch zu werden. Sein Leben bleibt dadurch kompatibel und führt nicht in Isolation oder Kampf.

Abschließend möchte ich dich einladen, spätestens beim Lesen dieser Zeilen all deinen Mut zusammenzunehmen und in der kommenden Zeit die Komfortzone des Wartens zu verlassen. In alternativen Kreisen hört man immer wieder den Begriff eines „goldenen Zeitalters". Einer Zeit, in der alles besser werden soll. Doch kann eine goldene Zeit niemals kommen, sondern immer nur jetzt erfahren werden! Wer heute nur das Warten kultiviert, hat nichts weiter gelernt als eben zu warten. Selbst dann, wenn um ihn herum das Paradies ausbrechen würde, könnte er es nicht genießen, da sein innerer Zustand einer des Wartens wäre. Wirkliche Freiheit liegt darin, in sich selbst zum goldenen Zeitalter zu werden. Erst dann kann das Herz eines Menschen das Leben in seiner Gesamtheit feiern – zu jeder Zeit!

Alles kann – Nichts muss

Einer meiner Lebenslehrer sagte einmal zu mir: „Versuche nicht zu erzwingen, was nicht in deinen Möglichkeiten liegt. Aber mache zumindest das, was in deinen Möglichkeiten liegt."
Je länger ich über diesen Satz nachdachte, desto mehr fiel mir auf, dass ich erst einmal herausfinden musste, wo ich im Leben stehe. Also machte ich eine Art Bestandsaufnahme. Dabei betrachtete ich die zuvor beschriebenen Erfahrungsebenen und verschaffte mir einen Überblick, wie es um mein Überleben, meine Sinnlichkeit, meine Selbstverwirklichung, meine Liebe und meine Schöpferkraft stand. In mir hatte ich von je-

her den Wunsch getragen, meine Schöpferkraft zu leben. Zur gleichen Zeit wusste ich auch, dass ich mich zuerst um die Baustellen im Keller kümmern musste. Allen voran das Thema des Überlebens: das, mit all seinen Existenzängsten, arbeitete während meines einjährigen Wildnisaufenthaltes in Amerikas Nordwäldern heftig in mir. Aber auch mein Übermaß an Sinnlichkeit ärgerte mich immer wieder, und ich wusste, dass es in mir noch verschiedene Schatten gab, die noch unkontrollierte Emotionen und unangenehme Gefühle verborgen hielten. Auch die Erfahrungsebene der Selbstdarstellung hat ihre ganz eigene Schönheit, wenn ein Mensch lernt, ihre Kraft nicht zu missbrauchen. Jeder Ansatz, eine seiner Erfahrungsebenen in Balance zu bringen, ist wertvoll. Also setzte ich einfach an und suchte immer wieder intensive Selbsterfahrungen, um mir selbst auf allen Ebenen näherzukommen. Nach nur ein paar Jahren kam ich an einen Punkt in meinem Leben, an dem ich feststellte, dass ich in allen Erfahrungsebenen zumindest eine gute Grundlage geschaffen hatte. Anstatt mir also Druck zu machen, endlich mein Schöpferpotenzial zu leben, sorgte ich erst einmal dafür, dass ich reif genug dafür war, um auch etwas Sinnvolles zu schöpfen. Zwischenzeitlich war ich zwar ab und zu ungeduldig oder es kamen Zweifel über mich, doch blickte ich immer wieder zum klaren Sternenhimmel hinauf und wusste dann, dass der ersehnte Tag kommen würde. Ich dachte an die Worte meines Lebenslehrers und war bereit, das zu geben, was ich zu geben hatte. Bei meiner Bestandsaufnahme stellte ich fest, dass ich zwei gesunde Hände und einen klaren Verstand habe. Zudem hatte ich mich aus unsinnigen Verpflichtungen befreit und achtete mittlerweile auch darauf, keine zwanghaften oder leidvollen Abhängigkeitsverhältnisse mehr zu kultivieren. Folglich passierte es wie von selbst, dass mich irgendwann Menschen darauf hinwiesen, dass ich dieses oder jenes gut gemacht hatte, und mich fragten, ob ich das nicht weitermachen wollte. Beispielsweise hatte ich nie geplant, geschweige denn erwartet, einmal Bücher zu schreiben. Effektiv waren es die anderen, dich mich ermutigten, das zu tun, nachdem sie meine ersten Artikel und Berichte gelesen hatten. So kam eines zum anderen, und noch bevor ich mich umsah, lebte ich mein Schöpferpotenzial. Dieser Verlauf zeigt mir deutlich, dass es gut war, immer wieder genau hinzusehen, was mein Lebensfokus war. Das gab mir für die nächsten Schritte einen Überblick, welche meiner Wünsche und Sehnsüchte in Leid enden würden und welche mir tatsächliche Erfüllung bringen könnten. Wenn ich heute auf die besagten Erfahrungsebenen blicke, kann ich sehen, dass es wichtig ist, sich um alle Ebenen in mir selbst zu kümmern und zur gleichen Zeit aber klar zu wissen in welcher Ebene ich mich hauptsächlich bewege. Das entscheidet nämlich über die Dinge, die mir die größte Freude bereiten, und in welche Richtung sich mein Leben entwickelt.

Ich denke, es ist nicht wichtig, spirituelle Zauberstücke vollführen zu können oder die Menschheit zu retten. Doch sehe ich es als essenziell, darauf Wert zu legen, wie die Qualität meines Lebensfokus beschaffen ist und ob dieser ganz realistisch mein Leben stetig mehr erfüllt. Rein rational kann man das natürlich nicht berechnen. Zudem enthält jeder Weg verschiedenste Herausforderungen. Doch geht es nicht darum, einen besonders leichten Weg zu haben, als vielmehr eigenmächtig einen Weg zu wählen, der der tiefsten Sehnsucht des Herzens entspringt und bei dem ich darauf vertrauen kann, dass dieser Lebensfokus mein höchstes Wohl ermöglichen wird.

Geschichte „Weltliche Spiritualität"

Es war einmal eine junge Frau auf ihrem spirituellen Weg. Sie lebte in einem Wald fern der Zivilisation und praktizierte täglich Yoga und Meditation. Sie brauchte nicht mehr viel, um zu leben, und besaß nahezu keine materiellen Güter. Ihre Ruhe und Klarheit brachten bald tiefere Einsichten hinter die Kulissen des sichtbaren Lebens, und sowohl ihr Herz als auch ihre Pupillen weiteten sich.

Alle zwei Wochen wanderte sie zu Fuß zu einem Bauerndorf in der Nähe des Waldes, in dem sie lebte. Dort holte sie sich stets frische Milch und etwas Obst. Die Menschen des Dorfes kannten sie bereits und waren ihr wohlgesonnen. Die junge Frau war schließlich stets herzensfreundlich, und ein Gespräch mit ihr war für jeden Dorfbewohner sehr begehrenswert, weil sie immer eine klare Sicht auf die weltlichen Probleme der Menschen hatte.

Bald schon wurde sie in der gesamten Region bekannt, und immer wieder kamen nun auch Menschen zu ihr in den Wald, um sie nach Rat zu fragen. Besonders die Themen Partnerschaft, Familie, Kinder, Erfolg und Geld sowie Ernährung und Spiritualität wurden an sie herangetragen, und die junge Frau war sich nie zu schade, um den Menschen ausführlich zu antworten.

Die Dorfbewohner waren über die praktischen Hinweise so froh, dass sie bei einem Dorfrat beschlossen, der „Jungen Heiligen", wie sie sie nannten, ein Geschenk zu machen. Also brachten sie ihr zwei Kühe in den Wald, pflanzten am Waldrand mehrere Apfelbäume und legten ein Gemüsebeet für sie an. Die junge Frau freute sich über die Geste der Dorfbewohner und begann sogleich damit, sich um die Pflege der Geschenke zu kümmern. Als nun weiterhin Menschen zu ihr kamen, um sich bei ihr Ratschläge zu holen, bemerkten sie, dass

die junge Frau ja auch einen Stall für die Kühe bräuchte und einen kleinen Werkschuppen für Feldarbeitsgeräte. Auch ein kleines Häuschen bauten sie ihr, damit sie sich nach getaner Arbeit besser ausruhen konnte. So vergingen also ein paar Monate, und die junge Frau hatte nun wesentlich weniger Zeit, zu meditieren oder Yoga zu praktizieren, da die Tiere und Pflanzen den Großteil ihrer Zeit beanspruchten.
Als die Dorfbewohner das sahen, rieten sie ihr, dass sie doch heiraten solle und ihr künftiger Mann ihr dann bei all den Arbeiten helfen würde. Da die junge Frau recht bescheiden war und sich kaum je den Dingen entgegensetzte, die das Leben zu ihr trug, ließ sie sich auf den Vorschlag der Dorfbewohner ein und heiratete einen kräftigen Mann aus dem Dorf. Dieser kümmerte sich nun um die meisten Arbeiten und gestaltete das Zuhause am Waldrand. Kurz darauf wurde die junge Frau schwanger und brachte neun Monate später zwei Kinder zur Welt. Dass sie einst täglich Yoga und Meditation praktiziert hatte, hatte sie nun fast vergessen, und hier und da gab es nun auch mit ihrem Mann Meinungsverschiedenheiten und kleine Problemchen.
Eines Tages fiel ihr auf, dass seit längerer Zeit kein einziger Dorfbewohner mehr zu ihr kam, um sie nach Rat zu fragen. Daraufhin machte sie sich auf den Weg ins Dorf, in dem sie schon seit langem nicht mehr gewesen war, und traf dort auf altbekannte Gesichter. Die junge Frau fragte sogleich, warum sie denn keiner mehr besuchen komme und um Rat frage? Und die Dorfbewohner antworteten ihr sehr direkt: „Nun hast du doch dieselben Probleme wie wir, warum sollten wir noch zu dir kommen, um nach Rat zu fragen?“
Etwas schockiert, doch mit Liebe im Herzen, wandte sie sich wieder ab und ging zurück in den Wald. In der kommenden Zeit wachte sie einige Nächte, während sie tagsüber voll in ihr Familienleben eingespannt war.

Sie verstand das Leben das erste Mal seit langem nicht mehr! Wie kann es sein, dass ein spirituell ausgerichtetes Leben ein weltliches Dasein ausschließt und ein weltlich ausgerichtetes Leben ihren bewussten spirituellen Weg unterbindet? Im Angesicht des Vollmondes ließ sie bedingungslose Tränen über ihre schönen Wangen fließen und bat das Leben um Rat.
Die Antwort auf ihre Frage kam stückweise im Laufe der Wochen. Sie erlebte immer wieder kurze Momente der Einsicht und verstand nun tiefer denn je zuvor, was es bedeute, Mensch zu sein. Nun konnte sie klar in ihrem Herzen sehen, dass es in Wirklichkeit keinen Unterschied gab zwischen einem weltlichen und einem spirituellen Leben. Der entscheidende Punkt ist jedoch der, wie sie auf einmal klar sehen konnte, dass sie in Vergangenheit lediglich ihren natürlichen Impulsen folgte. Das fühlte sich auch gut an, doch gestand sie sich ein, dass sie es verpasst hatte, aktiv ihr schöpferisches Potenzial zu leben. Sie sah nun, dass jeder Mensch tatsächlich die Möglichkeit hat, gemeinsam mit dem Universum seine eigene Realität zu erschaffen. Das Herz dient dabei als Navigator und der klare Verstand weiß, wie die Dinge umzusetzen sind, und sortiert all das aus, was dem Weg des Herzens nicht dienlich ist. Seien es wenig bereichernde Beziehungen, ein ungesunder Lebensstil oder unsinnige Vorstellungen, wie ein gutes oder spirituelles Leben auszusehen hat. Sie dachte, sie könnte dem gesellschaftlich unsinnigen Treiben entkommen, indem sie sich nur ihrem Lebensfluss hingab, und erkannte nun, dass das Leben sie hiermit aufrief, mehr denn je zuvor, volle Verantwortung für ihr gesamtes Leben zu übernehmen! Anstatt lediglich im Fluss zu fließen, wünschte sie sich nun, selbst zum Fluss zu werden und die Kluft zwischen weltlicher Ignoranz und pseudo-spiritueller Isolierung zu schließen.

Von diesem Tag an schuf die junge Frau sich ein Leben, wie sie es sich wünschte, und wurde dabei sowohl ihren weltlichen Aufgaben als auch ihrer kosmischen Ausrichtung gerecht. Nicht nur ihre eigene Familie, sondern auch die Menschen der Region achteten sie nun sehr, da sie wie keine Zweite wusste, was es bedeutet, im Sturm des Lebens als Sonne zu erstrahlen. Sie lernte ihre Bedürfnisse mit aller Liebe in ihrem Leben zu etablieren und brachte den Menschen um sich herum viel Freude und Inspiration mit ihrer Präsenz. Nun verstand sie auch, was es bedeutet, wahrhaft „heilig" zu sein – heil, im Sinne von „ganz", den inneren Konflikt des Lebens in sich selbst in Liebe vereint.

9. – Übung

Nimm dir etwas Zeit und finde heraus, welche Qualitäten und Fähigkeiten du hast, die sowohl dich als auch andere Menschen bereichern und in einen harmonischen Zustand bringen.
Es besteht kein Bedarf, sich bei dieser Reflexion irgendeinen Druck zu machen. Lasse jede noch so kleine Idee zu Papier wandern; sie könnte die Spitze des Eisberges deines erfüllendsten Traumes sein!

Jeder Traum und jede Vision beginnt mit einem Anfang, der nicht das Ende verrät, jedoch zu einem erfüllenden Weg werden kann!

10. KAPITEL

DEINE BEGABUNGEN

Auch wenn alle Menschen aus demselben Material geschaffen sind und denselben Wahrheitskern haben, so drückt jeder Mensch auf einzigartige Weise einen bestimmten Aspekt dieser einen Wahrheit aus.

10. – Frage

Schließe für einen Moment deine Augen und erinnere dich an deine Kindheit und Jugendjahre. Welche Dinge hast du besonders gerne gemacht? Bei welchen Tätigkeiten und in welchen Situationen hast du völlig Zeit und Raum vergessen?
Schreibe genau auf, wie die Rahmenbedingungen dabei waren und was du dabei gefühlt hast.

Lebensvisionen

Eine Vision ist das Spiegelbild deines Lebensfokus. Visionen sind mögliche Versionen der Zukunft und basieren auf der Harmonie beziehungsweise Disharmonie unseres Energiekörpers. Unser energetischer Körper ist eine Art Werkzeug der Kommunikation mit der Ordnung der Schöpfung. Je ausgeglichener und unserem Urzustand näher unser Energiekörper ist, desto besser nehmen wir die natürlichen Gesetzmäßigkeiten wahr, nach denen alles Leben geschaffen ist.
Da der Energiekörper für uns in Form von Gefühlen erfahrbar ist, können wir in bestimmten Intensivmomenten Eingebungen bekommen. Wie sehen diese Eingebungen aus? Unser Verstand kann die gefühlten Energien, je nach seinem Lebensfokus, lediglich in Form von Symbolen und Bildern wahrnehmen. Und diese Kinoszenerie übersetzt unser Verstand dann nach seinem subjektiven Ermessen.

Das heißt, dass die uns erscheinenden Bilder einer Vision davon abhängen, was wir kennen. Ein Mensch, der beispielsweise eine christliche Prägung hat, wird in Bezug auf Eigenliebe eher eine Erscheinung von Mutter Maria haben und in Bezug auf den Dienst an der Menschheit vielleicht eher Erscheinungen von Jesus sehen. Jemand mit indischem Hintergrund sieht wohl eher die dort geläufigen Götter und Sagengestalten.

Hierzu eine kurze Geschichte: Ich nahm einst an einem spirituellen Workshop teil, bei dem den Teilnehmern in sehr kurzen Abständen auf einem Bildschirm verschiedenste Gesichter gezeigt wurden. Die Bildreihenfolge war so schnell, dass man in den Sekundenbruchteilen nicht wirklich mit dem Verstand erfassen konnte, welche Menschen abgebildet wurden. Und kurz nach

dem Ablaufen der Bilder wurden wir gefragt, wen wir alles in allem gesehen hatten. Interessanterweise bestätigten die meisten Leute, so auch ich, Jesus wahrgenommen zu haben, und ein paar andere Leute sahen andere Heilige mit einem Bart. Doch eine Frau meldete sich verdutzt zu Wort und erklärte, sie hätte Micki Maus gesehen. Anfangs lachten wir alle mit ihr, doch als der Workshopleiter näher nachfragte, stellte sich heraus, dass diese Frau das erste Mal an einem solchen metaphysischen Workshop teilnahm und bislang absolute Atheistin gewesen war. Des Weiteren fanden wir heraus, dass die Figur der Micki Maus in ihrer Kindheit eine Art kraftspendender Halt war und sie sich von ihr stets geliebt fühlte! Die Gruppe staunte, als wir feststellten, dass jeder die gleichen Prinzipien in der Bildreihenfolge wahrnahm, jedoch die Verstandesinterpretationen sehr unterschiedlich waren.
Und genauso verhält es sich mit Visionen und Erscheinungen im Allgemeinen. Je nach unserem Glaubens- und Erfahrungskonstrukt interpretieren wir die empfundenen Gefühle in den Momenten der Eingebung.

Eine Vision ist wie gesagt ein Bild einer möglichen Zukunft und stützt sich auf das innere Erwachen eines Menschen. Sobald ein Mensch sich transformiert und sein Bewusstsein sich weitet, bekommt auch seine Vision ein „Update“. Zudem gibt es neben persönlichen Lebensvisionen, die eher das eigene Leben betreffen, auch Zukunftsvisionen, die eine Menschengruppe oder die gesamte Menschheit umfassen. Besonders breit angelegte Menschheitsvisionen sind meist nur sehr vage, da das Interpretationsvermögen eines einzelnen Menschen für gewöhnlich sehr beschränkt ist. Beispielsweise gab es vor ungefähr 500 Jahren einen Indianerstamm, dessen Mitglieder allesamt versuchten, die Vision eines ihrer Leute zu interpretieren. Dabei handelte es sich um

riesige Schlangen, die sich rund um die Welt ausbreiten würden. Solltest du die Vision nicht kennen, frage ich dich nun, was das sein könnte? Na klar, die Straßen und Autobahnen! Auch wenn die Indianer eine Ahnung von der Zukunft bekamen, standen sie am Ende mit ihrem unguten Zukunftsgefühl immer noch im Dunkel, als es darum ging, exakt zu verstehen, was im weiteren Erdenverlauf passieren sollte. Und wer ein wenig in die heutige Menschheitsvisionsszene hineingeschnuppert hat, der wird feststellen, dass es auch hier sehr interessante Visionen beziehungsweise noch spannendere Auslegungen der Zukunft gibt.
Visionen können für das Leben eines Einzelnen oder sogar für eine Gruppe von Menschen wundervolle Navigatoren sein. Doch gilt es, eine Vision nicht als ein Endziel zu betrachten, sondern vielmehr einen Weg darin zu sehen. Und mit unserem Bewusstseinswandel kommt in aller Regel auch eine Visionsjustierung. Im Extremfall sogar eine völlig neue Richtung – und die alte, eben noch so klare Vision kann wie gelöscht und sinnlos sein!

Ich unterscheide bei diesem Thema die Begriffe Vision und Inspiration. Eine Vision entspricht der Größe der Ausdehnung des Bewusstseins eines Menschen. Diese bestimmt auch die empfundenen Gefühle oder gesehenen Zukunftsmöglichkeiten während der Eingebung. Inspiration ist ein Anzeiger dafür, mit welcher gefühlten Intensität ein Mensch seine Vision lebt.

Hier ein grober Leitfaden, wie Vision und Inspiration zusammenspielen:

Ich-zentrierte Vision + große Inspiration
= Eigennutz und Zerstörung

Weit ausgedehnte Vision + wenig Inspiration
= Frust und Hemmung

Weit ausgedehnte Vision + große Inspiration
= Erfüllung und Bereicherung alles Lebens

Solange du eine interpretierte Vision noch zeitlich berechnen und mit dem Verstand analysieren kannst, ist sie noch nicht ganz lebendig. Erst wenn sie dir nahezu unerreichbar erscheint, weil der Verstand sie nicht mehr in vollem Ausmaß greifen kann, doch deine Inspiration vor Aufregung glüht, lebt sie vollends. In diesem Zustand kannst du dich dann nur noch hingeben, ohne Erwartungen zu haben, ob du jemals das Ziel deiner Vision erreichen wirst.
Eine Vision ist ein Weg und entwickelt sich ebenso lebendig wie die gesamte Evolution der Natur.

Menschlicher Download

Ein Mensch, dessen körperlicher und energetischer Zustand ziemlich unkomfortabel ist, wird viel wahrscheinlicher Eingebungen erhalten, die ego-zentriert und persönlich sind. Seine unangenehmen Gefühle werden dafür sorgen, dass er Dinge in die Wege leitet, die seinen gefühlten Zustand irgendwie verbessern. Wenn dieser Mensch jedoch Glaubensstrukturen und einen Lebensfokus hat, die ihn sein Glück vor allem außerhalb von sich selbst suchen lassen, können die Interpretati-

onen und Umsetzungen dieser Visionen dementsprechend zerstörerisch und ausbeutend sein.
Und umgekehrt empfängt ein Mensch, dessen Energiekörper eher ausgeglichen ist, Visionen, die genau diesen Zustand auch für seine Mitmenschen und die Welt kreieren werden. Unser Energiekörper funktioniert also auch wie eine Art Downloadsystem. Und die Qualität der heruntergeladenen Informationen wird durch die Harmonie oder Disharmonie unseres inneren Zustandes bestimmt.

Warum haben viele Leute keine Eingebungen? Eine Vision passiert in Intensivmomenten, in denen der Verstand nahezu explodiert, oder in monotonen Situationen, in denen der Verstand gleichmäßig und ruhig beschäftigt ist. Menschen, die in sich eine intensive Lebenserfahrung tragen, sei es eine starke Abneigung gegen etwas oder eine starke Zuneigung zu etwas, denken und handeln zumeist im Zusammenhang mit dem, was sie die meiste Zeit beschäftigt. Dadurch entsteht in ihnen Energie, die auf diese bestimmte Ab- oder Zuneigung gerichtet ist. Nehmen wir zwei Extrembeispiele: Sagen wir, ein Mensch empfindet großen Hass oder große Liebe zu einer bestimmten Sache. Dadurch konzentriert sich die Energie in ihm und bildet eine intensive innere Erfahrung, also intensive Gefühle. Gefühlsintensität verbindet uns stärker mit unserem Energiekörper, und in einem unberechenbaren Moment erhalten wir Eingebungen auf der Basis des empfundenen Gefühls. Dieser unberechenbare Moment ist zumeist eine Stresssituation, z. B. ein Nahtoderlebnis oder ein intensives Ritual.
Aber auch genau das Gegenteil kann der Fall sein, nämlich, dass wir in sehr stressfreien Situationen, wenn wir eine meditative Haltung haben und der Verstand entspannt und beschäftigt ist, eine gute Verbindung zu unserem Energiekörper erfahren und auch hier, auf

der Grundlage unserer Gefühlsintensität, bestimmte Bilder und Eingebungen wahrnehmen. Ich persönlich erfuhr die zweitmeisten Visionen nach rituellen Stresssituationen, wenn die Entspannung einsetzte. Doch die meisten Eingebungen wurden mir während Langstreckenautobahnfahrten zuteil! Als ich mich nach einer wundervollen Eingebung einmal freudestrahlend im Autobahnstau umsah und gerade ein Stück mehr Sinnhaftigkeit meines Daseins empfand, sah ich um mich herum bloß betrübte Gesichter. Und ich schmunzelte über die verschiedenen Realitäten, trotz der gleichen Situation!
Und der Grund, warum die meisten Menschen kaum oder keine Visionen haben, ist der, dass unser Verstand oftmals so voll mit verschiedenen Informationen ist, dass sich keine Gefühlsintensität in eine bestimmte Richtung entwickeln kann. Das Leben der meisten Menschen ist ein Mischmasch aus unzähligen Interessen und Desinteressen. Aber auch chronisch gelangweilte Menschen, mit wenig Antrieb zu leben, empfinden keine Gefühlsintensität und werden deswegen kaum Eingebungen erfahren. Ein chronisch unerfüllter Alltag, der überwiegend durch Rationalität geprägt ist, kann als Visionsblockierer bezeichnet werden.

Visionen werden also in sehr stressigen oder in sehr entspannten Momenten geboren und passieren dort, wo sich Energie innerlich konzentriert.

Einzigartige Fähigkeiten

Zudem hängen Visionen zumeist mit unseren einzigartigen Fähigkeiten zusammen – jenen Begabungen, die nicht antrainiert sind, uns jedoch auf natürliche Weise zufallen. Manchen Menschen gibst du einfach ein Brett, einen Hammer und zwei Nägel in die Hand und sie bauen dir ein Haus damit. Wieder andere stellst du vor Menschengruppen und sie wissen diese entweder zu unterhalten oder zu inspirieren. Manche Leute haben eine natürlich fürsorgliche Gabe und einen gut ausgeprägten Sinn für alles Lebendige. Andere Menschen haben ein ausgesprochen gutes Gespür für Ästhetik und Harmonie. Und so gibt es sämtliche Begabungen, doch am Ende hat jeder Mensch ganz eigene Qualitäten und Ausdrucksmöglichkeiten, diese Qualitäten zu manifestieren.

Nur: Wie findet man diese eigenen Begabungen? Je freier ein Mensch von gleichmachenden Gesellschaftssystemen ist, desto größer ist die Chance, dass seine natürlichen Fähigkeiten nicht überdeckt werden. Viele antrainierte Glaubenskonstrukte, vorgefertigte Methoden, wie Dinge zu erledigen sind, oder stark eingeprägte Wege des „So macht man es richtig" sind die besten Voraussetzungen dafür, von seinem individuellen Ausdruck total abgeschnitten zu werden. Selbst dann, wenn diese Leute bewusst auf die Suche nach ihren Begabungen gehen, werden sie sich immer wieder verzweifelt hinsetzen und seufzen, dass sie einfach nicht wissen, was sie gut können. Auch hier ist es gut zu wissen, dass eintrainierte Überlebensreaktionsmuster uns wie Roboter programmieren. Das heißt, unsere Herangehensweise an Aufgaben und Situationen im Leben ist dadurch beschränkt und wenig spontan. Wer wirklich herausfinden möchte, was er kann, sollte sich bewusst neuen Situationen aussetzen, in denen er gefordert ist, kreativ, flexibel und spontan zu agieren. Zur gleichen Zeit ist es hilfreich, alte Herangehensweisen gezielt außen vor zu lassen. Hierfür braucht es ein gewisses Maß an Mut und die Vorstellungskraft, dass es auch anders gehen kann. Aber auch unangenehme Gefühle wie beispielsweise Scham halten uns fern von unserer Einzigartigkeit. Jegliche Ängste vor Veränderung, oder der Zweifel daran, dass du wundervolle Geschenke in dir trägst, sind garantierte Blockaden, dich selbst und dein wahres Wesen kennenzulernen.

Eingebungen und Lebensvisionen beziehen also stets die Gaben eines Menschen mit ein, sodass diese einzigartigen Aspekte des Lebens ähnlich einer Blume auf der Erde erblühen können. Demnach werden deine Visionen stets so gestrickt sein, dass deine Talente und Fähigkeiten darin Verwendung finden. Falls dem nicht so ist, ist es sehr wahrscheinlich, dass die Vision dir aufzeigt, welche Qualitäten du noch an dir entdecken kannst. Wie gesagt: Eine Vision ist weniger ein Ziel als vielmehr ein Weg, den es zu gehen gilt. Und deine Lebensvisionen werden dich garantiert zu deinem höchsten Wohl fordern, sodass deine Begabungen zu Tage kommen. Deshalb rate ich dir, ganz gleich, wie unerreichbar oder utopisch deine Visionen sind, folge ihnen, und du wirst schon bald über dich und deine Fähigkeiten erstaunt sein! Mit Visionen verhält es sich ähnlich wie mit dem Spruch, den meine Mutter in Kindertagen liebevoll zu mir zu sagen pflegte: „Geht nicht, gibt's nicht." Also go for it, und du wirst es nicht bereuen, sondern bald beobachten, dass dein Leben einen neuen Sinn erfährt.

Visionsgruppen

Nun gibt es Menschen, die eine bestimmte Intensität an Gefühlen haben und dementsprechende Visionen erhalten. Automatisch werden diese Menschen andere Menschen anziehen, die ähnliche Gefühle und Interessen haben. Denn manche anderen Menschen haben eventuell keine solch konzentrierte innere Gefühlsintensität, jedoch fühlen sie sich zu Menschen hingezogen, die ihre inneren Gefühle in einer stärkeren Konzentration zum Ausdruck bringen. Oftmals und im Idealfall erkennen diese Menschen einander als eine Art Bewusstseinsverwandte. Eine Familie jenseits der körperlichen Familienzugehörigkeit.

Meist erkennt man seine „Bewusstseinsfamilie" daran, dass man zur gleichen Zeit große Sehnsucht und eine Art Angst empfindet, mit ihnen gemeinsam zu wirken. Die innere Sehnsucht verrät einem genau, dass man mit diesen Menschen sein einzigartiges Potenzial verwirklichen und sinnvoll nutzen kann, sodass auch andere Menschen etwas davon haben. Zur gleichen Zeit bedeutet der Schritt in solch eine Gruppe teilweise auch das Zurückstellen ich-zentrierter Interessen und eigener Komfortbedürfnisse.

An dieser Stelle werden sich wahrscheinlich manche Leser herausgefordert fühlen und argumentieren, dass sie eher der Alleinetyp sind. Dass also eine Gruppe sie lediglich einschränkt und sie alleine am glücklichsten sind. Dem stimme ich insoweit zu, dass ein Baum, der auf freiem Feld steht, sich voll entfalten kann und in voller Pracht und Schönheit erwächst. Wohingegen viele Bäume, die eng stehen, sich gegenseitig das Licht nehmen und bald miteinander in Konkurrenz sind.

Wenn du also das Gefühl hast, lieber alleine sein zu wollen und das auch die längste Zeit gewesen bist, dann möchte ich dich nun einladen, bewusst mehr Zeit mit anderen Menschen zu verbringen und deine sozialen Ängste zu überwinden. Und dann, wenn du gelernt hast, mit anderen Menschen dramenfrei auszukommen, suche erneut das Alleinsein auf und werde auch hier frei, ohne etwas zu vermissen oder jemanden zu brauchen, um glücklich sein zu können. Wenn du eher ein sehr sozialer Typ bist, ändere die Reihenfolge und erforsche zuerst das Alleinsein und kehre dann in die Gesellschaft anderer zurück. Denn ein Mensch, der mit und ohne andere Menschen sein kann, ohne in emotionale Dramen zu verfallen, hat die besten Voraussetzungen, um auf natürliche Weise seine Bewusstseinsfamilie anzuziehen und mit diesen Menschen seine Fähigkeiten so zu teilen, dass aus der Summe aller Begabungen etwas Wundervolles, Menschheitsbereicherndes entsteht! Diese Gruppierung ist vergleichbar mit einem lebhaften, synergetischen Mischwald – wie eine Art eigenständiges Lebewesen mit einem ganz eigenen Geist.

Ganz werden

Wer das Leben auf diesem Planeten und die kosmischen Zusammenhänge einmal genauer betrachtet, wird sehr bald feststellen, dass es im Grundlegenden zwei Kräfte gibt: eine aktive Kraft und eine passive Kraft. Das Yin-Yang-Symbol oder auch die Begriffe weiblich und männlich veranschaulichen diese Dualität sehr schön. Der Tanz zwischen den beiden Kräften ist ein stetiges Schauspiel von Anziehung und Abstoßung. Das ist es, was in Wirklichkeit Lebendigkeit auf der Erde schafft. Für ein gesundes Leben bedarf es, grob gesagt, einen fortwährenden Grundzustand der Entspannung und Harmonie, der durch sporadische Impulse von Intensität belebt und befruchtet wird. Sobald eine der beiden Kräfte chronisch überhandnimmt, wird ein lebendiges

System krank. Eine alleinige passive Kraft ohne Intensität bewegt sich in Richtung Müdigkeit, Trägheit und Sinnlosigkeit. Überspitzt könnte man von einem schleichenden Tod sprechen. Wirkt eine aktive Kraft zu lange alleine, wandelt sich gesunde Befruchtung in kranke Misshandlung. Die Folge daraus ist unmittelbare Zerstörung.

Jeder Mensch tendiert zu einer der beide Kräfte. Manche Menschen tendieren zur Kraft der Passivität. Deren Qualitäten sind unter anderem Natürlichkeit, Einfachheit, Liebe, Sein im Jetzt, Kreativität, Fühlen, Fülle, Genuss, Verspieltheit und Schönheit. Andere Menschen tendieren zur Kraft der Aktivität. Deren Qualitäten sind unter anderem Struktur, Planung, Schöpferkraft, Denken, Intelligenz, Ordnung und Klarheit.
Jeder Mensch trägt beide Kräfte in sich und bringt mit seinem Sein meist eine der beiden stärker zum Ausdruck. Je stärker ein Mensch eine bestimmte Qualität zum Ausdruck bringt, desto wahrscheinlicher ist es, dass seine Partner, Kinder oder andere ihm nahestehenden Menschen die gegenüberliegende Qualität verkörpern. Wer beispielsweise recht ordentlich ist, zieht sehr wahrscheinlich immer wieder Menschen in sein Leben, die kreativ-chaotisch sind.

Als ich einmal in einem Kleinzeugladen Postkarten ansah, auf denen verschiedene Sprüche standen, musste ich über einen ganz besonders schmunzeln:
„Müsste ich das Verhältnis zwischen mir und meiner Frau beschreiben, so könnte man sagen: Ordnungsamt trifft auf Wanderzirkus."
Nun habe ich über mein eigenes Leben reflektiert und einmal genau hingesehen, welche Dinge mich ganz und heil gemacht haben. Zudem studiere ich dasselbe bei anderen Menschen, da ich durch meine Tätigkeit

als Lebenscoach für Inspiration und Lebenserfüllung, Einblick in das Leben vieler Menschen bekomme. Dabei fällt mir auf, dass sich eine klare Logik für den Ganzwerdungs-Prozess eines Menschen abzeichnet.
Im ersten Schritt geht es darum, sich bewusst zu machen, wer man ist, welche Qualitäten man hat und wie sehr die Wunden aus der Vergangenheit noch in einem schmerzen. Bei einem Menschen, dessen Überlebensreaktionsmuster noch sehr dominierend sind, weil vergangene Erlebnisse sehr einschneidend waren, ist es empfehlenswert, erst einmal Entspannung zu schaffen. Dadurch kommt dieser Mensch wieder ins Gleichgewicht und die aktive Kraft in ihm dominiert nicht mehr sein System. Somit erfährt dieser Mensch wieder ein angenehmes inneres Gefühl, macht sich auf den Weg, seine Wunden und Schatten anzusehen, und lernt, sich selbst mit alledem zu akzeptieren und zu lieben. Mit dieser Grundlage ist es dann einfacher zu sehen, wer man wirklich ist und welche wundervollen Gaben man mitbekommen hat. Doch stehen wir an diesem Punkt nicht am Ende des Weges, sondern haben gerade einmal die Grundlage für echte Lebendigkeit geschaffen. Woran erkenne ich, dass ich eine gute Grundlage in mir geschaffen habe? Das ist relativ einfach zu beantworten, da es klare Anzeiger dafür gibt: Ein alles in allem gesunder Körper. Eine gewisse Klarheit über die eigenen Emotionen. Ein Verstand, der einen nicht quält, sondern ruhig funktionieren kann. Und zuletzt die Fähigkeit, Schönheit zu sehen und Sinnlichkeit erleben zu können, ohne sich darin zu sehr zu verlieren.
Ein Mensch, der sein Selbst, seine Gaben und seine Wunden wieder klar vor Augen hat, kann sich nun einem weiteren Prozess widmen: dem aktiven Integrieren von gesunder Intensität. Diese Intensität bringt wieder etwas mehr Stress in das System eines Menschen. Da dieser Mensch nun ein Gefäß hat, das körperlich, emotional

und geistig Energie halten kann, wird ihm dieser Stress nicht mehr schädlich sein. Im Gegenteil, nun beginnt der zweite Teil des Erkenntnisprozesses. Stress schüttet, wie in einem früheren Kapitel erwähnt, bestimmte Chemikalien in unserem Körper aus. Diese bewirken eine gewisse Intensität, Anspannung und Polarisierung unseres Systems. Dadurch strömt mehr Energie durch uns. Ein Mensch, dessen System nicht auf ein größeres Maß an Energie vorbereitet ist, wird durch das Mehr an Energie Verletzung erfahren, und sein Gefäß wird bröckeln. Die Folge daraus sind körperliche, emotionale oder geistige Schäden. Doch je stabiler das energetische Gefäß eines Menschen ist, desto mehr Lebenskraft kann er aufnehmen. An diesem Punkt zeigt sich die ganze Paradoxie des menschlichen Erkenntnisprozesses! Denn die Kraft, die uns einst geschadet hat, bewirkt nun, dass wir Kanäle in unserem System freischalten, die uns eine Realität jenseits der Materie eröffnen. In Wirklichkeit ist es ein und dieselbe Kraft, die einen Menschen traumatisiert oder ihn in ein neues Bewusstsein erhebt. Doch wenn die Kraft dieselbe ist, dann liegt es wohl am Gefäß, wie das Ergebnis am Ende aussieht!

Mit dem Wissen um die eben geschilderten Zusammenhänge betrachten wir nun noch einmal den Ganzwerdungsprozess eines Menschen.
Sagen wir, du bist ein Mensch, der überwiegend aktive Kraft in sich trägt. Dann kommt es dir wahrscheinlich ganz natürlich zu, dass du nimmst und dich in den Vordergrund zu stellen weißt. Das ist eine sehr lebendige Kraft, die gleichzeitig sehr hilfreich ist, um zu überleben und sich nicht durch äußere Einflüsse unterkriegen zu lassen. Opportunismus wird dir mit dieser Kraft kein Fremdwort sein, und du hast kein Problem damit, zu empfangen oder dir Dinge des Lebens zu nehmen. Aktiv und schöpferisch tätig zu sein ist für dich ganz

normal. Du magst eine gewisse Geschwindigkeit und fühlst Leben am liebsten intensiv. Bestimmt ist dir jedoch auch aufgefallen, dass du dazu neigst, dem Übergenuss zu verfallen. Mit deinem Verhalten überschreitest du eventuell immer wieder die Grenzen anderer Menschen oder verschiedener Ordnungssysteme – selbst dann, wenn es gar nicht deine Absicht war. Du weißt dich zwar nach außen hin zu schützen, doch gibt es Zeiten, in denen du dich dir selbst ausgeliefert fühlst. Sowohl dein Verstand als auch dein Verhalten können unter Umständen selbstzerstörerisch sein.
Für einen Menschen mit den eben beschriebenen Tendenzen ist der Plan, wie er ganz werden kann, recht einfach: Als allererstes widme dich deinem Körper. Dieser ist kein Arbeitstier, das man einfach nur benutzt. Beginne gerne, dich mehr um dein körperliches Wohlbefinden zu kümmern, und nehme dir Zeit, einfach zu sein! Sieh einmal, ob du in deinem Leben Zeiten einplanen kannst, in denen du nicht ziel- oder leistungsorientiert bist. Richte deinen Blick auch auf die kleinen Details und die Schönheit des Lebens. Habe Geduld mit deinen Mitmenschen und öffne dein Herz für das einfache Menschsein. Kultiviere auch Passivität und gönne anderen den Vortritt oder das größere Stück. Lasse gerne mehr Entspannung in deinem Leben Einzug nehmen und überlade dich nicht mit chronisch intensiver Sinnlichkeit. All die Dinge, die ich eben angesprochen habe, können dich ergänzen. Behalte gerne auch deine anderen Qualitäten bei – es ist nichts falsch an Schnelligkeit und Intensität. Im Gegenteil, diese Dinge werden erst wirklich konstruktiv in deinem Leben wirken können, sobald du dir eine entspannte Grundlage schaffst.

Betrachten wir nun einen Menschen, der überwiegend passive Kraft in sich trägt. Wenn du so bist, kommt es dir wahrscheinlich ganz natürlich zu, dass du gibst und dich in den Hintergrund zu stellen weißt. Das ist eine sehr sanfte Kraft, die gleichzeitig sehr hilfreich ist, um zu überleben und sich nicht selbst durch ein körperfremdes Verhalten krank zu machen. Das einfache Sein fällt dir recht leicht und du hast kein Problem damit, zu geben oder ohne bestimmte Dinge gut auszukommen. Dein Wirken manifestiert sich fürsorglich und liebevoll. Du magst es, zeitlos zu sein, und fühlst das Leben am liebsten in aller Ruhe und Ausgiebigkeit.

Bestimmt ist dir jedoch auch aufgefallen, dass du dazu neigst, deine Sinnlichkeit nicht ganz auszuleben. Mit deinem Verhalten ermöglichst du eventuell immer wieder, dass deine Grenzen überschritten werden und du dich dann ausgenutzt fühlst. Für dich ist es so normal, großherzig zu sein, dass du dich immer wieder wunderst, warum du äußeren Einflüssen oftmals hilflos ausgeliefert bist und viele Dinge unangenehm auf dich eindringen. Sowohl deine Naivität als auch deine Irrationalität können unter Umständen blinde Schutzlosigkeit bewirken, wodurch du dir selbst verletzende Umstände kreierst.

Für einen Menschen mit den eben beschriebenen Tendenzen ist das Programm, wie er ganz werden kann, recht einfach: Als allererstes widme dich deinem Selbstwert. Sowohl dein Leben als auch dein Geben ist nicht selbstverständlich, sondern sehr wertvoll. Du hast eine wundervolle Grundlage, indem du der Natur sehr nahestehst und eine ausgeprägte Feinfühligkeit besitzt. Deine Fürsorge gegenüber anderen ist sehr schön zu sehen und ein Geschenk für diese Menschheit. Nur, warum kümmerst du dich um sieben Milliarden Menschen auf diesem Planeten und vergisst dabei einen? Sei es dir wert und erlaube dir, zu bekommen. Lebe deine Sinnlichkeit und fordere diese auch ein! Beginne gerne ein größeres Stück des Lebenskuchens zu nehmen und genieße deine Freizügigkeit. Genau heute ist der beste Tag, um dein schlechtes Gewissen und diese selt-

samen Schuldgefühle in den Urlaub zu schicken und ihnen eine Kündigung nachzusenden. Kultiviere Aktivität, stelle dich da, wo es Sinn macht, auch einmal in den Vordergrund und spreche mit kraftvoller Stimme. Lasse gerne auch Intensität in deinem Leben zu und scheue nicht die schnellen, „schmutzigen" und ekstatischen Dinge.
All die Dinge, die ich eben angesprochen habe, können dich ergänzen. Behalte gerne auch deine anderen Qualitäten bei, es ist nichts falsch an Achtsamkeit und Fürsorge. Im Gegenteil, diese Dinge werden erst wirklich erblühen, sobald deine Augen wieder wild blicken können und dein Herz sich an sinnlicher Erregung erfreuen darf.

Ich kann gar nicht oft genug erwähnen, wie wundervoll dieses Leben ist. Es ist eigentlich nur ein ganz einfacher Trick, seine natürlichen Qualitäten beizubehalten und in sie das zu integrieren, was einen ganz macht.
Stelle dir vor, du bist eine Hälfte des Yin-Yang-Symbols. Erst der Punkt auf der anderen Seite macht dich ganz und erhebt das, was du bist, zu seinem vollen Potenzial. Die meisten Menschen suchen die Qualitäten, die ihnen fehlen, in anderen Menschen. Doch sind andere Menschen nur die Erinnerung daran, dass es gilt, diese Qualitäten in sich selbst zu kultivieren. Viele Partnerschaften verstricken sich unbewusst, weil die einzelnen Beteiligten nur durch den anderen ein Ganzsein erfahren. Das führt langfristig zu einem ungesunden Abhängigkeitsverhältnis, indem wir uns nicht mehr ergänzen, sondern unterschwellige Erwartungen eine große Dramenbühne erschaffen. Jeder Mensch sehnt sich danach, ganz zu sein. Wer beginnt, dieses Ganzsein in sich zu entwickeln, der wird auf einmal auch nicht mehr den anderen Pol als etwas Bedrohliches ansehen. Die Qualitäten dessen, was uns ganz macht, untermalen unse-

re natürlichen Gaben und wir erfahren Leben in seiner Ganzheit.

Hier noch eine kurze Geschichte über einen Mann, der bei einem meiner Seminare war: Dieser Mann hatte einen starken und zähen Körper. Er war fähig, große körperliche Leistung zu erbringen, und ich sah ihm auf Anhieb an, dass sein Körper viele Verspannungen hatte und hart war. Im Laufe der acht Seminartage entdeckte er die Sanftheit in sich und fühlte das erste Mal seit langem, dass es eigentlich gar nichts zu erreichen gab und er genau so, wie er war, vollkommen in Ordnung war. Diese Erkenntnis brachte ein großes Strahlen in seine Augen und er fuhr glücklich nach Hause. Drei Wochen nach dem Seminar telefonierten wir und er erzählte mir, dass es ihm auch nachhaltig gut ging. Doch bei einer seiner Erzählungen musste ich besonders lachen, da sie mir genau zeigte, dass er ein Stück weit ganz wurde: Er berichtete sehr freudig, dass er früher, ohne nachzudenken, in der Küche alles stehen und liegen gelassen hatte. Seine Frau verräumte hinterher stets die Dinge. Nun änderte es sich jedoch dahingehend, dass er zum Beispiel nach dem Entsaften mit aller Ruhe und Geduld das Küchengerät putzte und die Küche in einem sauberen Zustand hinterließ. Wir lachten beide herzlich am Telefon und er bestätigte, dass ihm die Liebe zum Detail nun sogar Freude bereitete. Zur gleichen Zeit berichtete er auch, dass sich seine sportliche Leistung sogar gesteigert hatte, seit er liebevoller auf seinen Körper hörte und sich selbst mehr Achtsamkeit entgegenbrachte.

Eine andere Geschichte handelt von einer Frau, die sich nicht ganz erwachsen fühlte und ihre eigenen Bedürfnisse zumeist hinter die der anderen stellte. Wir trafen uns zu einem Coaching und sprachen darüber, was sie tun könnte, um sich ganz zu fühlen. Dabei kamen wir auf ein paar ganz klare Dinge zu sprechen, die sie in der kommenden Zeit in ihr Leben integrieren wollte. Eine Woche später schrieb sie mir eine Email und erzählte mit Freude, dass sich ihr Leben bereits veränderte. Sie stellte sich in bestimmten Situationen, trotz ihres schlechten Gewissens, einfach einmal in den Vordergrund und stand mehr zu ihrer Meinung. Zudem forderte sie nun auch einmal eine Massage von ihrem Mann ein. Dann gab ich ihr eine zusätzliche Aufgabe, nämlich: zwei Kugeln nichtveganes Eis zu essen. Für ihren inneren Arzt und ihre Glaubenssätze war das natürlich ein Angriff, da sie das schon lange nicht mehr getan hatte. Oftmals trank sie lediglich Wasser, wenn sie mit Menschen in einem sozialen Kontext zusammenkam, und achtete sehr auf eine gesunde Ernährung. Zur gleichen Zeit brannte in ihr die Sehnsucht nach Sinnlichkeit, die durch eine fehlende Selbstwertschätzung oftmals unterbunden wurde. Nicht nur der Genuss des Eises, sondern auch das gesunde Beanspruchen von mehr Raum brachten ihr nachhaltig einen schönen Entwicklungsprozess und mehr Ganzsein.

Wie du siehst, steht jeder woanders im Leben. Und was für den einen ganz normal ist, ist für den anderen undenkbar, bedrohlich oder einfach sehr besonders. Wenn du dir in deinem Leben einen großen Gefallen tun möchtest, sieh gerne einmal genau hin: Wer bist du, welche Gaben hast du und was macht dich ganz?

Führen und Folgen

Die beiden zuvor beschriebenen Kräfte wirken in allen Dingen und durch alle Dinge. Die eine Seite des Lebens manifestiert sich tendenziell eher passiv und die andere eher aktiv. Dieses Prinzip hat dementsprechend zur Folge, dass ein Wechselspiel zwischen Führen und Folgen entsteht. Ein sehr schönes Beispiel dafür finden wir in unserem Sonnensystem. Im Zentrum steht die Sonne und führt. Drumherum sind einige Planeten und viele weitere Körper, die ihr folgen. Ohne die Führung der Sonne gerieten die anderen Planeten in ein leidvolles Chaos, und wäre die Sonne alleine, hätte ihre Existenz keine sinnvolle Aufgabe mehr. Dasselbe finden wir in unserem Körper, wo das Herz mit seinem Rhythmus eine ordnende Kraft repräsentiert und alle anderen Organe jeweils ganz bestimmte Aufgaben innerhalb dieser Ordnung ausführen und dazu beitragen, dass etwas entsteht, das größer ist als jedes einzelne Organ.

Nun betrachten wir das Prinzip des Führens und des Folgens einmal auf menschlicher Ebene. Seit jeher gab es immer wieder Gruppierungen, in denen ein Mensch oder eine Handvoll Menschen im Zentrum eine führende Ordnung schufen, sodass um sie herum ein Organismus aus mehreren Menschen entstehen konnte. Solche Zusammenschlüsse dienen auf natürliche Weise dem Überleben und der Fortführung der Schöpfung. Es gibt ein paar sehr klare Maßstäbe dafür, ob das Verhältnis zwischen Führen und Folgen in einem Organismus gesund ist oder nicht. In einem gesunden Verhältnis sind die grundlegenden materiellen Bedürfnisse aller Beteiligten befriedigend abgedeckt. Zudem herrscht nur so viel Struktur wie unbedingt nötig. Innerhalb der Struktur finden im Idealfall alle Beteiligten des Zusammenschlusses eine sinnvolle Aufgabe und erblühen.

Ob einem Menschen das gefällt oder nicht – doch gibt es in der gesamten Schöpfung nichts, das nicht auf irgendeine Art dem Wechselspiel von Führen und Folgen unterliegt. Darum lass uns gerne einen näheren Blick auf die kritische Position des Führens werfen. Schließlich finden wir in unserer heutigen Zivilisation alle möglichen Organisationen, deren Führung nicht dafür sorgt, dass ihre einzelnen Teile erblühen. Im Gegenteil, viele Menschen fühlen sich unterdrückt und können sich nicht sinnvoll entfalten. Solche Gruppierungen dienen hauptsächlich dem Überleben aller Beteiligten, und oftmals entsteht dabei ein Ungleichgewicht zugunsten der Führenden. Viele Firmen oder politische Strukturen haben es verpasst, ein achtsames Maß an Ordnung zu schaffen. Angenommen, das würde der Sonne passieren: Dann würden die Lebewesen der Erde entweder bald erfrieren oder in sengender Hitze dahinschmoren. Genauso steht es um das menschliche Herz. Schlägt es chronisch zu langsam oder zu schnell, versagt bald der gesamte Organismus. Diese Bilder machen deutlich, dass jegliche Struktur mit ihrem Zentrum steht und fällt.
Doch was läuft in vielen menschlichen Organisationen schief? Das ist relativ einfach zu erklären. Wenn das Zentrum eines Organismus durch Ratio und Wissen bestimmt ist, passiert keine homogene Führung, sondern lineares Wachstum. Das hat zwangsläufig zur Folge, dass die einen mehr profitieren als die anderen und die Mehrzahl aller Beteiligten sich verletzt fühlt. Es ist dann nur noch eine Frage der Zeit, bis die Führung ihre Position verliert. Von daher muss das Zentrum einer Organisation mit Weisheit geführt sein, um gesund fortzubestehen. Weisheit ist eine Qualität, die dem Herzen innewohnt und tief versteht, dass ihr eigenes Wohl in Wirklichkeit das Wohl aller ist. Im Führen liegt eine große Verantwortung, und deshalb sollte jeder Mensch, der spürt, dass seine Qualitäten und Gaben ihn immer wieder an diese Po-

sition stellen, sich bewusstmachen, dass er im Dienst für sein Wohlbefinden als auch für das Erblühen aller anderen verantwortlich ist.

Lass uns gerne im Gegenzug auch die Position des Folgens betrachten. Führen und Folgen sind gleichwertig und gleich wichtig. Ich denke, es ist wichtig, wieder die Qualität des Folgens sehen zu lernen, und wie sie zur Ganzheit beiträgt. Leider gibt es in unserer Gesellschaft viele Menschen, die durch Führung und Machtstrukturen verletzt wurden. Das hat zur Folge, dass Menschen entweder selbst beginnen, danach zu streben, in eine Führungsposition zu gelangen (Kampf) oder sie steigen nach Möglichkeit missmutig aus dem System aus (Flucht). Ein angstbasiertes Erstreben und Erreichen einer Führungsposition führt jedoch bloß dazu, dass daraus eine Machtposition entsteht und zukünftig noch mehr Verletzung passiert. Das Flüchten aus einer Position des Folgens führt dazu, dass eine Organisation bald weniger Kreativkräfte hat und ihr damit Lebendigkeit verlorengeht. Menschen, die in sich fühlen, dass sie sogar gerne folgen und sich sinnvoll irgendwo einbringen möchten, ist zu empfehlen, innerlich aus einer Opferhaltung auszusteigen. Oftmals hindern nämlich innere Widerstände aus vergangenen Erfahrungen einen Menschen daran, sich selbst im Rahmen einer gesunden Struktur zu verwirklichen. Seine Aufgabe ist es dann, wieder Vertrauen in die Menschen zu finden und Verantwortung für seine Emotionen zu übernehmen.

Eine gesunde Organisation von Menschen bildet einen Rahmen, in dem sowohl die grundlegenden Bedürfnisse des Überlebens gedeckt sind als auch das Schöpferpotenzial der Einzelnen zum Vorschein kommt.
Prinzipiell trägt jeder Mensch beide Qualitäten in sich, das Führen und das Folgen. Sobald sich ein Mensch ge-

gen eine dieser beiden Kräfte wehrt, grenzt er damit die Hälfte seines eigenen Potenzials aus. Ich wünsche jedem Menschen, dass er wieder die Freiheit findet, sowohl im Führen als auch im Folgen zu erblühen. Auf dass beide Kräfte in ihm tanzen und seine Begabungen auf die Erde bringen.

10. – Übung

Informiere dich in der kommenden Zeit über neue Dinge, die dir interessant erscheinen. Besuche Veranstaltungen, die du noch nicht kennst, und gehe zu Orten, an denen du neue Menschen kennenlernst. Aber vor allem, setze dich Situationen aus, in denen du gefordert bist, neu zu reagieren, oder wo du etwas ganz Neues lernst. Etwas, das du noch nicht kannst. Entdecke deine Qualitäten und habe keine Angst, dich zu blamieren, denn nur an dem Punkt, an dem du ganz frei von vorgefertigten Konzepten bist, findest du ungeahnte Fähigkeiten!

11. KAPITEL

DEINE KONSTRUKTIVEN TEILZEITDEPRESSIONEN

Ist dir bereits aufgefallen, dass in deinem Leben immer wieder Phasen kommen, die deinen Gemütszustand völlig über alle Berge fegen, und in denen du einer Art Sinnlosigkeit ausgesetzt wirst, die nicht unbedingt an äußeren Umständen festzumachen ist? Für manche Leute mag das nichts Besonderes sein, da ihr aktuelles Leben ohnehin ständig aus depressionsartigen Zuständen besteht. Doch erleben auch Menschen, die voll in ihrer Kraft stehen, immer wieder diese intensiven, oft unangenehmen Gefühlsstürme.

11a. – Frage

Wie oft findest du dich in Zuständen wieder, die einer kleineren oder größeren Depression gleichen, und in denen dir jeglicher Sinn für das Leben fehlt?
Wie geht es dir während dieser Phasen und welche Gedanken hast du dabei überwiegend?

11b. – Frage
Wie geht es dir nach solchen Phasen und welche Gedanken und Gefühle hast du im Nachhinein?

Erwachen

Der klassische Erwachensprozess eines Menschen wird meist durch unangenehme Lebensumstände wie Krankheit, Verletzung oder Depression ausgelöst. Die eben genannten Dinge sind eine Art Nothebel des Lebens, um uns wenigstens für kurze Zeit zur Ruhe zu bringen und uns über unser Leben reflektieren zu lassen. Doch warum sollte man das überhaupt tun? Weil das Leben auf eine ganz bestimmte Weise aufgebaut ist. Nichts bleibt jemals gleich. Das sieht man sehr deutlich in der sich ständig transformierenden Natur. Alles wird geboren, erfährt eine stabile Phase und bricht dann zusammen, um wieder neu geboren zu werden. Innerhalb solch eines Lebenszyklus finden wir wiederum viele kleinere auf diese Weise aufgebaute Zyklen. Und da wir in unserem modernen Lebensstil oftmals versuchen, die stabile Phase künstlich aufrechtzuerhalten, verwendet das Leben immer deutlichere Signale, bis hin zu heftigen Brecheisenmethoden, um uns in die dritte Phase zu begleiten. Wie gesagt strebt Leben nach Transformation, denn das ist es, was Lebendigkeit ausmacht. Doch wer Aspekte des Zerfalls und des Todes als etwas Negatives ansieht und diese Dinge aus seinem Leben ausgrenzen möchte, wird zwangsläufig zum Opfer der Geschehnisse werden. Dann projizieren wir gerne auf das böse Schicksal oder sämtliche anderen Dinge, doch letztlich waren wir es selbst, die Arm in Arm mit unserer Unwissenheit das eigene Grab geschaufelt haben! Am Ende haben wir also nicht die Wahl, ob wir uns transformieren möchten oder nicht. Sondern lediglich die Wahlmöglichkeit, ob wir es bewusst durchlaufen wollen und aktiv Teil des Prozesses sind, oder ob das Leben uns als lebendige Passivwiderstände durch den Prozess drücken muss! Chronische Leiden sind meist die Folge einer chronischen Weigerung, sein Leben neu auszurichten. Neuausrichtung hat oft damit zu tun, Altes auszusortieren und Vergangenes loszulassen. Sei es Besitz, bestimmte zwischenmenschliche Beziehungen oder Aspekte unseres aktuellen Lebensstils.

Ein Erwachensprozess wird immer durch die innere Stimme, also durch bestimmte Gefühle angekündigt. Wer gelernt hat, dem Fluss des Lebens zu lauschen, wird auch diese Zeichen wahrnehmen. Wessen Leben mit Beschäftigungen und mit einer ich-zentrierten Interessenagenda überfüllt ist, dem werden bald deutlichere Signale gesendet. Diese Signale sind dann nicht mehr nur durch unseren Energiekörper wahrnehmbar, sondern auch an unserem physischen Körper. Also, wenn das kein genialer Service des Lebens ist: So kommt man nie in die Situation etwas zu verpassen, oder?

Transformation

Wer bereit ist, sich einer Tiefphase hinzugeben, wird zum Suchenden. Was suchen wir? Wir ver-suchen herauszufinden, was unsere innere Stimme uns mitzuteilen hat. Also das, was aus unserem bisherigen Leben ausgedient hat, das, was bleibt, und welche neuen Dinge integriert werden möchten. Dieser Zustand ist meist mit starken Gefühlen von Verwirrung und Unklarheit verbunden. Damit tun sich viele Leute schwer, weil sie sich zum einen schwach vorkommen und zum anderen ihre temporär fehlende Stärke in unserer Gesellschaft keinen guten Eindruck macht. Unsere Gesellschaft ist auf alles Mögliche vorbereitet: Wenn man ein körperliches Problem hat, geht man zum Arzt. Hat man ein psychisches Problem, geht man zum Therapeuten. Wer ein Rechtsproblem hat, geht zum Anwalt. Doch wohin mit den Menschen, die sich gerade bewusst transformieren?

Richtig, wir sehen nicht den Prozess, sondern geben ihnen Tabletten oder unterdrücken ihren Prozess, indem wir versuchen, die Menschen wieder „aufzupäppeln". Ähnlich verhält es sich mit der weiblichen Periode, die ein monatlicher, natürlicher Reinigungs- und Depressionsprozess ist, der, bewusst erlebt, viele Geschenke mit sich bringen kann!
Ein Mensch, der solche Intensivprozesse aktiv durchlebt, wird Frieden mit der Unklarheit finden und mit der Zeit das Vertrauen entwickeln, dass die Verwirrung die Geburtsstätte neuer Klarheit ist! Diesen Ungewissheitszustand kann man sogar genießen lernen, sofern man aktiv mit dem Leben zusammenwirkt, sodass eine Verwirrung kein Dauerzustand wird. Welche Menschen sind dauerhaft verwirrt? Jene, die weder Sinn im Alten finden aber auch nicht bereit sind, Verantwortung zu übernehmen, Neues zu erforschen und sich selbst neu kennenzulernen.

Wie kann man sich bewusst transformieren? Oftmals ist es uns aufgrund unserer Alltagstätigkeiten nicht möglich, dass wir uns Zeit für den Stillstand nehmen, obwohl wir es bräuchten. Dann ist es zumindest empfehlenswert, etwas langsamer zu machen und ganz genau in sich zu fühlen, wann es im Außen zu viel wird. In diesen Phasen können selbst herkömmliche physische oder psychische Belastungen als intensiver empfunden werden als sonst, und wir fragen uns verdutzt: „Das ist doch sonst nicht so anstrengend?" Und das ist völlig in Ordnung so. Auch hier geht es wieder um Vertrauen, und man kann lernen, seinen Tätigkeiten nachzugehen und zugleich den Transformationsprozess zu durchlaufen. Jedoch braucht es hierfür einiges an innerem Fingerspitzengefühl.
Im besten Fall nehmen wir uns aber immer wieder Zeit, alle Geschäftigkeiten liegen zu lassen und einfach mit

unseren unangenehm anklopfenden Gefühlen zu sein. Alle paar Monate, jedoch mindestens einmal jährlich ist es zu empfehlen, dass sich ein Mensch mehrere Wochen frei nimmt und Distanz zu seinem sonstigen Leben schafft. Wertvolle Werkzeuge für solch eine Zeit können sein: weniger zu essen, nichts zu arbeiten, wenig Denkleistung erbringen zu müssen, den Informationsinput zu reduzieren, eine ruhige und natürliche Umgebung, wenige oder keine Sozialkontakte, Abstand von allen Menschen, die wir kennen, besonders nahestehenden Menschen, und so wenig wie möglich das persönliche „Ich" zu importieren. Was Letzteres bedeutet? Für solch einen Rekalibrierungsprozess kann es sehr wertvoll sein, an einen Ort zu gehen, der nichts mit dem sonstigen Zuhause zu tun hat. Am besten ins Ausland oder an einen liebevoll eingerichteten Ort, der dafür geschaffen ist, dass man dort in sich gehen kann. Nun hat unser überlebenssicherndes Ego jedoch stets Angst vor energetischen Sterbeprozessen und Transformationen. Also hat es eine Strategie: Das Zuhause und die persönlichen Vorlieben werden einfach mitgenommen und an den neuen Ort importiert. Wir kreieren unser altes Leben mit all seinen Facetten einfach an einem anderen Ort.

Doch wie könnte man es denn sonst noch machen? Am besten, du lässt vieles, was deine Persönlichkeit ausmacht, zuhause. Trage andere Kleidung während dieser besonderen Zeit, zumindest etwas sehr Schlichtes, das nicht unbedingt äußere Schönheit betont. Verzichte für diese Zeit darauf, dich hübsch zu machen, und wenn du möchtest, schneide dir die Haare ab. Versuche nicht deine alten Essgewohnheiten an dem neuen Ort zu pflegen. Am besten, es gibt dort vorgegebene Essenszeiten und vorgegebene Gerichte. Höre nicht deine Lieblingsmusik, sondern eher solche Musik, die deine Aufmerksamkeit nach innen richtet. Habe einen

Tagesablauf, den du sonst nicht hast – eventuell stehst du besonders früh auf – und betreibe am besten kein Sightseeing oder abenteuerlichen Tourismus. Hebe dir diese Aktivitäten für nach deinem Prozess auf! All die erwähnten Dinge sind lediglich Vorschläge, Dinge, die Menschen seit jeher als Katalysatoren für ihre bewusste Transformationszeit verwendeten.
Während dieser Zeit kann es wertvoll sein, den Fokus mehr nach innen zu richten. Bestimmte Praktiken wie Yoga, Meditation, Atemübungen, Workshops, um in sich zu gehen, Stillephasen oder ähnliches unterstützen deinen Prozess. Und mach dich am besten darauf gefasst, dass dein Verstand keine Gelegenheit auslassen wird, das alles als unsinnig und unnütz zu deklarieren. Deine Widerstände werden sehr wahrscheinlich alles auf die äußeren Umstände projizieren und den Ort, die Workshopleiter, die Lebensumstände und anderes zu kritisieren versuchen. Es ist wichtig zu verstehen, dass ein bewusster Loslassprozess oftmals körperliche oder emotionale Leiden mit sich bringt und wir während dieser Phase eventuell nicht wie das blühende Leben aussehen. Das ist auch der Grund, warum es manchmal besser ist, keine nahestehenden Menschen dabei um sich zu haben. Ihre Angstprojektionen könnten unseren Prozess unterbinden und uns dazu bewegen, am Alten festzuhalten. Sei ganz für dich und finde das Paradies im Schwachsein. Vertraue darauf, dass der Großteil der Geschenke dieser Intensivzeit stets hinterher kommt!

Da jeder von uns verschiedene Überlebensreaktionsmuster im Körper gespeichert hat, haben wir bestimmte Blockaden. Sehr starke Reaktionsmuster kann man als Traumata bezeichnen. Und ein Schritt in Richtung bewusster Transformation kann bedeuten, dass die unangenehmen Gefühle der einstigen Traumatisierungen wieder zum Vorschein kommen. Doch genau die-

se bewusste Re-Traumatisierung kann der Beginn sein, das bisherige Leben zu wandeln. Wie gesagt, ganz loswerden können wir gar nichts, jedoch erwachsen aus den größten Traumata die herrlichsten Geschenke. Zumeist sind es nämlich genau die Leute, die durch ihren inneren Dreck gegangen sind, die wissen, von was sie sprechen, wenn sie dann andere Menschen begleiten, durch ihren heiligen Dreck zu gehen!
Genau diese Schatten und Schmerzen bilden im Laufe eines Transformationsprozesses die Grundlage für so manche Fähigkeit und Begabung, die ein Mensch dann mit dieser Welt teilen kann.

Auferstehung

Was sind normalerweise die Geschenke solch einer besonderen Auszeit? Für gewöhnlich fühlen wir uns wieder kraftvoll und energetisiert. Neue Inspiration und Motivation für unseren Lebensweg warten dann darauf, sich handfest zu manifestieren. Eventuell haben wir bemerkt, dass wir bestimmte Dinge, die zu unserem bisherigen Lebensstil gehört haben, nicht mehr tun möchten. Neuausrichtung, Klarheit, Lebensfreude, mehr Gesundheit und vielleicht sogar eine neue Lebensvision sind alles wundervolle Symptome einer Auferstehung aus der eigenen Asche! Zumeist sehen wir nach solch einem Prozess auch verjüngt und von innen heraus schön aus. Nun schmücke dich gerne wieder und präsentiere der Welt deine ganze Schönheit. Ähnlich wie die Blumen auf dem Feld, die im Frühling förmlich schreien: „Seht, wie wundervoll das Leben ist, ich will erblühen!"
Die darauffolgenden Schritte im alten Umfeld sind zum einen, die Menschen zu informieren, dass und wie wir uns verändert haben. Du musst bedenken, dass sie eventuell keinen bewussten Transformationsprozess

durchlaufen haben und dich immer noch so ansprechen und behandeln werden wie vor deiner Intensivzeit. Manche der dir nahestehenden Menschen haben eventuell sogar Angst, dich zu verlieren, und werden versuchen, „die Alte" oder „den Alten" in dir wiederzufinden. Nun liegt es an dir, zu deiner neuen Ausrichtung zu stehen und ungeachtet der Emotionen anderer mit Klarheit und aller Liebe deinen Weg zu gehen. Nutze deine Energie kreativ und erschaffe dir damit ein Leben, wie du es dir wünschst. Gestalte Stück für Stück den Weg und bedenke, dass du kurz nach deinem Prozess wieder in das Tal hinunterläufst. Was das bedeutet? Ein Transformationsprozess ist damit zu vergleichen, dass man auf einen hohen Berg wandert. Von dort oben hat man eine distanzierte, klare Sicht und einen guten Überblick über die Geschehnisse des eigenen Lebens. Nach dem mühsamen Aufstieg wirst du die Aussicht und Vision dort oben sehr genießen. Ein Wind von Freiheit und Sinn wehen hier – Leichtigkeit!
Nun folgt der nächste Schritt, und dieser ist nicht weniger wichtig als die vorangegangenen, nämlich eine konstruktive Integration. Mache dich darauf gefasst, dass dieses klare Freiheitsgefühl noch eine Weile mit dir schwingt, bis du wieder von all den Dingen deiner alten Umgebung eingespannt wirst. Das ist, als ob du nun wieder hinunter ins Tal liefest und den Dschungel des Lebens beträtest. Auf einmal ist es nicht mehr so leicht, diesen klaren Überblick zu haben. Doch erinnere dich an den Weg, den du hoch oben vom Berg gesehen hast, denn die Gefühle, die du dort oben hattest bleiben dir, und du kannst dich immer wieder mit diesen Empfindungen als Navigationshilfen verbinden.

Auf diese Weise wirst du zum aktiven Schöpfer deines Lebens und lebst deinen Traum auf der Basis deiner einzigartigen Fähigkeiten. Erwarte vor einem Transformationsprozess am besten nicht, dass dabei dieses oder jenes Ergebnis herauskommen wird.

Ich verspreche dir, du wirst nicht berechnen können, was für ein Mensch du danach bist!
Als Jesus für 40 Tage, ohne zu essen und ohne zu trinken, durch die Wüste lief, hatte er bestimmt keine persönliche Agenda oder war auf Sightseeing aus. Alles, was er tat, war, dieser inneren Stimme zu folgen. Lasse dich führen und vertraue gerne auf den natürlichen Leitfaden deines Lebens!

Transformationsentscheidungen

Während transformativer Phasen sind wir in der Regel wesentlich irrationaler, außerkörperlicher und weniger geerdet. Das dient in diesem Moment auch dem, was in uns passiert. Die Folge solcher Transformationen können, wie erwähnt, tiefe Erkenntnisse über die eigene Person und das Leben im Allgemeinen sein. Solche Einsichten hinter die Kulissen der Schöpfung können manchmal ein ganz neues Licht auf unsere wichtigen Lebensthemen werfen. Auf einmal sehen wir den Sinn oder Unsinn unserer Beziehungen, von bestimmten Verhaltensweisen, oder wir sehen, wie unser Lebensweg im Einklang mit allem aussehen könnte.
An dieser Stelle ist es wichtig zu verstehen, wie die Beschaffenheit der immateriellen Welt ist. Die Nichtmaterie kennt nämlich keine Anhaftung an die weltlichen Dinge. Weder an materielle Güter noch an zwischenmenschliche Beziehungen oder an rationale Güter. In dieser besonderen Seinsebene kommen wir in den Genuss, verstärkt wahrzunehmen, wie Energie durch und in den Dingen fließt. Solche Einblicke lassen weltliche Geschehnisse und Dramen sehr schnell zu einem netten

Scherz werden. Die Wichtigkeit vieler Dinge wird plötzlich zur Nichtigkeit. Das ist im Zuge der Transformation unseres Wesens auch sehr dienlich, da sich in uns die Bausteine dann besser neu zusammensetzen lassen, wenn wir weniger Körper- oder Rationalbezug haben.
Wie das funktionieren soll, dass wir kurzzeitig zu diesen beiden Bezügen Abstand nehmen? Ganz einfach: Je mehr Ängste und Zweifel in unserem physischen und energetischen Körper sind, desto weniger frei kann Energie durch uns fließen. Mit Hingabe und Vertrauen in den energetischen Sterbeprozess lassen wir zu, dass unser Hauptbezug, zumindest temporär, bei unserem Bewusstsein ist. Also bei dem kosmischen Teil in uns. Dem, was unsere innere Wahrheit ausmacht.
In diesem speziellen Zustand sehen wir nicht nur die Zusammenhänge klarer, sondern befinden uns auch in einer anderen Raum- und Zeitdimension. Eventuell werden uns sogar Visionen zuteil und sämtliche Gefühle können intensiv durch uns hindurch zum emotionalen Ausdruck kommen. Der Grund, warum ich das hier ausführe, ist der, dass du während und unmittelbar nach deiner Transformation noch warten solltest, Entscheidungen für deine irdischen Lebensumstände zu treffen. Wieso das? Weil die Euphorie der Erkenntnis zu übereilten Entscheidungen führen kann, die nicht auf erdige Art und Weise der Materie und dem dort herrschenden Raum-Zeit-Gefüge angepasst sind.

Was das nun wieder heißt? Okay, ein Beispiel: Angenommen du bist schon seit Jahren nicht mehr mit deiner momentanen Arbeitssituation zufrieden. Zudem bemerkst du, wie dein Körper klare Symptome aufweist, dass du insgesamt einen Lebensstil führst, der dir nicht guttut. Die beiden genannten Dinge könnten beispielsweise die Folge verschiedener Ängste und gesellschaftlicher Konditionierungen sein. Du merkst vielleicht schon länger, dass dir dein Lebensstil, vor allem deine Arbeit nicht guttut, doch hattest du noch nicht den Mut zu Veränderungen. Nun nehmen wir an, du erlebst im Zuge eines Rituals, einer Visionssuche, einer Selbstfindungswanderung oder bei einem tiefgreifenden Seminar einen intensiven Transformationsprozess. Und in einem irrationalen Zustand bekommst du dann eine klare Einsicht in dein Unterbewusstsein. Dabei erkennst du vielleicht, wie du dir mit deinem momentanen Lebensstil dein „Grab zu Lebzeiten" schaufelst. Nach deinem Transformationsprozess bist du dann voller Energie und Klarheit. Du hast eine neue Ausrichtung für dein Leben und weißt nun auch, was du nicht mehr möchtest. Es kann also vorkommen, dass du wenige Tage nach deiner Transformation direkt deine Arbeit kündigst und deine Ernährung umstellst sowie andere Justierungen an deinem Leben vornimmst. Zudem hast du vielleicht die Vision, reisen zu gehen. Das alles wird sich im ersten Moment auch sehr befreiend anfühlen, doch kann es sein, dass du dich zwei Wochen später etwas ärgerst. Warum das? Da du vielleicht noch etwas mehr Geld benötigt hättest für deine Reise und dir nun, in einem erdigeren Zustand, auffällt, dass du lieber noch ein wenig länger im alten Job hättest arbeiten sollen. Natürlich heißt auch das nicht, dass dein Unterfangen deshalb vergebens ist, doch was ich hier aufzeigen möchte, ist, dass es sinnvoll sein kann, tiefe Erkenntnisse erst einmal ein bis zwei Wochen sacken zu lassen, bevor man auf deren Basis Entscheidungen für sein Leben trifft. Wie gesagt warst du während deiner Transformation in einem nichtanhaftenden Zustand und fern von den Dingen. Dadurch fehlt auch das Raum-Zeit-Gefühl und eine Entscheidung, die unmittelbar danach getroffen wird, könnte nicht die irdischen Komponenten beachten, die es braucht, um deinen neuen Weg auf eine gute Art und auf geordnete Weise zu manifestieren. Es ist wichtig, sich in solchen Situationen vor Augen zu halten, dass Veränderung in der Materie immer länger braucht als auf feinstofflicher Ebene.

Zudem sind in der Materie auch wesentlich mehr Dinge zu bedenken, wenn Weichen gestellt werden sollen.

Deshalb möchte ich dir empfehlen, nach tiefen Transformationsprozessen auf der einen Seite die Dinge sacken zu lassen und in einem geerdeterem Zustand genau abzuwägen, wann und wie die nächsten Schritte und Veränderungen in deinem Leben aussehen sollen. Auf der anderen Seite passe aber auch auf, dass du nicht sofort wieder in deinen alten Trott einsteigst, die neue Ausrichtung zu sehr verblassen lässt und alte Ängste deine Klarheit vernebeln. Jede Transformation bringt wundervolle Geschenke, Loslösungen und neue Wege in unser Leben. Es ist eine Kunst, diese außerweltlichen Empfindungen auf konstruktive Weise in das weltliche Dasein zu integrieren. Vertraue auf deine innere Führung, sie weiß stets, was die nächsten richtigen Schritte für dich sind. Und solltest du dir nach deiner Transformation wieder unsicher werden, nimm dir erneut etwas mehr Zeit für Ruhe und gehe spazieren oder meditiere ganz für dich, sodass du dich wieder an die Klarheit deiner Erkenntnisse erinnerst!

Dauertiefphasen

Wenn du unbewusst im Laufe deines Lebens in einen dauerhaften depressionsartigen Zustand geraten bist, ist es umso wichtiger, darauf zu vertrauen, dass auch du selbst die Kraft hast, dieses Geschenk zu nutzen und wieder neu aufzuleben. Doch wo fängt man an, wenn alles sinnlos erscheint? Als erstes versuche täglich Erfahrungen zu kreieren, die dir, jenseits von berauschenden Mitteln oder virtuellen Welten, wieder ein Gefühl von Freude bereiten. Sei dir bewusst, dass Lethargie zu noch mehr Trägheit und Sinnlosigkeit führt und aktive Teilnahme am Leben in Richtung Energie. Allein dein Wille zu leben kann dich in dieser Dauertiefphase antreiben, Tag für Tag dran zu bleiben. Und auch, wenn du die Veränderung erst einmal nicht bemerkst, so bereitest du über die Wochen und Monate einen neuen Boden in deinem Leben, auf dem du dann auch wieder stabil stehen kannst. Alles, was dir jetzt wirklich helfen kann, ist bereits in dir. Lass die unangenehmen Gefühle, so gut du kannst, Teil dieses Weges sein und gehe stetig ein Stück weiter. Ich verspreche dir, es wird schön werden, denn ich weiß aus Erfahrung, wovon ich spreche.

Die meisten Menschen sind der Überzeugung, dass man Depression aus unserem Leben verbannen sollte. Ich bin der Überzeugung, dass wir höchstens die Ignoranz gegenüber Depression verbannen sollten! Wer das Unangenehme aus seinem Leben verdrängen möchte oder dagegen ankämpft, wird auch all die schönen Dinge verjagen! Aus meiner Sicht ist es ein erster heilsamer Schritt, Tiefphasen oder heftige Intensivgefühle in unserem Verstand nicht mehr als falsch zu betiteln. Stell dir vor, du würdest lernen, sogar solche Empfindungen zu feiern! Wie man das macht? Ganz einfach, fühle alles, was in dir aufkommt, doch stelle weder den Anspruch, dass es aufhört, noch, dass etwas Bestimmtes dabei herauskommt. Sei einfach ganz da, wenn es passiert. Ähnlich wie bei einer angenehmen Feier – dagegen wehrst du dich ja auch nicht, sondern nimmst alles an und bist präsent mit den Dingen. Depression zu feiern bedeutet, sich dem, was mit dir passiert, ganz hinzugeben. Dadurch tauchst du nämlich in diesen Transformationszustand ein und knüpfst an eine neue

Ausrichtung an – neue Gedanken, neue Ehrlichkeit zu dir selbst, Visionen und andere Einblicke in dein Leben.

Tage sind, wie sie sind

Im Laufe meines Lebens wunderte ich mich immer wieder über mehrtägige Tiefphasen, die wie aus dem Nichts erschienen und genauso mysteriös verschwanden. Oftmals fühlte ich mich dabei als ein Opfer und projizierte meine unangenehmen inneren Gefühle auf meine Außenwelt oder übte unsinnig übertriebene Selbstkritik. Bald fiel mir auf, dass diese Phasen tendenziell eher in den Tagen vor und während des Vollmondes oder Neumondes auftraten. Das wunderte mich, und ich begann genauer darauf zu achten. Und tatsächlich führten meine inneren Studien dazu, dass ich klar feststellte, besonders um Vollmond herum sehr durchlässig zu sein. Klassische Symptome dabei sind: eine gesteigerte emotionale Verletzlichkeit, weniger Kraft für körperliche oder rationale Arbeiten, spontane Sinnlosigkeitsgefühle und ein Hang dazu, das Leben dramatisch werden zu lassen. Folge dieser Empfindungen waren oftmals Überkonsum und ein unangenehmes Schwarz-Weiß-Denken.

Mit der Zeit begann ich regelrecht zu forschen, und jedes Mal, wenn die entsprechenden Symptome in mir aufkamen, beobachtete ich meine Gefühle und meine Gedanken ganz genau. Das führte zumindest dazu, dass ich mich nicht mehr als ein hilfloses Opfer fühlte, das nicht weiß, wohin es mit sich gehen soll. Trotzdem war es noch unangenehm. Also projizierte ich auf die Gestirne, allen voran auf den Mond, denn einer musste ja schuld sein! Zu meinem Glück begann der Vollmond bis heute nie ein Drama mit mir, sondern schenkte mir im Gegenzug stets all seine Schönheit. Nach ein paar

Jahren meines Tiefphasenstudiums erkannte ich die eigentliche Kraft solch eines Zustandes. Als diese Erkenntnis in mir aufging, wunderte ich mich, warum einem niemand solche für das Leben absolut grundlegende Dinge schon in Kinderjahren beibringt? Bis dahin hatte ich nämlich zwanghaft versucht, aus dem unangenehmen Gefühl herauszukommen, und machte die angenehmen Gefühle zum „richtigen Zustand". Letzten Endes war es jedoch mein polarisierendes Weltbild, das mein Leid erschuf, keine externen Planeten! Ich erkannte, dass es ja gar nicht darum geht, unangenehme Gefühle abzuschaffen, sondern sich ihnen hinzugeben.
Ist dir schon einmal aufgefallen, was dann passiert? Ganz genau: Aus einem verkrampft leidvollen Zustand wird eine innere Transformation, und am Ende kommt ein Gefühl, das noch schöner ist als ein alltäglich angenehmes Gefühl! Ich konnte auf einmal klar sehen, wie die Hingabe an all meine Zweifel und an meine Verwirrung in bedingungslose Freude mündete. In diesem Zustand verschwand dann auch meist das unkontrollierte Konsumverhalten. Entscheidend war jedoch stets, dass ich mir Zeit nahm und auf meine inneren Bedürfnisse einging. In der Schwäche zwanghaft stark sein zu wollen, brachte immer nur Schmerz und noch mehr Sinnlosigkeit. Doch in der Schwäche meine wahre Stärke zu finden und diese einfach zuzulassen, ist das Geheimnis, das mein Leben bis heute bereichert. Seither nutze ich solche Tiefphasen, so gut ich kann, um einen genaueren Blick auf mein Leben zu werfen. In einem Zustand zwischen alltäglicher Rationalität und der Tiefe meiner Gefühle sehe ich dann umso deutlicher, wie mein Leben gerade verläuft und wo ich unsinnige Dinge tue. Dabei fiel mir auch auf, dass in einem Moment der Tiefe meine innerlich aufgezeigten Verhaltensweisen immer sehr intensiv fühlbar waren. So intensiv, dass ich manchmal dachte: Es zerreißt mich gleich! Oft tat es gut, auch

Tränen zuzulassen und darauf zu vertrauen, dass nach jeder Nacht wieder ein neuer Tag beginnt.

In meinen weiteren Forschungen entdeckte ich mit der Zeit noch eine tiefere Schicht dieser Zustände. Es fiel mir dann sogar so leicht, mich den Dingen einfach hinzugeben, dass ich in einen Zustand kam, der sich so anfühlte, als ob ich eine Flasche Wein getrunken hätte. Das volle Loslassen von allem Rationalen führte mich in die Schönheit meiner Tiefe und ich verstand plötzlich, warum das Antlitz des Vollmondes von solch außer-irdischer Schönheit ist! Ich kenne nichts Vergleichbares wie den Mond, der den Menschen so immens daran erinnert, wie wundervoll ein jeder von uns ist. Rückblickend bemerkte ich, dass all meine Gedichte und die meisten guten Einfälle und Visionen in solchen Phasen entstanden. Um die eben geschilderten Zusammenhänge abzuschließen, möchte ich die Worte von einem meiner Lebenslehrer verwenden: Verwirrung ist die Grundlage von Klarheit!

Tage sind, wie sie sind. Mache nichts Falsches aus ihnen und lerne sowohl das Hoch als auch das Tief zu feiern!

Geschichte „Glück oder Unglück"

Es war einmal ein älterer, liebevoller Bauer. Er lebte nur mit seinem Sohn, da seine Frau bereits verstorben war. Gemeinsam hatten sie ein großes Feld, um Nahrungsmittel anzubauen, und ein Pferd, das ihnen bei der Arbeit half. Ihre einzigen Nachbarn weit und breit lebten nur wenige Gehminuten von ihrem Haus entfernt, und man konnte sogar von Hof zu Hof hinübersehen.
Als die Nachbarn einmal zu Besuch kamen, sagten sie zum Bauern: „Oh, welches Glück ihr habt! Ein starkes

Pferd hilft euch bei der schweren Arbeit auf dem Felde. Wir haben kein Pferd und müssen alles von Hand pflügen."

Daraufhin antwortete der Bauer nur: „Glück, Unglück, wer weiß das schon."

Eines Tages, nachdem der Sohn des Bauern gerade wieder einmal das Feld bestellt hatte, lief plötzlich das starke Pferd davon und verschwand in Richtung der nahegelegenen Berge. Die Nachbarn des Bauern beobachteten die Szene und kamen sofort zu ihnen herübergelaufen und riefen: „Oh nein, was für ein Unglück, nun habt ihr gar kein Pferd mehr, das euch bei der schweren Feldarbeit hilft!" Und mit gleichbleibender Miene antwortete der Bauer ruhig: „Glück, Unglück, wer weiß das schon."

Es dauerte nur fünf Tage, da kam das Pferd des Bauern wieder von den Bergen zurückgelaufen und brachte gleich drei weitere starke Wildpferde mit sich. Als die Nachbarn das sahen, kamen sie, so schnell sie konnten, zum Hof des Bauern gelaufen und riefen: „Seht nur, welch Glück ihr habt, nun habt ihr gleich vier Pferde, die euch bei der Feldarbeit helfen können!" Und in einer liebevollen Art antwortete der Bauer seinen Nachbarn: „Glück, Unglück, wer weiß das schon."

Am nächsten Tag machte sich der Sohn des Bauern daran, die Wildpferde zu bändigen, damit sie bei der Arbeit helfen würden. Doch nach mehreren Versuchen fiel der junge Mann von einem der Pferde und brach sich schmerzhaft das Bein. Völlig außer sich kamen erneut die Nachbarn herbeigelaufen und riefen: „Oh nein, so ein Unglück, nun kann dein Sohn dir nicht einmal mehr bei deiner schweren Arbeit helfen!" Und der Bauer antwortete ihnen: „Glück, Unglück, wer weiß das schon."

Der Sohn des Bauern war nun gezwungen, im Bett zu liegen, und konnte selbst mit Krücken nur mühsam gehen.

Es verging eine Woche, da stand plötzlich das Militär des Landes vor der Türe des Bauern und sagte ohne zu zögern, dass alle jungen Männer mitgenommen und für den bevorstehenden Krieg benötigt würden. Die beiden Söhne der Nachbarn hatten sie bereits abgeholt. Der Bauer blickte die Herren an und ließ sie herein. Doch als sie seinen Sohn so verletzt und zugerichtet im Bett liegen sahen, beurteilten sie ihn als kriegsunfähig und gingen, ohne ihn mitzunehmen. Voller lebendiger Emotionen kamen die Nachbarn zum Bauern gelaufen und riefen: „Oh, sieh doch, welches Glück du hast, dein Sohn wurde nicht mit zum Krieg genommen!" Und der Bauer blickte sie erneut mit all seinem Herzen an und sagte freundlich: „Glück, Unglück, wer weiß das schon."

11. – Übung

Das nächste Mal, wenn wie aus dem Nichts depressionsartige Empfindungen über dich kommen, setze dich hin und versuche nicht, die Lage zu sehr zu analysieren. Nimm dir ein paar Stunden oder einen ganzen Tag, um mit diesen Gefühlen zu sein. Erlaube dir traurig oder wütend zu sein, und gib dich deinem inneren Prozess hin. Mit dem Vertrauen, dass dein Innerstes genau weiß, was gerade mit dir passiert, kannst du deinen Verstand beruhigen. Die Natur ist jetzt dein bester Freund, suche sie also gerne auf. Genieße diese Phase!

„Wenn Depression oder Bliss kommen, sind sie wie eine große Welle. Selbst wenn es dein Plan war, hinauszurudern, um zu fischen, wird die Welle dich mitnehmen. Deshalb ist es immer gut, ein emotionales Surfbrett dabeizuhaben!"
(Equiano)

12. KAPITEL

DEINE KLARHEIT

Nahezu jeder kann bestätigen, wie schön es ist, ganz wach und klar zu sein. Das Leben scheint dann irgendwie einfacher und die Dinge gehen uns leichter von der Hand. Zudem hilft uns innere Klarheit, in diesem vielseitigen und komplexen Leben der heutigen Zeit gut zurechtzukommen.

12. – Frage

Welche Dinge kannst du präventiv oder akut tun, um öfter in deinem Leben klar zu sein?
Schreibe dir mindestens zehn praktische Stichpunkte auf und führe weiter aus, wie du diese in der kommenden Zeit praktisch in dein Leben integrieren möchtest.

Praktische Eigenliebe

Immer mehr Menschen verstehen tiefgehend, wie wichtig es ist, sich selbst zu lieben. Als Satz hört sich das schon einmal sehr gut an, doch was bedeutet das überhaupt ganz praktisch?
Ich bin ein großer Freund davon, tiefe spirituelle Erkenntnisse ganz praktisch im eigenen Leben zu integrieren. Gerne auch auf eine moderne Art und Weise. Am Ende zählt, was liebevoll funktioniert! Im Laufe dieses Buches sprachen wir bereits über allerlei praktische Dinge, die deinem Leben fühlbare Eigenliebe geben. Sei es dir wert und sorge immer wieder gut für deinen wundervollen Körper. Es ist absolut in Ordnung, wenn du Sinnlichkeit lebst und hier und da auch Dinge tust, die viele Menschen als „ungesund" ansehen. Zur gleichen Zeit sieh einmal, welche der sieben Prinzipien des inneren Genährtseins du noch mehr in dein Leben integrieren möchtest: physische Nahrung, Bewegung, Schwitzen, Berührung, Töne machen, Atmen und Stille.

Erlaube dir gerne, sowohl prunkvoll als auch einfach zu leben. In jedem Menschen steckt ein königlicher Diener und ein dienender König! Gestalte deine Räumlichkeiten so, dass du dich darin absolut wohlfühlst, und beziehe gerne deine Mitmenschen ein, wenn es darum geht, euer Zuhause zu einem natürlichen Tempel zu machen. Falls du in Vergangenheit zu unsicher warst, dich selbst schön zu machen, dann lass auch diese Qualität in deinem Leben Einzug nehmen. Kaufe dir gerne wieder einmal besonders schöne und bequeme Kleidung und andere Dinge, die dein Innerstes wiederspiegeln. Schließlich können wir Menschen nicht leugnen, dass jeder Einzelne wundervoll ist – die Schöpfung kennt da keine Ausnahmen!

Es liegt jedoch an dir, das auch zuzulassen und dich zu zeigen.
Beobachte deine Emotionen und auch deine dramatischen Überlebensreaktionsmuster noch genauer. Auf der einen Seite ist es gut, die eigenen Muster zu studieren, und gleichzeitig besteht kein Bedarf, sich für irgendetwas zu verurteilen. Selbst dann nicht, wenn du gerade bewusst zusiehst, wie ein Reaktionsmuster sich ausspielt und du es trotzdem nicht änderst. Alles ist in Ordnung, solange du in dir kein Drama daraus machst. Beobachte gerne noch ein zweites oder ein drittes Mal, doch komme auch zu einem Punkt, an dem du noch mehr Klarheit in dein Leben bringst. Deine Emotionen sind in Wirklichkeit die Juwelen deiner Seele, es liegt an dir, sie zu schleifen und ihre einzigartigen Geschenke zu erforschen.

Nimm dir immer wieder Zeit für dich. Viele Menschen sind sehr in ihren Alltag eingespannt und das ist schon in Ordnung so. Bedenke jedoch auch, dass deine klare innere Stimme in der Stille am lautesten spricht. Jeder Mensch hat eine Verbindung in sich zu etwas, das größer ist als das Individuum selbst. Knüpfe immer wieder an diese unsichtbare Kraft an, du wirst es dir danken!

Zelebriere dein freudiges Sein. Das Leben ist ein Abenteuer und viel zu schade, um jahrzehntelang Dingen hinterherzulaufen, die du nicht von Herzen machst. Lasse deine Berufung auch deine Kreativität zum Ausdruck bringen – du bist Schöpfer!
Ziehe gerne mal wieder los und entdecke die Welt – äußerlich und dadurch auch innerlich. Meistens bringen Menschen wundervolle Geschenke mit nach Hause, die sowohl sie selbst als auch ihre Mitmenschen bereichern. Erinnere dich, wie es war, Kind zu sein.

Ein Zustand, in dem die Vergangenheit schon längst vorbei und das Morgen noch nicht da ist. Spiele, singe und tanze.

Kultiviere eine absolute Akzeptanz dir selbst gegenüber und versuche nichts aus dir zu machen, was du nicht bist. Ein Eichhörnchen liebt es zu klettern, Nüsse zu sammeln und mit anderen Eichhörnchen Fang-Mich-Spiele zu spielen. Ein Krokodil liebt es zu baden, zu lauern und zu jagen. Wenn du ein Eichhörnchen bist, vergeude deine Zeit nicht damit, eine Gazelle zu jagen. Und wenn du ein Krokodil bist, horte keine Nüsse!
Jeder Mensch hat einzigartige Fähigkeiten, und ganz gleich ob du eher fürsorglich, handwerklich, nachdenklich oder einfach unterhaltsam bist, lebe es! Integriere gerne auch andere Qualitäten und verbringe mehr Zeit mit Menschen, die ihr volles Lebenspotenzial zum Ausdruck bringen. Schließlich werden wir fast immer zu dem, mit wem wir uns am meisten umgeben.

Praktische Eigenliebe ist keine esoterische Philosophie, sondern ein Weg des Lernens und der Einsicht, dass Leben wunderschön ist!

Liebe deinen Nächsten

Unabhängig davon, was du in Vergangenheit erlebt hast, besteht genau heute die Möglichkeit, diese Dinge hinter dir zu lassen und dein Herz wieder zu öffnen. Bedenke, dass das Verdrängen der unangenehmen Dinge auch die angenehmen Dinge verjagt.
Jeder Mensch in deinem Leben gab zum jeweiligen Zeitpunkt sein Bestes, so gut es ihm möglich war. Letzten Endes ist es nicht einmal nötig, irgendjemandem zu verzeihen, da dies eine Schuld voraussetzen würde. Finde,

so gut du kannst, Frieden mit deiner Vergangenheit und forsche fortwährend, warum dir das Leben diese oder jene Dinge zuteil hat werden lässt. Du wirst früher oder später in allem sinnvolle Relevanz für dein Leben finden.

Es ist empfehlenswert, die Schnittstellen in deinem Leben mit einer Extraportion an Präsenz zu gestalten. Jedes Mal wenn du an einen neuen Ort kommst oder auf neue Menschen triffst, habe nicht zu viele Erwartungen an die jeweilige Situation. Es könnte immer anders kommen. Auch eine Geburt und ein Todesfall sind Schnittstellen. Sie sind es, die Leben so interessant und wertvoll machen. Schenke Phasen des Abschieds, aber auch den Phasen des Neubeginns besondere Aufmerksamkeit, denn sowohl Trauer als auch Freudeneuphorie vergehen wieder, sodass etwas Neues kommen kann.

Teile gerne deine Freude und dein Sein mit den Menschen. Es ist eine gute Zeit, um wieder wirklich zu vertrauen und dich zu öffnen. Suche neben den Zeiten für dich selbst gerne immer wieder neue Kontakte. Lasse dich inspirieren und vergewissere dich, dass wir alle in einem Boot sitzen und füreinander da sein können.
Ganz gleich, ob deine Familie deinen Weg versteht oder nicht, sieh einmal, ob du ihnen deine unabhängige Liebe entgegenbringen kannst. Erwarte nicht von ihnen, dass sie deinen Weg verstehen. Doch wenn sie ihn verstehen, feiert gemeinsam und bereichert einander.

Die Liebe gegenüber deinen Nächsten bedeutet jedoch auch, dass du dich selbst in das Zentrum deines Lebens stellst und dafür sorgst, kraftvoll und gesund zu sein. Danach schöpfe gerne aus deinem Überfluss und teile mit deinen Kindern, deinem Partner, deiner Familie, deinen Freunden und auch mit allen anderen Menschen.

In Wirklichkeit sind wir alle gleich, einfach nur unendlich verschieden und jeder auf seine Art und Weise wundervoll.

Du bist das Paradies

Wie gesagt gibt es viele spirituelle Kunststücke. Doch genügt es, wenn der Zirkus einen Clown hat! Wenn dich Dinge wie Telepathie, Telekinese, Lichtnahrung, Schweben oder ein Höhlenyogi-Dasein von Herzen ansprechen, dann forsche gerne mit Mut und Achtsamkeit. Zur gleichen Zeit halte dir bitte vor Augen, dass es wenige Dinge gibt, die so spirituell sind wie deine emotionale Klarheit. Bevor ein Mensch die Welt rettet, gilt es zuallererst mit einem Menschen liebevoll klarzukommen – mit dir selbst!

„Was außerhalb von dir passiert, muss nicht in dir passieren." Finde das Paradies auch im Unangenehmen und beende den Kampf gegen Windmühlen. Das heißt nicht, dass du allem zustimmen musst. Behalte dir lediglich die Wahlfreiheit, jederzeit bewusst entscheiden zu können, wie du in einer jeweiligen Situation sinnvoll agieren möchtest. Werde zum Beobachter deines Lebens, setze dich in die erste Reihe und genieße dein inneres Popcorn! Mit der Kraft deines Verstandes tauschst du den dramatischen Film gegen eine angenehme Komödie. Humor ist gewiss eine der besten Möglichkeiten, um sich selbst zu begegnen. Habe gerne wieder Spaß mit dir und allem, was du bist.

Nutze Angst, Zweifel und Schuld als Anzeiger und Wegweiser. Sie sind in Wirklichkeit keine Dämonen, sondern verkleidete Engel! Jedes unangenehme Gefühl will gefühlt werden und bringt noch mehr Präsenz in dein

Leben. Sieh einmal, auf was deine Wegweiser dich aufmerksam machen möchten. Gibt es tatsächlich einen echten Grund, sich wegen der Vergangenheit schuldig zu fühlen? Gibt es etwa einen triftigen Grund, sich vor der Zukunft zu fürchten? Wieso eigentlich an diesem Moment zweifeln, wenn doch immer alles da ist? Wenn du möchtest, nutze dein frechstes Menschenpotenzial und kreiere einfach so Freude in dir. Setze dich einfach einmal hin und sei freudig. Du wirst erstaunt sein, wie einfach das ist!

Mit dem letzten Absatz dieses Kapitels möchte ich auf die absolute Königsklasse des Menschseins zu sprechen kommen: Jeder Mensch besitzt die unglaubliche Fähigkeit, das, was zu ihm kommt, nach seinem Ermessen zu transformieren. Wenn von außen Zweifel zu dir kommen, bist du es, der die Hoffnung verkörpert. Kommt Schuld zu dir, bist du der Humor. Und kommt Angst zu dir, bist du die Liebe, die du selbst erleben möchtest.

Vom wandelnden Problem zur Lösung auf zwei Beinen

Genieße dich selbst!

ABSCHLUSS

DER FLUSS DES LEBENS

In einer emotional sehr intensiven Phase meines Lebens schrieb ich einem meiner Lebenslehrer eine Nachricht und erzählte ihm, wie sehr ich mich nach innerem Frieden sehnte. Auch fragte ich ihn um Rat bezüglich meines inneren Dauerkonflikts, keine beständige Balance zwischen dem Handeln und dem Ruhen zu finden. Bereits als ich die Zeilen an ihn schrieb, fühlte ich die Klarheit, die seine Antwort mit sich bringen würde. Doch löste das vorerst ein mulmiges Gefühl in mir aus, weil ich in meinem Innersten ahnte, dass das bedeuten würde, dass ich in Zukunft noch mehr Verantwortung für mein Glück würde übernehmen müssen.

Und genau so, wie ich es von ihm kannte und auch befürchtet hatte, gab er mir eine Antwort, die weder romantisch noch komfortabel war. Doch nahm ich wahr, dass seine Worte aus all den Jahren seiner tiefen Lebensweisheit kamen. Er erklärte mir liebevoll, aber direkt, dass er mir in Wirklichkeit wünschte, niemals so ganz Frieden zu finden in diesem Leben. Und dadurch immer ein Stück weit vom Leben angestachelt zu sein, um wahrhaft lebendig und präsent zu bleiben. Beim Lesen seiner Zeilen vernahm ich im ersten Moment ein innerliches Jammern in mir. „Warum kann er mir nicht einfach so antworten, dass ich etwas damit anfangen kann und mich besser fühle?“ dachte ich mir. Zur gleichen Zeit fühlte ich aber auch eine gewisse Tiefe und liebevolle Ehrfurcht. Ich ahnte nämlich, was er zwischen den Zeilen alles zusätzlich ausdrückte. Also beschloss ich, noch mehr Verantwortung für mein Leben zu übernehmen, projizierte keinen Missmut auf ihn oder das Leben und nahm meine Situation und seine Worte einfach mit auf meine weitere Lebensreise. Oberflächlich verstand ich natürlich, was er meinte, doch wusste ich bereits, dass Weisheit verschiedene Ebenen besitzt. Es war an der Zeit für mich, dass mein Bewusstsein sich noch tiefer auf das Gesagte einließ. Ich war bereit, mich der Frage hinzugeben anstatt mit Antworten darauf zu reagieren.

Es dauerte nur wenige Wochen, bis es mir – als ich auf einer meiner Auslandsreisen eine Weile tief in mich gekehrt war – plötzlich wie ein Blitz durch den Körper schoss! Wie aus dem Nichts verstand ich einen tieferen Sinn seiner unbequemen Worte und möchte gerne mit dir teilen, was mir damals zuteil wurde:
Das Handeln fragt immer und immer wieder danach zu ruhen. Das Ruhen fragt immer und immer wieder danach zu handeln. Es gibt nicht die Art von falschem Frieden, den mein kontrollierender Verstand verzweifelt zu kreieren versucht. Es gibt nicht den einfachen Weg, wie ich ihn mir vorstelle. Das Leben bewegt mich immer wieder in eine Richtung. Und kaum habe ich mich dazu entschieden, mich dieser Richtung hinzugeben, lacht das Leben und bewegt sich schon wieder in die entgegengesetzte Richtung. Ganz gleich ob mir das gefällt oder nicht, das Leben geht seinen Weg. Und mit einem liebevollen und provokanten Augenzwinkern fragt das Leben dann: „Na, bist du erneut bereit, deinen Kurs zu ändern und mit mir mitzukommen?"

Noch am selben Tag schrieb ich meinem Lebenslehrer meine Erkenntnis. Ich teilte zudem mit ihm, dass ich mir bewusst sei, lediglich die Spitze dieser paradoxen Wahrheit ergriffen zu haben, und dass ich seine Worte weiterhin mit mir mitnehmen würde. Ich wollte innerlich weiterhin wie eine lebendige Frage sein. Ein Zustand, in dem ich mich nicht mehr danach sehne, etwas zwanghaft erklären zu wollen. Doch dafür mit der Bereitschaft, die Dinge endlich so anzunehmen, wie sie sind, und nichts daraus zu machen, was sie niemals sein werden.

Im Laufe der Zeit ging mein Erkennen noch tiefer, und folgende Bilder gaben mir ein weiteres Verständnis über die Beschaffenheit von wahrem inneren Frieden:
Das Leben ist wie ein Fisch. Er schwimmt nicht bloß in eine Richtung – oder hast du jemals solch einen Fisch gesehen? Er bewegt sich frei, unbändig und unberechenbar. Und der Verstand ist wie ein Fischer, der unablässig versucht, das Ungreifbare zu fassen zu bekommen. Er fischt, so gut er kann, und existiert mit der Hoffnung, dadurch endlich Frieden zu erfahren. Genau diese Illusion lässt den Menschen unzählige Dinge unternehmen – in der Hoffnung, irgendwann den Fisch zu ergreifen. Doch wird der Fisch immer bloß belustigt sein über unsere Tolpatschigkeit. Der Fisch ist gottesgleich und weiß, dass er unfassbar ist! Der Mensch, dessen Verstand wirklich versteht, legt seine Kontrollsucht und die falschen Machtansprüche nieder. Er gibt sich den Bewegungen des Fisches hin und verliert ihn nie aus den Augen. Ein Mensch wird immer wieder an den Punkt kommen, wo der Strom des Lebens in eine neue Richtung geht. Wenn er Glück hat, ist es die Richtung, in die er ohnehin gehen wollte. Doch was, wenn die Richtung des Stroms nicht der Richtung entspricht, die der Mensch einschlagen wollte? Genau das ist immer und immer wieder der kritischste Punkt in einem Menschenleben. Hier entscheidet sich, ob ein Mensch seiner Ignoranz folgt und glaubt, das Leben bestimmen zu können. Oder, ob er bereit ist, aufs neue Energie zu mobilisieren und dem Fisch im Strom des Lebens zu folgen.
Denn eines ist gewiss: Der Fisch wird immer wieder sei-

ne Richtung wechseln. Er wird dafür sorgen, dass der Fischer nie den Frieden in der Müdigkeit finden wird. Der einzige Frieden, den der Strom des Lebens kennt, ist der, sich dem Paradox des rauschenden Stromes hinzugeben und mit allem Vertrauen in seine Unberechenbarkeit einzutauchen!

ÜBER DEN AUTOR

EQUIANO INTENSIO

Ich erlebte in der Mitte meiner Zwanziger einen klassischen Erwachensprozess, wie ihn viele Menschen in den vergangenen Jahren erlebt haben. Plötzlich brachte das bisherige Leben des Arbeiten-Essen-Schlafen nur noch wenig Erfüllung, und immer häufiger überkamen mich Sinnfragen zum menschlichen Leben.
Eine Knieverletzung mit einem zweiwöchigen Krückenurlaub bewirkte, dass ich mein Leben entscheidend in eine andere Richtung lenkte, doch ahnte ich damals lediglich, wie dieser neue Weg aussehen könnte. Ich folgte, wie man so schön sagt, meinem Herzen, brach alle Zelte ab und entschied mich, im Rahmen eines geführten Programms für elf Monate in Amerikas Nordwälder zu gehen und dort mit über vierzig Menschen ähnlich einem Naturvolk zu leben. Diese Intensiverfahrung gab mir eine völlig neue Sicht auf die eigentliche Natur des Menschen und wie verquer viele Dinge im gesellschaftlichen Leben laufen. Als ich von dieser Langzeiterfahrung in eine zivilisierte Stadt zurückkam, musste ich vor Verwunderung immer wieder schmunzeln, da ich plötzlich das gesamte wichtige Treiben als etwas Unreales ansah und mir vorkam wie in einem Puppentheater.

An diesem Punkt meines Lebens spürte ich deutlich, dass meine Suche nicht zu Ende war. Ich habe bereits seit meiner frühen Jugend dieses bestimmte Gefühl, dass es da etwas im Leben gibt, das man so nicht auf Anhieb sehen oder greifen kann. Und es war genau dieses Gefühl, das mich gerade noch so lange im gesellschaftlichen Leben verweilen ließ, bis ich genügend

Geld hatte, um meine zweite Langzeit-Transformationsreise anzutreten: zu einem fünfmonatigen Aufenthalt in einem indischen Ashram bei einem intensiven spirituellen Lehrer. Es dauerte eine Weile, bis ich mich für dessen Ansichten und für seine sehr energetische Lebensweise öffnen konnte. Doch nachdem die größten Vorurteile und Widerstände überwunden waren, tauchte ich in eine neue Sicht auf diese Welt und das Leben ein.

Erst während dieser Zeit verstand ich meine Erlebnisse und tiefen Erfahrungen aus einem Jahr Waldleben. Mein Bewusstsein für das menschliche Dasein weitete sich gravierend, und ich trug eines Nachts, im Angesicht des indischen Vollmondes, auf einmal einen Traum in mir, wie ich ihn in dieser Größenordnung zuvor nicht gekannt hatte. Viele meiner Sehnsüchte, Visionen und zukünftigen Handlungen sollten nicht mehr nur zu meinem Wohl oder dem Wohl der mir nahestehenden Menschen sein, sondern genauso für die gesamte Menschheit. Dies war ermutigend und zur gleichen Zeit auch etwas beängstigend, weil ich nicht allzu viele lebende Rollenmodelle sah, die mich inspirieren konnten, was es heißt, ein überpersönliches Leben zu führen – also ein Leben, das über die persönlichen Erfüllungs- und Sehnsuchtsgrenzen hinausgeht.

Zurück in Deutschland arbeitete ich erneut nur so viel wie nötig war, um meine nächste Reise zu bestreiten: ein dreimonatiger Aufenthalt in Costa Rica. Doch zuvor erfuhr ich noch den sogenannten Lichtnahrungsprozess und reduzierte meine feste Nahrungszufuhr auf ein bedeutend geringeres Maß. In Costa Rica nahm ich dann an einem einmonatigen Intensivseminar teil und aß für vier Monate kaum etwas. Diese dritte Erkenntniszeit ließ mich meine Erfahrungen im indischen Ashram tiefer verstehen, und in den Tagen von Weihnachten über Neujahr, als ich in absoluter Stille lebte, passierten weitere Bewusstseinsöffnungen, als ob ein Blitz in mir eingeschlagen hätte! Plötzlich bekam ich eine neue Lebensvision, die größer war als alles, was ich bis dahin erdacht oder in die Wege geleitet hatte. Mit Freudentränen in den Augen sah ich zu den tausenden blinkenden Sternen des klaren Nachthimmels empor und sagte „Ja" zu diesem Weg – meiner Lebensvision.

Kurzzeitig kamen jedoch auch wieder Zweifel in mir auf, da ich mich fragte, wie ich eine Vision von solchem Ausmaß umsetzen sollte? Ich bat das Universum also um zwei Dinge, die mir bisher nicht so wichtig gewesen waren: „Bitte gib mir die nötigen materiellen Mittel und Menschen, die das mit mir erschaffen, ich mache das nicht alleine!" Das war eine klare Ansage, und noch bevor ich die nötigen materiellen Mittel zur Verfügung hatte, kaufte ich in Costa Rica für ein paar hundert Euro Kleidung und andere angenehme Dinge, als ob die volle Erdenfülle bereits da wäre – damit legte ich einen fühlbaren Grundstein für meine weitere Ausrichtung. Ich öffnete mich in diesen Tagen auch der näheren Zusammenarbeit mit Menschen und bewegte bereits im ersten Jahr nach meiner Tropenreise mehr als ich zu träumen gewagt hatte.

Ich stieg also wieder voll ins gesellschaftliche Leben ein und setzte in alle Richtungen Samen, sodass in einem Jahr alle möglichen Projekte und sinnvollen Produktkreationen ins Leben gerufen wurden. Doch ganz gleich, was ich tat, so waren all meine Gedanken, Worte und Handlungen nun voll und ganz auf mein Wirken für meine Lebensvision fokussiert. Solch eine konstruktive Schöpferkraft kannte ich bis dahin nicht, und im Laufe der folgenden Monate befand ich mich in einem Zustand zwischen Erschöpfung und Erfüllung. Das gefiel

mir nur teilweise, weil ich klar merkte, dass sich einerseits mein höchster Traum manifestierte, und andererseits spürte ich, dass mich dieser Lebensstil über kurz oder lang krank machen würde.
Doch der nächste Winter nahte heran, und ich beschloss, diesmal für sieben Wochen nach Peru zu fliegen und dort im sogenannten Heiligen Tal erneut tief in mich zu gehen und mein Leben im Einklang auszurichten.

Dort nahm ich mir ausgiebig Zeit, meditierte viel, machte täglich Yoga und Atemübungen, aß wenig, massierte Blockaden in meinem Körper und durchwachte hier und da eine Nacht. In meinem energetischen System lösten sich nach drei bis vier Wochen sporadisch immer wieder massive Blockaden und ich erlebte plötzliche Weinkrämpfe, Wut oder intensive Freude bis hin zu Blisszuständen, bei denen mein Blick auf diese Welt von goldenem Glitzern umhüllt war. Ich tauchte tief in einen Zustand jenseits der Definitionen von Gut und Böse und sah mehr denn je zuvor, wie wundervoll dieses Leben ist! Ich berührte tiefe innere Schatten und meinen Urschmerz. Ich ließ mich in einer Zeit körperlicher und energetischer Schwäche in vollem Vertrauen neu ausrichten. Mein Herz öffnete sich weit und ich begann eine bedingungslose Liebe in mir zu fühlen, die mich über drei Tage hinweg extrem energetisierte. Ich lief während dieser Tage hauptsächlich durch die Natur und redete nahezu konstant in einem Eigendialog, bei dem mir ein größerer Teil meines Schöpfungssinns zuteil wurde. Es war jene Zeit, die ich wie eine Art Tod erfuhr und aus der ich als neuer Mensch geboren wurde. In einem tiefen Moment der Eingebung wusste ich, dass mein Name Equiano ist, und ohne dass ich es vorgehabt hatte, legte ich nach dieser Nacht meinen alten Namen ab. Es war diese Nacht, in der ich sehr klar sehen konnte, dass alle Dinge dieser Schöpfung dem Einen, Unbeschreiblichen entsprungen sind, und demnach alle Dinge gleich sind. In diesem Zustand absoluter Liebe und Paradoxie erkannte ich jedoch auch, dass alle Dinge sich in unendlichfacher Verschiedenheit manifestieren und keines auch nur ansatzweise dem anderen gleich ist. Doch alle Dinge, und das sah ich sehr deutlich, sind wundervoll und einzigartig schön!

Seither gehe ich mit einem Namen, der mich an diesen einen Zustand erinnert:

EQUIANO
Das Allesgleiche, unendlich Verschiedene, Schöne.

In diesem Zuge transformierte und weitete sich auch meine Lebensvision erneut. Bis dahin war es mein größter Wunsch gewesen, dieses eine Unbeschreibliche zu sehen und zu fühlen. Endlich diese eine Kraft wieder zu entdecken, die mich seit früher Jugend plagte und wie im Schatten verborgen lag. Doch seit der Nacht, in der ich mit offenem Mund und tränenüberströmt das Eine Licht mitten im Dunkel sah, wusste ich, dass ich angekommen war. In den tiefen Erkenntniszuständen in den Jahren zuvor hatte ich stets gewusst, dass es da noch mehr gibt, doch diesmal war es klar: Das ist es!

Dadurch änderte sich mein Wunsch schlagartig und es wurde zu meinem größten Traum, dass jeder Mensch, wenigstens einmal, diese eine Schönheit des Lebens leibhaftig erfahren kann, seine illusionären Dramen beiseitelegt und sieht, dass alle Dinge und die gesamte Schöpfung die ganze Zeit eine große Feier veranstalten!

KAPITELFRAGEN

AUFLISTUNG

1a. Frage – Dein Körper

Welche Grundbedürfnisse hat dein Körper im Allgemeinen, damit es ihm gut und wohlig geht?
Mit „gut" ist gemeint, dass der Körper sich in keinem Überlebenskampfmodus befindet, jedoch auch nicht in dem Zustand überkomfortabler Schlaffheit. Ein Körper zwischen Entspannung und gesunder Anspannung.

1b. Frage – Dein Körper

Wie zufriedenstellend und auf welche Art und Weise befriedigst du diese Bedürfnisse momentan in deinem täglichen Leben?
Schreibe dir konkrete Beispiele auf, wie du deine körperlichen Grundbedürfnisse deckst – ganz gleich, ob du die genannten Dinge als gut oder unsinnig empfindest.

1c. Frage – Dein Körper

Wie kannst du die Bedürfnisse deines Köpers auf eine nachhaltige und sinnvolle Weise befriedigen?

2a. Frage – Deine Emotionen

Wie definierst du Gefühle? Wie definierst du Emotionen? Und was sind aus deiner Sicht emotionale Reaktionsmuster?

2b. Frage – Deine Emotionen

Auf welche Art bestimmen die eben von dir beschriebenen Dinge dein Leben?
Bitte nimm dir etwas Zeit zur Beantwortung dieser Frage, vielleicht dauert es eine kurze Zeit, bis dir etwas einfällt. Doch wenn du tiefer in dich gehst, wirst du eventuell Situationen vor deinem geistigen Auge sehen, in denen du erneut spüren kannst, wie Gefühle, Emotionen und Emotionsmuster dein Leben bedeutend prägen.

3a. Frage – Dein Verhalten

In welchen Situationen des Lebens oder gegenüber wem fühlst du dich als ein Opfer der Umstände?
Beziehe gerne einzelne Menschen, Menschengruppen, Organisationen, das Gesellschaftssystem usw. in deine Betrachtungen mit ein.

3b. Frage – Dein Verhalten

Gegenüber wem legst du ein Retterverhalten an den Tag?
Beziehe auch hier sowohl einzelne Menschen wie Menschengruppen und den ganzen Planeten Erde in deine Betrachtungen mit ein.

4. Frage – Deine Dramen

Welche Situationen deines Lebens fallen dir ein, in denen du entweder immer wieder dramatisch wirst oder dich hilflos fühlst und nicht weißt, wie du reagieren sollst? Schreibe dir vor allem auch die Rahmenbedingungen dieser Situationen auf: Mit welchen Menschen geschieht das, oder welcher Typ Mensch provoziert dein Drama am ehesten. Welche äußeren Umstände oder Örtlichkeiten, welche Gesprächsthemen, welche Sinneseindrücke, welche Umgangsformen usw. spielen dabei eine Rolle?

5a. Frage – Deine Beziehungen

Beschreibe mindestens in drei Fällen das Verhältnis zu dir nahestehenden Menschen oder zu Menschen, mit denen du viel Zeit verbringst.
Beispiele: Eltern, Großeltern, Kinder, Freunde, Partner, Arbeitskollegen, Chef usw.

Unabhängig davon ob du das jeweilige Verhältnis als angenehm oder als unangenehm empfindest, gehe bei deiner Beschreibung auf die primären Gefühle ein, die in eurem Zusammensein bei dir immer wieder präsent sind.
Betrachte zusätzlich auch folgendes: Welche konkreten Freuden und Ängste sind mit dem jeweiligen Verhältnis verbunden?

5b. Frage – Deine Beziehungen

Was tust du, um von den eben beschriebenen Menschen akzeptiert zu werden?

Und welche offensichtlichen oder unterschwelligen Erwartungen hast du an diese Menschen im Gegenzug? Beispiele für Erwartungen: Geld, Sex, Liebe, Geborgenheit, Aufstiegsmöglichkeit in der Arbeit, emotionales Wohlempfinden, Anerkennung, materielle Güter, Loyalität und Treue usw.

6a. Frage – Deine Identifikationen

Mit welchen Rollen identifizierst du dich? Nachfolgend habe ich dir einige Beispiele aufgeschrieben, an denen du dich orientieren kannst. Schreibe mindestens zehn oder mehr deiner Identifikationen und Rollen auf. Gehe bei deiner Aufzählung gerne ins Detail.

Mann – Frau – Sohn – Tochter – Vater
Mutter – Oma – Opa – Freund – Kollege
Deutscher – Österreicher – Chinese – Amerikaner
Doktor – Handwerker – Manager – Sportler – Künstler
Bürgermeister – Händler – Gärtner – Auszubildender
Stadtmensch – Dorfmensch – Naturliebhaber
Vegetarier – Veganer – Fleischesser
Kaffeetrinker – Kuchenesser – Allergiker
cooler Typ – sexy Lady – Mauerblümchen – Dummkopf
gutaussehend – stark – schwach – dick – dünn
Arbeiterklasse – Businesstyp – spirituell interessiert
Opfer der Gesellschaft – Drogenabhängiger
Stier – Schütze – Löwe – Wassermann
Träumer – Planer – Macher
Christ – Hindu – Buddhist usw.

6b. Frage – Deine Identifikationen

Welche Vorlieben und Abneigungen hast du?
Notiere dir mindestens zehn Dinge, die du magst, und zehn Dinge, die du nicht magst.

7. Frage – Deine Kommunikation

Was bedeutet für dich eine bewusste und achtsame Kommunikation mit deiner Außenwelt? Zähle gerne mehrere Dinge auf. Welche dieser Dinge beherzigst du bereits überwiegend?

8a. Frage – Deine Wahrnehmung

Was siehst du, wenn du auf diese Welt und ihren Zustand blickst? Schreibe ganz frei und ohne viel darüber nachzudenken mindestens zwei DIN-A4-Seiten dazu.

8b. Frage – Deine Wahrnehmung

Wie funktionieren Gebete, existieren Engel, Dämonen, Geister, und was ist in deinen Augen Magie? Welche Rolle spielen diese Dinge in deinem Leben?

9a. Frage – Dein Lebensfokus

Welche Träume, Ziele, Visionen hast du in Bezug auf folgende Bereiche und was bereitet dir daran Freude?

Überlebenssicherung

Sinnlichkeit und weltlicher Genuss
Unabhängigkeit und Selbstverwirklichung

Familie und liebevolle Sozialkontakte

Selbsterkenntnis und schöpferische Tätigkeiten
für das Allgemeinwohl

9b. Frage – Dein Lebensfokus

Zu wieviel Prozent lebst du deine Träume bezüglich der oben beschriebenen Bereiche? Welche Dinge leitest du bereits aktiv in die Wege, sodass sie sich manifestieren?

10. Frage – Deine Begabungen

Schließe für einen Moment deine Augen und erinnere dich an deine Kindheit und Jugendjahre. Welche Dinge hast du besonders gerne gemacht? Bei welchen Tätigkeiten und in welchen Situationen hast du völlig Zeit und Raum vergessen?
Schreibe genau auf, wie die Rahmenbedingungen dabei waren und was du dabei gefühlt hast.

11a. Frage – Deine konstruktiven Teilzeitdepressionen

Wie oft findest du dich in Zuständen wieder, die einer kleineren oder größeren Depression gleichen und wo dir jeglicher Sinn für das Leben fehlt?
Wie geht es dir während dieser Phasen und welche Gedanken hast du dabei überwiegend?

11b. Frage – Deine konstruktiven Teilzeitdepressionen

Wie geht es dir nach solchen Phasen und welche Gedanken und Gefühle hast du im Nachhinein?

12. Frage – Deine Klarheit

Welche Dinge kannst du präventiv oder akut tun, um öfter in deinem Leben klar zu sein?
Schreibe dir mindestens zehn praktische Stichpunkte auf und führe weiter aus, wie du diese in der kommenden Zeit praktisch in dein Leben integrieren möchtest.

KAPITELÜBUNGEN

AUFLISTUNG

1. Übung – Dein Körper

Nun hast du einen Überblick über die grundlegenden Bedürfnisse deines Körpers bekommen. Füge gerne noch Dinge hinzu, die du als sinnvoll empfindest.
Reflektiere und beobachte in der kommenden Zeit, welche deiner grundlegenden Körperbedürfnisse chronisch unerfüllt bleiben.

Danach finde heraus, wie du deinen täglichen Lebensstil so gestalten kannst, dass diese Bedürfnisse wieder mehr Raum bekommen und nachhaltig gedeckt werden.
Es muss nicht gleich alles perfekt sein. Forsche einfach, wie du stückweise wieder mehr Lebensqualität in deinem Alltag integrieren kannst. Sei es dir wert!

2. Übung – Deine Emotionen

Ich denke, du hast nun einen guten Überblick darüber, was Gefühle, was Emotionen und was emotionale Reaktionsmuster sind.
Beobachte gerne in der kommenden Zeit, wie es ist, wenn du lediglich fühlst. Dann sieh, was passiert, wenn dieses Gefühl sich emotional nach außen ausdrückt.

Und zuletzt nimm auch noch wahr, wie unterschiedlich ein bedingungsloser emotionaler Ausdruck ist im Vergleich zu einem emotionalen Reaktionsmuster, das an Bedingungen geknüpft ist.

3. Übung – Dein Verhalten

Beobachte dich in der kommenden Zeit einmal ganz genau und finde heraus, ob auch du Strategien wählst, um dein emotionales Überleben zu gewährleisten. Sieh einmal, ob du eventuell eher zur Flucht oder mehr zum Kampf neigst und wie sich dieses Verhalten auf deine wahre Größe und Menschlichkeit auswirkt.

4. Übung – Deine Dramen

Ab sofort, wenn du in Situationen kommst, die unangenehme Gefühle in dir hervorrufen, halte gerne erst einmal inne. Betrachte die Situation und dein aufgekommenes Gefühl. Unterdrücke nichts, fühle ganz bewusst, doch kultiviere, so gut du kannst, die Fähigkeit, deine inneren Unannehmlichkeiten nicht in die Welt zu projizieren. Akzeptiere, was gerade passiert, und bleibe mit einem offenen Herzen und offenen Augen ganz Teil der Situation. Drücke von diesem Standpunkt gerne aus, was deiner Meinung und Erfahrung nach sinnvoll ist.
Sollte es nichts auszudrücken geben, übe dich einfach darin, das Paradies in dir zu kultivieren, selbst wenn um dich herum die Hölle ausbricht.

Die Fähigkeit, mit dem, was ist, sein zu können, wird eine unschätzbar wertvolle Grundlage in dir schaffen, um emotional klar und dennoch liebevoll zu sein!

5. Übung – Deine Beziehungen

Reflektiere noch einmal, welche deiner zwischenmenschlichen Beziehungen dich tatsächlich bereichern und welche du nur noch aufgrund von Gewohnheit oder einem schlechten Gewissen aufrechterhältst. Nun stelle für dich klar, mit wem du dich in der kommenden Zeit gerne treffen möchtest, und setze ganz praktisch das um, was du diesbezüglich in deinem Herzen wahrnimmst!

6a. Übung – Deine Identifikationen

Vielleicht hast du nun deine persönlichen, über die Jahre angehäuften Identifikationen bewusst vor Augen. Betrachte in der kommenden Zeit aufkommende unangenehme Emotionen, die mit deinen Rollen verbunden sind. Sieh einmal, welche Rolle sich eventuell angegriffen fühlt, und erinnere dich immer wieder daran, dass jede deiner Rollen einen eigenen Plan hat, um sich zu verwirklichen.

6b. Übung – Deine Identifikationen

Nimm deine Liste mit den von dir notierten Abneigungen zur Hand und wähle drei Dinge daraus aus, die du in der kommenden Zeit ganz bewusst erleben möchtest. Lasse zumindest eines der drei Dinge eine größere Herausforderung sein und versuche dabei, die Schönheit dieser Abneigungen zu erforschen. Wenn dir das nicht gelingt, so übe dich zumindest darin, Akzeptanz dafür zu entwickeln, dass es dir nicht gelingt.

7. Übung – Deine Kommunikation

Beobachte ganz genau deine Gefühle und wie du reagierst, wenn Menschen dich ansprechen. Welche Art, ein Gespräch zu führen, fällt dir leichter und welche Gesprächsart bereitet dir Herausforderungen?
Übe in deinen Gesprächen und Begegnungen bewusst, weiter zu atmen, ganz gleich welche Gefühle in dir aufkommen. Erinnere dich, dass der bewusste Atem dein Rettungsanker in jeder Diskussions- und Emotionslage ist!

8a. Übung – Deine Wahrnehmung

Setze dich an einem sonnigen Tag, entweder morgens eine Stunde nach Sonnenaufgang oder abends eine Stunde vor Sonnenuntergang, an einen Fluss. Dann beobachte für eine Weile das Glitzern der Sonnenstrahlen auf der Wasseroberfläche.
Sei ganz da und fühle, ohne eine Erklärung dafür zu suchen, was gerade passiert. Selbst wenn du dabei nichts fühlst, sei einfach ganz da und erfahre diesen einfachen Moment.

8b. Übung – Deine Wahrnehmung

Wenn du ein Mensch bist, der keinen Bezug zum Thema Magie und Rituale hat, möchte ich dich einladen, einmal auszuprobieren, was passiert, wenn du ganz für dich oder im Rahmen eines von dir gewählten Rituals all deine Kontrolle fallen lässt und einfach mit deinem ganzen Fokus bei dem bist, was gerade geschieht.

Wenn du bereits mit der rituellen Materie vertraut bist, lade ich dich ein, für eine Weile all deinen Glauben an Wesenheiten und Energien außen vor zu lassen und ganz bewusst deinen Fokus einfach nur nach innen zu richten. Ganz mit der Haltung, dass bereits alles in dir ist und es niemanden gibt, der dich negativ beeinflusst oder dessen Unterstützung du brauchst.

9. Übung – Dein Lebensfokus

Nimm dir etwas Zeit und finde heraus, welche Qualitäten und Fähigkeiten du hast, die sowohl dich als auch andere Menschen bereichern und in einen harmonischen Zustand bringen.

Es besteht kein Bedarf, sich bei dieser Reflexion irgendeinen Druck zu machen. Lasse jede noch so kleine Idee zu Papier wandern; sie könnte die Spitze des Eisberges deines erfüllendsten Traumes sein!

Jeder Traum und jede Vision beginnt mit einem Anfang, der nicht das Ende verrät, jedoch zu einem erfüllenden Weg werden kann!

10. Übung – Deine Begabungen

Informiere dich in der kommenden Zeit über neue Dinge, die dir interessant erscheinen. Besuche Veranstaltungen, die du noch nicht kennst, und gehe zu Orten, an denen du neue Menschen kennenlernst. Aber vor allem setze dich Situationen aus, in denen du gefordert bist, neu zu reagieren, oder in denen du etwas ganz Neues lernst. Etwas, das du noch nicht kannst. Entdecke deine Qualitäten und habe keine Angst, dich zu blamieren, denn nur an dem Punkt, an dem du ganz frei bist von vorgefertigten Konzepten, findest du ungeahnte Fähigkeiten!

11. Übung – Deine konstruktiven Teilzeitdepressionen

Das nächste Mal, wenn wie aus dem Nichts depressionsartige Empfindungen über dich kommen, setze dich hin und versuche nicht, die Lage zu sehr zu analysieren. Nimm dir ein paar Stunden oder einen ganzen Tag, um mit diesen Gefühlen zu sein. Erlaube dir, traurig oder wütend zu sein, und gib dich deinem inneren Prozess hin. Mit dem Vertrauen, das dein Innerstes genau weiß, was gerade mit dir passiert, kannst du deinen Verstand beruhigen. Die Natur ist jetzt dein bester Freund. Genieße diese Phase!

SCHLUSSGEBET

OH MENSCH AUF ERDEN

Oh Mensch auf Erden

Inspiriert werde Dein Leben

Deine Freude komme

Dein Erkennen geschehe

Wie im Wort – so in der Tat

Deine tägliche Liebe gib Dir heute

Und mache Dich frei von Schuld und Zweifel

Denn das Leben erfüllt Dir Deine Wünsche gern

Und versinke nicht in den Süchten

Sondern genieße die Fülle auf Erden

Denn Dein ist der Mut

Und die Kraft

Und die Schönheit

In Ewigkeit

Danke